素质教育提质培优计划教材

“互联网+”新形态立体化规划教材

大学生体育与健康

主 编 赵文礼 于 跃 安品齐

副主编 郭 蕊 徐 通 王 丽 李 凯

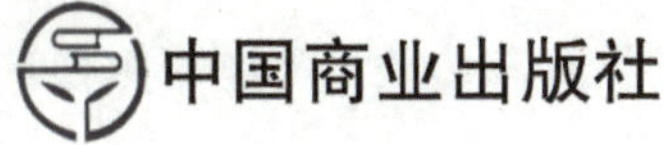

中国商业出版社

图书在版编目（CIP）数据

大学生体育与健康／赵文礼，于跃，安品齐主编. --北京：中国商业出版社，2023.9
ISBN 978-7-5208-2602-0

Ⅰ.①大… Ⅱ.①赵… ②于… ③安… Ⅲ.①体育-高等学校-教材②健康教育-高等学校-教材 Ⅳ.①G807.4②G647.9

中国国家版本馆 CIP 数据核字（2023）第 169072 号

责任编辑：李　飞
（策划编辑：蔡　凯）

中国商业出版社出版发行
（www.zgsycb.com　100053　北京广安门内报国寺 1 号）
总编室：010-63180647　编辑室：010-83114579
发行部：010-83120835/8286
新华书店经销
安徽中皖佰朗印务有限公司印刷

787 毫米×1092 毫米　16 开　19 印张　465 千字
2023 年 9 月第 1 版　2023 年 9 月第 1 次印刷
定价：52.80 元

* * * *

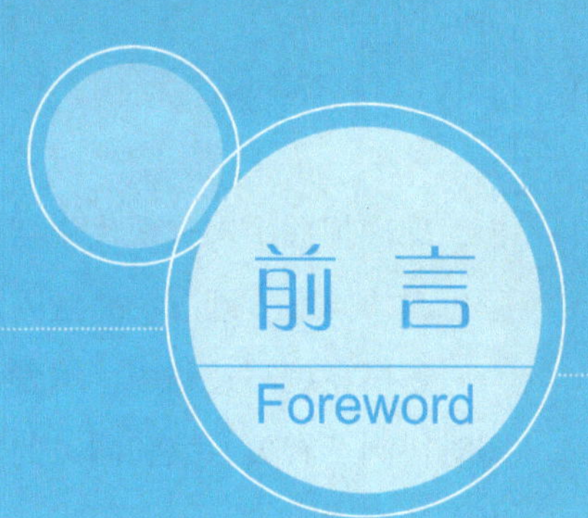

前言

Foreword

体育强则中国强，国运兴则体育兴，全民健康是国家现代化的重要标志。党的二十大报告提出："促进群众体育和竞技体育全面发展，加快建设体育强国。"这正是全面建设社会主义现代化国家的一个重要目标。报告还提出："推进健康中国建设，把保障人民健康放在优先发展的战略地位。"体育课程是学生以身体练习为主要手段，通过合理的体育教育和科学的体育锻炼，以增强体质、增进健康和提高体育素养为主要目标的公共必修课程，是实施素质教育和培养全面发展人才的重要途径。

本书的编写认真贯彻教学改革有关精神，严格依据课程标准要求，具有以下特色。

1. 突出实用性和指导性

本书内容紧扣新课程标准要求，定位科学、合理、准确，力求降低理论知识点的难度；正确处理好知识、能力和素质三者之间的关系，保证学生全面发展，适应终身体育能力的需要；合理协调基础理论知识与基本技能之间的密切关系，将不同的知识有机地连接起来，为学生奠定必要的健身知识与技能基础。

2. 生动有趣，注重实践

本书在每章前设有学习目标、素质目标、情境导入，章末设有知识拓展、名人故事、思考训练等模块。

其中，"学习目标"主要为学生快速、有效地总结出本章重点讲述的内容；"知识拓展"能够拓展学生的知识面；"名人故事"重在通过体育名人的案例来引导学生重视体能锻炼，养成健康的生活方式；"思考训练"重在引导学生主动探究，学以致用，并培养学生团结协作的能力。

3. 内容丰富

本书内容丰富，适合不同性别、性格类型、体质状况的同学，既满足课内需要，又延伸到课外，从而达到因材施教、引导自主锻炼的效果。书中配有大量动作技能展示图片，与精准的文字表达相结合，有利于学生更直观地学习。

4. 思政育人

为深入学习宣传贯彻党的二十大精神，深刻领会习近平总书记关于体育的重要论述精神，准确把握中国式现代化与体育强国建设的理论逻辑与实践路向，教材内容认真落实课程思政协同育人理念，并融入团结奋斗、安全求实、遵纪守法等思政元素。

本书在编写过程中，编者参考、阅读、引用了部分国内外同类教材和有关文献资料，同时得到了有关专家和同人的大力支持和指导，限于篇幅，恕不一一列出，在此一并表示衷心的感谢。

由于编者水平有限，编写时间仓促，书中难免存在疏漏、错误之处，敬请广大读者和有关专家、学者予以批评指正，以便进一步修订和完善。

编　者

目 录
Contents

第一章　体育与健康概述

学习目标

1. 了解体育的概念。
2. 掌握体育的功能与作用。
3. 掌握健康的内涵与健康内涵的发展。

素质目标

1. 树立正确的体育观、健康观，培养终身体育的意识。
2. 增强学生体质，树立自信心。

情境导入

来自美国的扎克·蔡勒在15岁这一年和一般即将升入高中的学生命运大不相同，他的身体忽然变得非常虚弱，甚至需要长期住在医院疗养。经过诊断，他得到了任何青少年也不想听到的消息——医生告诉他患上了霍奇金淋巴癌。为了活下去，他不能上学，必须接受化疗以及放射治疗。扎克·蔡勒在自己的网站写下：“直到化疗过后的第一个晚上，我才明白真正的奢侈品是什么——健康!”因为癌症，扎克的体重从68千克很快降到47千克。然而，他并没有放弃自己，反而在每次治疗后，他都会激励自己要比昨天更健康。四年来，扎克坚持每天锻炼并调整饮食，慢慢地，扎克不仅身体越来越强壮，还战胜了病魔重获健康。当他病情越来越好转时，他仿佛重生一般，他明显看见自己的身体有了变化，他有了新的肌肉，他开始更勤奋地举重，让自己更健康。

第一节　体育的概念

一、体育的概念及沿革

体育概述

（一）体育的概念与“身体的教育”

1. 体育的概念

关于体育的概念，在国内外都是一个长期存在争议的话题。尽管至今尚未达成共识，但广大体育理论工作者都普遍认为：①从体育本质属性上理解，体育应该是人类以增强自身机体机能为直接目的的、有计划的、有组织的、有意识的身体活动；②从狭义上理解，体育是指体育教育，即指在学校教育环境中，指导学生学习和掌握体育的基本知识与技能，使他们形成体育锻炼意识，提高体育活动能力，增进健康的教育活动；③从广义上理解，体育是根据人类社会生产和生活的需要，遵循人体生长发育和身体活动规律、动作机能形成和机体机能提高的规律，以身体练习为基本手段并结合阳光、空气、水等自然因素和卫生措施，以达到增强体质、促进身心健康发展、提高运动技术水平和丰富社会文化与娱乐生活内容为目的的一种有意识、有计划、有组织的特殊社会活动；④国际上也有理解为：体育就是身体教育或身体文化，即体育是以身体运动为基本手段促进身心发展的文化活动。这是一种广义理解的体育，体育不应该局限在学校，而是家庭体育、学校体育与社区体育的统一体；在达到体育教育目的的前提下，各种身体运动（包括竞技运动）、休闲活动、娱乐活动、舞蹈、武术等都可以是体育的范畴。无论做何种理解，体育的本质属性必须是有目的、有意识、有计划、有组织的身体活动。体育虽然有悠久的历史，然而“体育”一词却出现得较晚，它是19世纪中期由国外传入我国的。它的本义是指以身体活动为手段的教育，直译为身体的教育，简称为体育。体育刚传入我国时，是作为教育的一部分出现的，主要指身体的教育，是一种与维持和发展身体的各种活动有关联的教育过程，与国际上理解的体育是一致的。随着社会的进步和体育事业的不断发展，其目的和内容都大大超出了原来体育的范畴，体育的概念也出现了广义与狭义的解释。近年来，国内体育工作者和很多学者对“体育”的概念提出了一些解释，比较趋于一致的是：“体育是以身体活动为媒介，以谋求个体身心健康、全面发展为直接目的，并以培养完善的社会公民为终极目标的一种社会文化现象或教育过程。”体育的这一定义既说明了它的本质属性，又指出了它的归属范畴，同时也把自身从其邻近或相似的社会现象中区别出来。但是，体育的概念并不是一成不变的，随着社会的发展和进步，人们对体育的认识也将有所发展。

2. 体育的本质

在辩证唯物论看来，实践是满足人的某种需要的客观物质活动。人有生存、享受和发展三种基本需要。体育即属于人为满足自身享受和发展需要的一类实践。实践是主体对客体的改造过程。被人们（主体）作为改造对象的客体的种类是随着社会文明进步而扩展和不断多样化的，但若对种类繁多、性状不同的客体进行分类，体育就是主体以自身作为改造对象的实践，所以人在体育实践中具有主、客体的双重性。在人为满足自身享受和发展的需要并以自身作为改造对象的实践中，就其手段而言，体育又是人们以自觉的身体运动创造价值的实践。换言之，它是一种身体文化现象。而在人类各种以自觉的身体运动创造价值的身体文化现象（如体育、舞蹈、杂技、唱歌等）之中，体育又不同于其他种类。在一切其他身体文化活动中，人们以身体运动创造的价值或表达的意义，都是外在于身体运动本身的。唯有体育，它所创造的乃是身体运动本身内在的价值，人们从事体育就是为了追求身体运动本身给予人的快感和美感，以及自身运动的各种体验和对人的身体、心理的积极改造。人在体育实践中一方面以身体运动作为手段；另一方面它所创造或实现的又是身体运动本身的价值，因而体育又是一种实现着目的与手段同一的实践。所以，体育本质上乃是人们为娱乐享受和促进身心健全发展而创造的，以自觉意识支配的身体运动作为主要手段，对自己的身心进行改造并使之臻于完善的实践。

体育实践的主、客体同一性以及其目的与手段的同一性，是它区别于人类一切其他实践最显著的特征。人作为主体而存在，可以与外界任何事物建立起一种主、客体关系，从而对客体进行认识和改造，但这还只是人类历史的第一步，还谈不上人类的自由全面发展

和完善，只有在人类明确地把自身作为客体加以认识和改造时，才预示着人类进入了自由全面发展的时代。此外，人为实现其自身的存在，都必须诉诸或少或多的体力或身体运动，因而人都有肉体活动的感性体验。

这种共同的感性体验就成为人类对身体活动中包含的积极作用和美的价值认同的共同心理基础。所以体育实践具有的目的与手段的同一性，即人们一方面把身体运动作为对自身进行改造的手段；另一方面又追求身体运动本身对人的积极作用和美的价值，必然使它在人类完善自身、促进社会文明进步的过程中具有不可取代的功能和价值。

3. 健身育人的新理念

到了现代社会，许多学者试图在“育人机制”上来探求体育的概念。1979 年，美国的布切尔教授在其所著的《体育基本理论》中说道：“体育是整个教育过程的一个不可缺少的部分，是一个通过身体活动的方法努力达到提高人体机能的目的的领域。”德国《体育百科全书》则认为：“体育是教育和教育学的一个组成部分，其任务是通过运动和游戏激励人们去提高运动成绩和从事有意义的业余活动，体育是全面教育的一个组成部分。”因此，可以给体育下一个这样的定义：“体育是以身体运动为基本手段，增强体质、完善人体的教育过程，其目的在于健身育人。”

众所周知，人的身心之间是相互联系、相互作用的关系。身体的生理成熟，尤其是神经系统的发展水平决定和制约着心理的发展水平；反过来，心理的发展水平对生理的成熟也具有一定的促进作用。因此，“健身育人”方法指向的“身”绝对不是单指生理上的身体那么简单，而指的是运用体育运动及其手段去增强体质与完善身心的方法，是在深入研究各分支学科专门方法的基础上，剖析各自的特点、结构和功能而形成的。

把“健身育人”的新理念作为体育工作的思想指导，实质上是把体育方法中的“人”与“物”有机结合起来，讲究整体效应，力争达到“人物双修”，努力实现方法论与体育观、体育一般原理与体育具体方法的有机结合，揭示现代体育方法学的本质，把握其方向，力求实现学科和技术的双层创新。只有在“健身育人”这一主线的指引下，才有可能科学地认识体育与竞技之间的密切关系，并在实践中实现竞技运动体育手段的创新与操作。

确定体育本质的依据主要有如下两点：

（1）教育性。作为一个培养和造就人的过程，教育应该是全方位的。其中在身体的培育方面所能依靠的只有体育。单就体育而言，又必须以身体培育和发展为中心，通过体质的增强来实现教育的目的。

（2）健身性。体育实践的具体内容是通过运动对人体施以培育、锻炼和养护。体育的基本要素是人与运动，在这两者之中，人是目的，运动只是手段。运动为了强化人体这一生命活动而存在，体质的增强才是体育的基本功能和目的。体育的教育属性和“身体的教育”这一本质特征决定了体育的根本目的和基本价值在于增强人的体质而不是其他。因此，体育是培养和完善人体的极为重要的系统工程，人体的生物学质量是其物质基础，而健身则是整个体育过程中不可逾越的基本阶段，体育得以存在和发展的最明显的标志便是是否具有健身性。

体育的概念与体育本质是紧密联系在一起的，其概念是本质属性的反映。在体育诸多的属性如身体运动、文化、娱乐、竞技、教育、健身、比赛等之中，“健身育人”是体育的最基本特征，也是体育概念的最厚重的根基。体质的增强是合理进行运动的结果，也是体育的根本目标，是相对于德育和智育所特有的本质属性而言的。所以，体育应该是为“健身育人”服务的。

在体育的概念和本质的要求下，进行体育活动的目的既要考虑到个人兴趣的选择，又要照顾到社会的实际需要。体育的目的是受社会政治、经济体制制约的，同时又反映了社会的发展和人们日益增长的物质文化需要。此外，还要根据体育本身的作用和职能来确定。

体育属于教育的一个组成部分。教育的目的是育人，因此体育的目的应该服从于教育的目的。作为教育组成部分的体育，其意义在于满足人们健康和文化的需要，其目的应该为完善和发展人体、促进人的全面发展。

作为高校的一门必修课程，高校体育课是融生理学、心理学和社会行为学为一体，兼有自然、社会、人文等科学的综合性学科，既是学生在校期间接受系统体育教育的最后一站，也是学校体育教育的最高层次，具有与社会衔接的特点，对大学生将来能否符合国家建设要求、能否为社会所认可、能否成为竞争日益激烈的高规格人才起着决定性的作用。

（二）体育的沿革

自从人类诞生以来，便产生了体育。体育是与人类社会相伴而生、而长的，也随着社会的进步、经济的发展而不断地丰富与革新着内涵。体育的历史沿革大致经历了以下几个阶段：

1. 原始社会的体育

在人类历史中，原始社会是历经年代最漫长的一种社会形式，就我国而言，起自半坡文化，止至夏朝之前，便历经了约 70 万年的时间。在原始社会极端恶劣的生存条件下，人类为了生存，学会并锻炼了走、跑、跳跃、攀爬、投掷、游泳、负重等多种能力，这些活动虽说是出于谋生的需要，没有主观上培养人体的意识，但也可以认为是体育活动的雏形，对体育的发展起到了重要的作用。

在生产活动的过程中，人们意识到劳动经验和生活技能等需要继承，从而让经验向其他人和下一代进行传授、学习，这种传授和学习的过程就是最初的体育，也就是体育的起源。早在远古时代就产生的体育萌芽，可以认为体育是人类接受教育的最早方式之一。

原始社会的体育和现代的体育活动既有联系又有区别：其联系在于都是身体活动，前者是后者的渊源，后者是前者的演变；其区别在于两种体育的目的不同，前者的目的主要在于在恶劣的环境下谋求生存，后者的目的主要在于锻炼身体。

2. 奴隶社会的体育

进入奴隶社会之后，国家概念形成，军事活动开始频繁起来。奴隶社会的军事斗争推动了“武艺”这项体育运动的发展。同时，随着社会经济的发展，特别是文字的出现，学校也随之形成并进一步形成了文武合一的教育，再加上祭祀活动的盛行，舞蹈这门艺术也成了此时体育的主要表现形式。奴隶主阶级的娱乐活动在很大程度上也包含体育的因素，同样加快了体育的进一步发展。古希腊、古罗马也盛行以养生健身为目的的实践活动，其内涵与体育相同，尤其是公元前 776 年古希腊的古代奥运会，更是蕴含了竞技体育的内涵。在这个时期，奴隶社会的体育已经逐渐与劳动分离并进一步与军事、教育、宗教和娱乐等结合起来。其中，军事上的竞争成为重要的推动力量。由于此时文字的广泛应用，体

育产生了用文字表达的初级概念和理论形式，这就为体育的发展和延续提供了坚实的基础。需要注意的是，体育的历史发展和逻辑的发展是一致的，后者在一定程度上反映了前者。

3. 封建社会的体育

进入封建社会以后，生产力得到长足的发展，在生存已经不属于第一需要、军事活动也没有奴隶社会时期那么频繁的情况下，人们更注重身体素质的加强。例如我国古代的强身健体活动有导引、消肿舞、八段锦、太极拳等，均是以强身健体为目的的体育形式，这些实际上就已经类似于今天的体育活动，相对于奴隶社会有了长足的发展，内容也变得愈加丰富，在世界体育史中占有重要的地位。而同一时期的欧洲封建社会正处于中世纪时期的宗教政权之下，除了天主教偶尔以体育作为娱乐手段和骑士教育外，西方的体育基本处于凋敝畸形的状态。同时，社会发展不同历史时期的政治、经济、军事等对体育发展的影响也非常大，各学派和宗教的理念对体育的影响也极其深远。例如我国古代的道教讲究修身养性，利用武艺来提高人自身的身体修养；而天主教则以清净苦行为主，号召信徒以苦行的方式来洗刷原罪，这样在体育上自然得不到充分的发展。体育的历史继承性是体育发展的纵向联系，而当时的社会因素对体育的影响则是体育发展的横向联系。体育就是在这样的纵横联系中发展着，度过了封建社会的历史时期。

4. 近代社会的体育

近代体育伴随近代社会，即资本主义社会初期的出现而出现。因此，近代体育最先兴起于大革命运动时期的欧美国家。文艺复兴、宗教改革和启蒙运动等一系列思想上的革命为近代体育的产生奠定了思想基础。在欧洲，德国是较早实施近代体育的国家，1774 年德国学校的体育课内容就包括了剑术、骑马、舞蹈、球类等。德国体育家古兹姆斯的著作《青年的体操》把体操体系分为八项基本运动、手工作业和青少年游戏三大类，他也因此被尊称为“德国体操之父”。体操家杨氏则在古兹姆斯体操体系的基础上，对器械体操进行了革新，并扩充了体操的实施范围，让体操从学校走向社会，扩大了体操在体育活动中的影响。之后的体操家施皮斯又编制了“教学体操”，进一步推动了学校体操的发展。正是这一系列对体操的创新与改革，让德国至今仍是世界上的体操强国之一。

与德国相类似的是瑞典。由于该国在 1718 年对俄国、丹麦和波兰作战失败后由胜转衰，成为欧洲列强欺辱的对象。出于保卫祖国的需要，瑞典也较早地实施了近代体育，这主要是以林氏所著的《体操的一般原理》为蓝本，发展了林氏体操。该体操最早流行于军队，之后又推广到社会。19 世纪中叶，流传到了欧美等地区。

比起德国体操来，林氏的体操注重体操的解剖学和医学原理，更具有科学性，也就更加受到人们的好评。正当欧洲大陆普遍热衷于德国体操和瑞典体操的时候，英国的近代体育也在 18 世纪末到 19 世纪初，随着资本主义的兴起而发展起来。与德国和瑞典专注于体操运动不同，英国体育还包括丰富多彩的户外运动，使体育趋向多元化发展。与欧洲其他国家相比较，法国由于内部政权更迭频繁，使近代体育发展得比较晚。但法国对近代体育的贡献却堪称最为杰出。1888 年，法国教育家、现代奥林匹克之父皮埃尔·德·顾拜旦提出了在国际范围内恢复奥运会的建议，并在 1894 年的巴黎会议上得到落实，这在体育史上具有里程碑性质的意义。由于美国在历史上没有受到欧洲中世纪宗教统治的思想冲击，因此其在体育的创新及职业化上领先于其他国家。独立战争后，美国引进了欧洲的学校体育，各大城市相继建立了具有职业性质的运动俱乐部，竞技运动得到了飞速发展。同时，篮球、排球、棒球等运动项目在美国的发明与发展，更进一步丰富了体育的内涵，对世界体育的发展带来了很大的影响。

19 世纪中叶以后，近代体育传入中国。从发展过程上来说，我国的近代体育起于旨在“师夷长技以自强”的洋务运动，成型于意图强国的戊戌变法，初步实施于“同光新政”，繁衍、成熟于北洋军阀和国民党统治时期；从其发展范围看，先是军队，再是学校，后是社会；从其项目看，先是兵式体操、普通体操，后来逐步发展到球类和田径等，这也是由我国当时所处的环境所决定的。因此，使我国的近代体育带上了鲜明的殖民地色彩。

5. 现代体育

第二次世界大战以后，和平与发展成为世界的主题，体育也随着社会政治、经济和文化的发展而日益完善。在我国，体育的根本任务是“增强人民体质，为劳动和国家建设服务”，并且被写进20 世纪 50 年代的宪法。由此可见，“增强人民体质”这一体育的本质属性在国家的根本大法里得到了特别的强调。我国 1961 年出版的《体育理论》也基本明确了体育的本质属性：“社会主义体育是为增强人民体质，培养全面发展的新人。”自 20 世纪 50 年代起，我国的体育基本上是全盘照搬苏联的体育教育理论。改革开放以后，国民经济迅猛发展，人们生活方式的改变使体育的内容也随之发生了变化，国家体育当时提出要“冲出亚洲、走向世界”，使得竞技运动项目明显增加，竞技体育风靡一时，而其他体育却变得可有可无起来。体育的多功能化以及用社会活动和文化活动来定义体育概念的提法使得当时的体育脱离了教育的范畴。随着社会的进步，已经越来越显示出其不符合社会发展的弊端。

到了 20 世纪 90 年代，党和政府逐渐开始反思单纯抓竞技体育的不足之处，在“健康第一”思想逐渐明确和发展的前提下，相继颁布了体育法和《全民健身计划纲要》，明确了全民健身计划实施的对象、重点和目标，使增强人民体质有了具体的指导思想，我国的体育终于又开始恢复本来的面目，并随着社会的发展显示出向健康发展的趋势。

二、体育的功能与作用

体育是社会发展与人类文明进步的一个标志，体育事业发展水平是一个国家综合国力和社会文明程度的重要体现。在现代化建设的进程中，体育伴随经济、社会的发展而发展。体育能在人类社会中连绵不断地存在和发展，得到了不同民族和国家人们的喜爱和广泛的认同，而且发展的活力越来越大，影响和作用也越来越大，充分说明体育对人类社会有着重要的功能和作用。而且，“经济越发展，社会越进步，人们强身健体的意识就越强烈，体育的地位就越重要，作用就越显著”。为了深入地分析和认识体育对人和人类社会的功能和作用，可以把体育的功能分成体育的独特功能和体育的派生功能两大类。

（一）体育的独特功能和作用

体育的独特功能和作用是指体育所独有的本质功能和基本作用，是区别于其他社会现象和事物对人和人类社会所产生的功能和作用的根本点，并且具有独特性和其他事物不可替代性的基本特征。体育的独特功能和作用主要表现在如下几个方面：

1. 增强体质，强国强种

这是体育的本质功能，也是体育能在人类社会中长盛不衰和持续不断存在的原因。通过体育手段来实现增强人的体质的目的，促进人类自由、全面发展。这正是体育的独特之处，也是体育区别于其他社会活动和事物对人和社会作用的根本点，并且具有不可替代的基本特征。人的身体素质是思想道德素质和科学文化素质的物质基础，也是一个民族和国家强盛的基础。毛泽东在《体育之研究》一文中指出："体育一道，配德育与智育，而德智皆寄于体。无体是无德智也。"还指出："体者，载知识之车而寓道德之舍也。"体育最基本的作用和本质功能恰恰是作用于一个人、一个民族的身体素质，对人民的健康和身体素质提高以及民族的强盛具有独特作用。通过体育达到增强体质，强国强种的目的，已经成为人类社会一种普遍的做法。这也是当今世界各国普遍重视体育运动的根本原因。

2. 培养人们勇敢顽强、克服困难、超越自我的意志品质

人们在进行体育运动特别是在运动训练过程中，要克服许多由体育运动产生的特有的身体困难，体验到很多在正常条件下不可能获得的身体感受。这也是人们在从事其他活动过程中很难体会到的身体感受。它对一个人的内在意志品质具有特殊的培养和陶冶作用。强筋骨、强意志、调感情是体育的特殊功效，可以起到"文明其精神，野蛮其体魄"的作用。体育的这些功能对青少年的意志品质的培养作用尤为重要。

3. 培养人们竞争、团结、协作的社会意识

体育有利于人的"社会化"。竞赛是体育运动的一个最显著的特征。体育竞赛能有效地培养人们的竞争意识和团结协作精神。没有强烈的取胜欲望和良好的团结协作精神就不可能在体育竞赛中取得胜利。人类现实社会是一个充满着激烈竞争的场所，需要团结和协作精神。体育竞赛，特别是在集体项目的竞赛过程中，要想取得胜利，既要有力争胜利的顽强竞争意识，又要懂得与同伴和队友的团结协作才可能达到目的。而这种"模拟社会"的功能，是体育运动所独有的。

4. 丰富个人和社会的文化生活，提高人们的生活质量

人们通过参加和欣赏体育运动不仅能增强体质还能够愉悦身心，丰富文化生活。世界上还没有其他任何一种活动能像体育竞赛那样有规律地举行，特别是以奥运会为最高层次的国际体育竞赛已经成为现代人们关注的焦点和欣赏的热点。各种不同形式和类型的体育竞赛，以它们独有的形式和方式为人类社会生产出丰富多彩的文化精神食粮，提高人类的生存和生活质量。群众体育的趣味性和娱乐性是体育才能给他们带来的特殊享受。它改变和改善着当今人们的生存和生活方式。

5. 为社会提供和构建公平、公开、公正的价值体系和价值标准

公平是人类社会所共同追求的一种理想的社会状态。竞赛是体育的最鲜明特点，通过竞赛，优胜劣败，决出名次，可以激发荣誉感，鼓舞上进心。这是其他任何形式的社会活动和手段所不能代替的。在一定意义上说，没有竞赛，就没有体育运动。体育竞赛就是在公平的规则下，在公开场合中，最大限度地发挥个人和集体的体力和智力，优胜者得到奖励和人们的尊重。体育运动向人们和社会所展示的，以公平、公开、公正为核心的价值体系和价值标准得到了不同民族和国家的普遍尊重和推崇。"阳光下的公平竞争"正是现代人类社会所需要重新构建的价值体系和价值标准的道德核心。

（二）体育的派生功能和作用

体育对人和社会的派生功能与体育的独特功能不同。主要区别在于这些功能和作用不是体育所独有，在其他社会现象和活动中也能产生的类似的功能和作用。主要有如下

内容：

1. 交流

在体育运动过程中，能增强人与人之间的交流和交往，是促进人们的友谊和增强团结的重要手段。通过体育活动，能够扩大人们的情感交流，增加人与人之间的相互了解，改善人际关系，共同创造和谐文明的社会环境。国际体育交往还能够促进国家与国家之间、不同民族之间的相互了解和相互信任，有利于人类社会的和平与发展。

2. 经济

体育是人类的活动，特别是体育成为一种很多社会成员参加的经常性活动后，总是在一定的物质消费的基础上进行的，必然要消耗一定的人力、物力和财力。因此，与体育活动相关的服装、器材、装备和体育场地设施等就会随之而产生，体育服务等社会行业就必然会出现。特别是在现代社会，体育中的很多内容已经发展成为人类社会的第三产业，在社会经济生活中发挥着越来越大的作用。许多国家的政府还出台了体育产业发展纲要等政府文件。这些都充分说明了体育的经济功能和作用。

3. 教育

体育是学校教育的一个重要组成部分，是教育的一个重要手段和方面。几乎所有国家都把体育作为教育的内容之一。体育在培养人们健康、合理的生活方式，集体主义精神，爱国主义精神，刻苦耐劳，顽强拼搏精神等方面有着重要作用。

4. 娱乐

体育运动能得到广大社会成员的喜爱，一个重要原因是体育与文化、艺术等活动一样具有较强的娱乐功能。人们在体育运动的过程中能体验到乐趣和快感，因而它也成为人们娱乐的一种形式。

5. 政治

作为上层建筑的一部分，体育与政治紧密相连，受到政治形态的制约，并以特殊的方式为政治提供服务。体育与政治，特别是竞技体育与政治密切相关，体育不可能脱离政治而单独存在。同时，体育竞赛的胜负直接关系到国家的荣辱，赛场如同战场，金牌的数量从一个侧面反映出国家的力量、地位、政治面貌、精神状态。因此，世界各国体育的政治意义无不给予了高度的重视，以体育表现实力，扩大影响，提高国际声誉、振奋民族精神。

6. 军事

体育在军事方面的功能与作用，主要是面对战争和训练士兵的需要。从原始部落间为争夺土地、牧场与血亲复仇引起的暴力冲突，到奴隶社会以掠夺财产、增强统治为目的的战争，不断推动着武器的演进，不仅为以后的健身活动提供了广泛的运动器材，也促进了人们积极从事军事操练和与之有关的身体训练。

进入封建社会之后，统治者为争夺领土引起的战争，使体育和军事的结合变得更加紧密。古代东方统治阶级出于对外扩张和对内镇压的需要，无不对非战状态时的军事训练给予高度的重视。在我国的古典军事书籍中，便记载有十分详细的训练内容及训练方法。5世纪，摆脱粗野原始状态的欧洲开始进入封建制的“中世纪”时期，多次十字军东征所巩固的“骑士制度”，在培养“骑士精神”过程中所开展的多种游戏和竞技，集中体现了实战中的攻防技术，含有强烈的军事色彩。

随着资本主义的兴起及发展，经过“文艺复兴”时期和宗教改革运动后，西方社会开始竭力主张发展跑、跳、投掷、摔跤等体育活动，并将之引入学校，要求学生掌握未来军事生活所必需的一些基本技能，以应对已经或即将到来的大革命时代。在这期间，特别是欧洲教育改革后的传统体操，更以它极具实用价值的体育形式风靡欧洲。由于这种身体活动对培养身体的协调性，使行动一致，在掌握当时流行的线性作战方法时极为有利，因此，在美国南北战争以及普法战争中都一度发挥过重要的作用。

到了现代社会，随着尖端武器的发展和部队机动性的提高以及新战略战术的运用，更需要参战人员在短时间内掌握复杂的军事技能，并最大限度地调动起人的精神和身体能力。所以，在全面进行体育训练的同时，掌握部分在战争中具有作用的体育项目，如游泳、爬山、攀岩、滑雪、划船、摔跤、格斗、骑马、拳击及队列操练等，已经成为军事训练所必需的内容，专门为军事服务的军事体育因此而产生。

第二节　健康的概念

一、健康的概念

什么样的身体状态才能被称为健康？《现代汉语词典》对健康的解释是：①（人体）发育良好，机理正常，有健全的心理和社会适应能力；②（事物）情况正常，没有缺陷。

对任何生物体来说，健康都是一种动态的平衡。这种平衡状态，均衡地输入和输出能量和物质，意味着生命有继续生存的可能。对有智慧的动物人类来说，健康有更广的概念。现代健康的含义并不仅是传统所指的身体没有病而已。根据世界卫生组织的解释：“健康不仅指一个人没有疾病或虚弱现象，而是指一个人生理上、心理上和社会上的完好状态。”这就是现代关于健康的较为完整的科学概念。现代健康的含义是多元的、广泛的，包括生理、心理和社会适应性三个方面，其中社会适应性归根结底取决于生理和心理的素质状况。心理健康是身体健康的精神支柱，身体健康又是心理健康的物质基础。良好的情绪状态可以使生理功能处于最佳状态，反之则会降低或破坏某种功能而引起疾病。身体状况的改变可能带来相应的心理问题，生理上的缺陷、疾病，特别是痼疾，往往会使人产生烦恼、焦躁、忧虑、抑郁等不良情绪，导致各种不正常的心理状态。作为身心统一体的人，身体和心理是紧密依存的两个方面。属于医学领域的健康核心是环境健康、营养学、疾病预防和公共健康事务，这些方面便成为帮助人们评测健康程度的标准。

19 世纪后期，健康观念开始在西方国家逐渐流行，此时正是中产阶级开始出现在工业化的世界里；也正是从那时开始，一个新兴的繁荣的群体有了充足的时间和资源来追求幸福和其他形式的自我提升。早期的许多消费产品，都是从公众对健康日益增长的兴趣中派生出来的。

二、健康内涵的发展

随着社会的发展、人类的进步，健康的概念也不断被注入新的内涵。1989 年，世界卫生组织将健康定义为：“一个只有在生理健康、心理健康、社会适应良好和道德健康等四个方面都健全，才算是完全健康的人。”对于每一个人来说，健康都是非常重要的。因此应当全面理解健康的概念，树立正确的健康思想。

（一）生理健康

生理健康是指人的身体能够抵抗一般性感冒和传染病，体重适中，体型匀称，眼睛明亮，头发有光泽，肌肉皮肤有弹性，睡眠良好等。

生理健康是人们正常生活和工作的基本保障，只有达到了这一点，才谈得上是健康。

（二）心理健康

心理健康是指人的精神、情绪和意识方面的良好状态，包括智力发育正常、情绪稳定乐观、意志坚强、行为规范协调、精力充沛、应变能力较强，能适应环境，能从容不迫地应付日常生活和工作压力，经常保持充沛的精力，乐于承担责任，人际关系协调，心理年龄与生理年龄相一致，能面向未来。

心理健康同生理健康同样重要。良好的心态，能促进人体分泌出更多有益的激素，能增强机体的抗病能力，促进人体健康。

（三）社会适应良好

较强的社会适应能力是心理健康的重要特征。心理健康的大学生应能与社会保持良好的接触，对于社会现状有着清晰、正确的认识；既有远大的理想和宏伟的抱负，又不会沉湎于不切实际的幻想与漫无边际的奢望，注重现实与理想的统一。对于现实生活中所遇到的各种困难和挑战，用切实有效的办法去解决，而不是怨天尤人。当发觉自己的理想和目标与社会的发展背道而驰时，能够迅速地进行自我调节，争取达到与社会发展相一致，而不是逃避现实，更不能一意孤行。

（四）道德健康

道德健康主要指能够按照社会道德行为规范准则约束自己，并支配自己的思想和行为，有辨别真与伪、善与恶、美与丑、荣与辱的是非观念和能力。

巴西著名医学家马丁斯研究发现，屡犯贪污受贿的人易患癌症、脑出血、心脏病和精神过敏症。心态淡泊、为人正直、心地善良、心胸坦荡，则会心理平衡，有助于身心健康。相反，有违于社会道德准则、胡作非为，则会导致心情紧张、恐惧等不良心态，有损健康。试想，一个整日生活在提心吊胆的环境中，食不甘味、睡不安寝、惶惶不可终日的人，又怎么去奢谈健康？据科学测定，这类人很容易产生神经中枢、内分泌系统功能失调等症状，免疫系统的防御能力也会减弱，最终会在恶劣心态的重压和各种身心疾病的折磨下，或者早衰，或者早亡。

第三节　思政园地融入体育课程途径

为深入贯彻落实中共中央办公厅、国务院办公厅《关于深化新时代学校思想政治理论课改革创新的若干意见》，应把思想政治教育贯穿人才培养体系，全面推进高校思政园地建设。根据中共中央办公厅、国务院办公厅《关于全面加强和改进新时代学校体育工作的意见》，应深入推进教学改革，全面改善办学条件，不断完善评价机制，切实加强组织保

障。开展体育思政园地是落实上级文件的必然要求，高校体育思政园地在提高人才培养质量上也发挥着重要作用，高校体育是德智体美劳人才培养的重要组成部分和重要环节。如何将思政园地理念深度挖掘和多种手段融入体育教学中，让思政课程贯穿人才培养全过程，促进学生“思”“体”全面同向发展，充分发挥体育思政园地的育人功能，是体育教育工作者面临的重要问题。

一、高校体育课程性质

高校体育是高等教育的重要组成部分，有效地培养学生世界观、人生观、价值观，体育思政园地至关重要。2020 年《高等学校思政园地建设指导纲要》明确指出，要打造一批有特色的体育、美育类课程，帮助学生在体育锻炼中享受乐趣、增强体质、健全人格、锤炼意志，并指出思想品德教育和体育思政园地教育相契合，更进一步明确了育人方向，培养什么人、怎样培养人、为谁培养人是教育的根本问题，要落实立德树人的根本任务，培养思想过硬的高素质体育人才。新时代高校体育思政园地需进一步厘清思路，从课程内容和教学环节上全面，深入、多手段地挖掘体育思政园地元素，实现全方位、全程育人。

二、思政园地对体育教师的要求

（一）教书育人初心和使命

教师是“人类灵魂的工程师”，承担着教书育人的神圣使命和责任担当。因此，体育教师要永葆教书育人初心、牢记教育使命，培养思想素质高和身体素质强的青年学子。在过去一段时间以来，个别教师在教学中淡化了思想育人价值，而注重知识与技能培养。2017 年 12 月，中共教育部党组印发《高校思想政治工作质量提升工程实施纲要》，明确将思政园地作为高等教育发展的重要目标，以切实提高课堂改革质量。搞好体育思政园地建设，落实立德树人的根本任务，以增强思政育人的实效性、永久性、创造性开展教学。

（二）统一思想和提高认识

全面推进高校体育思政园地建设，教师是关键。大学体育教师应通过凸显体育思政园地建设的目标导向，进一步强化育人意识，找准育人角度，提升育人能力，确保体育思政园地建设落地落实、见功见效。由此可见，教师作为教学主体，从个体角度来看，统一思想，提高认识是开展体育思政园地的重要前提。对于自己的教学活动，应深入检视、思考，不断省思提升，应将教师的“学会教学”转化、体现为学生的“学会学习”，将思政园地渗透于课程中，从而有效地传递到学生心灵深处。

（三）充分挖掘思政元素

思政元素是开展思政园地教学的重要内容。充分挖掘体育课程中的思想政治教育元素，并与课程内容有机融合起来，牢固树立知识技能与价值引领共鸣，使课堂教学润物无声。因此，必须深刻把握思政教育的对象特点，遵循“因事而化、因时而进、因势而新”的教育规律，紧紧围绕学生思想教育“做人做事，先学做人”的根本，将时事、热点问题、楷模等融入教学过程，进行多方式和多渠道深度挖掘思政元素。

（四）结合时代与时俱进

体育课程纲要、计划、课程教学目标等，应紧紧围绕新时代党中央和教育部对人才培养的新要求和新使命，以着力培养思想过硬、身体健康、专业能力强、德智体美劳全面发展的高素质创新人才为目标。华中师范大学弘扬“求实创新，立德树人”的校训文化，践行博雅教育理念，坚持融合性、适应性、超越性和持续性原则，构建了目标内在统一。要从大的时代背景把握新时代大学生的时代特征，深入研究他们成长的新特点和新规律，把准方向，摸准脉搏，增强思政园地教学的魅力，提高学生的积极性。要正视世界百年未有之大变局，与时俱进地推动体育思政园地内容和形式的同向而行，保证体育思政园地常态化、创新化发展。

三、高校体育思政园地的重要性

（一）有利于培养学生的民族文化自信

我国拥有五千年悠久历史文化，民族文化是我们重要的精神财富，同时应大力推进中华优秀传统体育项目进校园、进课程。我国的民族精神包括以下方面：道德精神，如善良、仁义、刚毅、不屈不挠、自强不息等；人际关系，如“己所不欲，勿施于人”、严以律己，宽以待人、讲信修睦等；在生活方面，如舍生取义、艰苦奋斗、勤俭节约等；在学习方面，如孜孜不倦、持之以恒、不耻下问等；在实践方面，如与时俱进、敢为天下先等。因此，学校是传承民族文化的重要场所，学生是传承民族文化的主体，应将民族文化历史人物、事迹、事件等融入体育教学中，培养学生民族文化自信精神。

（二）有利于培养学生的团结协作

体育团队精神是指体育团队所有成员理想信念、价值追求、道德修养、意志品质的整合，并在团队整体作风、纪律性、凝聚力和士气等方面的综合体现。例如，在 2020 年奥林匹克运动会的格言“更快、更高、更强、更团结”中，就新增了“更团结”的精神理念，由此可见，团结的价值在体育发展中有着非常重要的作用，体育教学和体育竞赛活动培养学生团结奋斗、顽强拼搏、超越自我勇于担当的人格品质，团结协作有利于提高学习、生活、工作等效率。

（三）有利于培养学生的体育习惯养成、终身体育

体育习惯是学生一生都坚持和重复进行的体育锻炼的行为方式，这种行为方式将积极影响其生活方式和健康成长。体育习惯一旦养成，必将形成“终身体育”思想和行为。例如毛泽东常年坚持游泳、爬山；美国前总统布什坚持跑步；亚洲纪录保持者苏炳添坚持自己的短跑运动。然而，体育思政园地是体育习惯的思想引导，终身坚持自己喜爱的体育项目是核心，只有二者相互融合，才能使学生受益一生。

四、体育思政园地途径

（一）加强体育思政园地目标导向性

高校思政园地要融入课堂教学建设，应将课程设置、教学大纲核准和教案评价等重要内容落实到课程目标设计、教学大纲修订、教材编审选用、教案课件编写各方面，贯穿于课堂授课各环节。设立以德育情感目标为先导、技能目标为主导，兼顾认知目标这种新的体育教学目标模式。因此，应树立“健康第一”指导思想，体育教学改目标导向将围绕这一任务开展体育思政园地教学工作，利用体育教学、训练、活动等方式与体育思政园地同

向育人，落实“立德树人”根本任务。

（二）重构课程内容

在体育教学中融入与体育思政园地知识密切相关的人物、历史、事件等内容。将体育课教学内容分为若干主题，再将主题进行模块化，如速、高、远；生命不息、运动不止；疯狂的球类；艺术与柔美；健美与刚毅；民族之魂等。模块中注重融入爱国主义教育和传统文化教育，培养学生顽强拼搏、奋斗有我的信念，加强品德修养提升学生综合素质多样性。利用好信息化设备，通过“互联网+”“线上和线下”教学方式进行系统多样化育人模式。

（三）深度挖掘民族文化思政元素

新时代的体育课程改革要做到深入、有内涵，加强体育思政园地建设是关键环节，但它并不意味着体育课程和思政课程的简单叠加，或只是在原有的体育课程内容中简单加入一些思政园地元素。体育“思政园地”不能将思政的内容直接搬入体育专业课程之中，应挖掘体育思政园地中蕴含的历史、精神、品质等思政元素，传承民族文化自信。例如，教师在教学中深度挖掘民族传统体育项目如武术、蹴球、陀螺、抢花炮、舞龙、舞狮、划龙舟等体现的礼仪育人、武德精神与爱国精神等思政元素；上海高校开设的“中国系列”课程；天津体育学院开设的“人文素质拓展”“体育精神中国精神”等课程。要重视挖掘体育专业知识中蕴含的思政元素，使体育思政元素功能最大化。

知识拓展

亚健康状态

20世纪80年代中期，苏联布赫曼教授通过研究发现，除了健康状态和疾病状态之外，人体还存在一种非健康非患病的中间状态，称为“亚健康状态”，这一发现被后来的许多学者的研究证实。亚健康（sub－health）又称“第三状态”，也称“灰色状态”“病前状态”“亚临床期”“临床前期”“潜病期”等，是指人的机体虽然无明显疾病症状，但表现出活力降低，适应力有不同程度减退的一种生理状态，包括无临床症状和症状感觉轻微，但已有潜在病理信息。

WHO的一项全球性调查表明，“真正健康”的人仅占5%，患有疾病的人占20%，而75%的人处于亚健康状态。亚健康状态在经济发达、社会竞争激烈的国家和地区普遍存在，呈逐年增加的趋势。

亚健康状态本身拥有广泛的内涵，是人们在身心情感方面处于健康与疾病之间的健康低质量状态及其体验。亚健康状态是在不断变化发展的，既可向健康状态转化，也可向疾病状态转化。由于人们在年龄、适应能力、免疫力、社会文化层次等方面存在差异，亚健康状态的表现错综复杂，较常见的是活力、反应能力、适应能力和免疫力降低，出现躯体疲劳、易感冒、稍动即累、出虚汗、食欲不振、头痛、失眠、焦虑、人际关系不协调等状况。亚健康的表现形式主要有慢性疲劳综合征、更年期综合征、神经衰弱、肥胖症等若干种。

亚健康概念的提出并非偶然，是人类对健康内涵的进一步认识的结果。根据健康概念的内涵，与健康相对应的是非健康，而不仅仅是疾病。非健康应包括疾病和“潜在疾病”，疾病具有明确的症状和体征，而“潜在疾病”无明确的症状和体征，只是有身体不适、易疲劳、虚弱和情绪、行为的难以自控等表现。这些具有“潜在疾病”表现的人并不符合健康人的范畴，属于非健康状态，即亚健康状态。人类对健康的认识不断深入，使人们认识到在非健康状态中患病人数并不多，大多数人处于亚健康状态。

随着医学及其相关学科的快速发展，许多疾病得到了有效控制，人类的患病率和疾病死亡率大大降低，但社会经济的快速发展、社会文化的多元性冲击、社会政治的复杂性变化和社会竞争性的加剧对人类的人生观和价值观造成巨大的影响，使人们的生活发生巨大改变。再加上生态环境的日益恶化，人类又将面临许多新的健康问题，其中亚健康是日益突出的问题。虽然亚健康在症状上表现的是医学领域的问题，但从整体看，它与社会环境、经济文化、心理因素及自身素质密不可分。亚健康状态已成为21世纪的研究热点，亚健康状态的内涵、成因和防治策略的研究成果都将丰富人类健康概念的内涵，也是健康内涵研究的重点。

名人故事

2015年7月10日，中国耐力王陈盆滨完成了最后一个马拉松，至此，100天100个马拉松的“百天百马”挑战壮举终于完成，陈盆滨做到了。

一天一个马拉松，在常人看来几乎不可完成的比赛，他竟连续跑了100天。从广东一路跑到北京，全程总计4219.54千米，7月10日的北京五棵松站，37岁的陈盆滨完成了这项常人难以想象的挑战，顺利抵达“百天百马”挑战的终点。

“百天百马”，是指在连续的一百天里，每天跑一个马拉松。是的，你没有听错。

趁年轻，追逐另一种可能

陈盆滨出生在浙江台州海边的一个小渔村，偶然参加乡里的俯卧撑比赛，他一口气做了400多个，赢得冠军，自此发现了自己的超群耐力。从此，他开始参加各种极限赛事，并在家乡人的不解中一路“傻跑”而一发不可收拾。他从浙江小渔村跑向了世界，2014年他刚刚拿下南极100千米极限马拉松冠军。

出生在浙江台州小渔村的陈盆滨，十几岁就与渔网为伴。曾以为出海打鱼就是唯一生活方式的他，偶然间接触了运动，让他爱上了运动、爱上了跑步。在“百天百马”的挑战过程中，家乡台州无疑是陈盆滨百个马拉松最温馨的一站，因为有父母的陪伴。一路跑来，途中他也曾有过两次身体虚脱的状况，经历了一些未知的艰难，但他最终又一次站在了极限马拉松的终点。

一开始，陈盆滨的父亲很反对他比赛，现在他已经获得了父亲的支持。二十几岁开始跑步的陈盆滨，被人说成疯子，可是他觉得，一个从没离开过海岛的渔民小子，用行动去跑，跑遍了七大洲，乃至从广州跑到了北京，连续跑了100个马拉松，这样的过程让陈盆滨看到了世界之大。

"我不是阿甘，我是现实的陈盆滨。我身后有很多人，我在奔跑的一路上能看到各种各样的风景，我能看到太多人看不到的东西，这就是我人生的财富。"陈盆滨说。

明星和粉丝参与"助跑"

一直"傻跑"的陈盆滨跑出了名，诸多明星和粉丝时常会参与陪跑。2015 年 4 月 2 日的广州，成为他"百天百马"的首站，篮球运动员姚明和网球运动员郑洁也到场陪跑。与此次极限跑拥有 30 多人的保障团队不同，来自浙江渔村的陈盆滨在过去五年独自挑战了七大洲的马拉松极限赛。

陪跑现场，姚明对他说，战士带着战胜的消息跑回了希腊，从此诞生了马拉松，所以我希望你带着这样的消息，一直跑到北京。陈盆滨听说姚明现在游泳比较多，他们一起跑时，觉得姚明好久没跑了，跑得非常非常重，他想以后有机会，可以教姚明跑步。跑了这些路，陈盆滨有了这样的底气。

到了 5 ~ 7 月，天气越来越热，闷热而阴晴不定的天气，以及一路的车流和红绿灯，给陈盆滨带来未曾经历的挑战。一路上他的陪跑嘉宾不光有体育名将、影视明星，也有很多自发前来陪跑的跑步爱好者，4000 多千米的路程也成了他的跑步课堂。

"百天百马"的第十九天，在厦门，拳击手邹市明也来为陈盆滨加油助威，并以此呼吁大家"坚持跑步、坚持健康、坚持运动"。陪跑嘉宾多了，他也看出了门道。"这么多陪跑嘉宾，只有几个有专业的姿势，要么是外八，要么是大腿很用力，姿势很怪异，跑起来很累。"

他觉得，有些陪跑嘉宾太慢了，"想睡觉的时候都有"。看似轻松的陪跑，对陈盆滨来说却是门苦差事。而近几年国内迅速兴起的跑步热，对于一直在国外参赛的陈盆滨来说，远远超乎其想象。在他的第 34 站温州，早早就有 20 多位长跑爱好者在起点等候，而一路加入的助跑粉丝越来越多，有人甚至在车来车往中拍照留念，陈盆滨只好加快速度让助跑粉丝们知难而退。而这次无奈之举，也让陈盆滨用 3 小时 18 分多跑出了"百天百马"马拉松的最好成绩。

陪跑，某种意义上讲，也是一种运动的倡议，而非专业人士有时很难保证自己和他人的安全。陈盆滨认为，一路沿着不封道的国道和省道，陪跑者多了就会非常危险，所以很多人陪跑的时候，陈盆滨会加速，希望把他们甩掉。

专业的陈盆滨也给喜欢热爱跑步的人提出了建议。他觉得，马拉松这几年可以说是"井喷式"的增长，跑步的确能改变一个人的体质，但是最好还是以科学的角度去跑。"一个想跑全马的人，特别是坐办公室的人，最好有两三年的准备再去参加全马。"

他说："很多人说我是疯子，其实我就是固执，我喜欢跑步。"只有经历了长途奔跑、到达终点那一刻的陈盆滨，才能够感受到终点带给他的快乐体验。短暂休整之后，陈盆滨将在 8 月前往印度，参加喜马拉雅高海拔极限马拉松赛。或许，对于陈盆滨来说，奔跑在路上，便是人生的另一种可能。

思考训练

1. 体育的本质是什么?
2. 简述体育的功能与作用。
3. 简述体育与健康之间的关系。

第二章　运动处方与体育卫生保健

学习目标

1. 了解运动处方的概念、分类、内容、制定流程及格式。
2. 掌握体育锻炼的卫生。

素质目标

1. 了解正确、规范的体能训练安全知识，懂得强健体魄和强化各项身体素质的重要性，培养规律体能训练的习惯。

2. 培养敢于自我挑战和勇攀高峰的意志品质。

情境导入

2020 年×月×日，由学院团委学生会体育部、生活部共同举办的体育健康与生活卫生知识竞赛在公教楼召开。活动伊始，主持人宣读比赛规则及活动流程，竞赛正式拉开序幕，各位选手摩拳擦掌，严阵以待，激动人心的第一环节随之开始。第一环节为必答题，各位选手积极作答，表现出学院学子对体育与生活卫生知识的熟练掌握。第二环节热火朝天的抢答开始，这个环节更注重考验各位选手的反应能力。经过两个环节的角逐，各班选手不甘示弱。在体育部与生活部部长的带领、其他干事的严谨核对下产生了最终结果，最后嘉宾颁奖并与获奖小组合影留念。本次比赛加深了同学们对健康与卫生知识的了解，提高了理论知识运用于实际生活的能力。学生会主席总结说，希望学院同学关注体育健康，注重生活卫生、宿舍卫生等问题。

此次竞赛的圆满成功，呼吁了同学们关注体育健康、注重生活卫生问题，加深了同学们对健康与卫生知识的了解，丰富了学院学生的知识储备，让同学们时刻警惕潜伏在我们身边的意外。鼓励同学们热爱体育活动，加强锻炼，注意校园卫生的保护，共创美好校园。

第一节　运动处方

一、运动处方概念

运动处方

运动处方是对从事体育锻炼的人们，根据医学检查资料和运动能力测试结果，按其健康、体能状况，结合运动环境和运动爱好等个性特点，用处方的形式制定运动种类、运动强度、运动时间和运动频率等，并提出运动中的注意事项，便于人们有计划地进行经常性的体育锻炼，达到健身或治病的目的。通过对健身运动处方的学习，学生能够编制可行的个人锻炼计划，有利于终身体育的养成。

二、运动处方的分类

1. 健身运动处方：该处方以增强体质、增进健康为目的。
2. 治疗性运动处方：该处方以预防疾病、辅助治疗某些慢性病为目的。
3. 康复性运动处方：该处方以恢复身体运动功能及病后康复为目的。
4. 竞技训练运动处方：该处方以提高专业运动成绩为目的。

三、运动处方的内容

（一）锻炼目标

根据个人的锻炼目的来制定相应的运动处方和锻炼目标，能够做到有的放矢。例如，健身运动处方的目的是提高身体耐力素质和增强心肺功能等，康复性运动处方的目的是恢复身体运动能力或功能。

（二）运动项目的选择

在选择运动项目的时候，应该考虑以下因素，以利于健身锻炼的安全、持久、实效：①经医学检查许可；②运动方式、运动强度、运动量符合本人的体力；③参与本人喜欢的项目并具有运动经验；④场地、器材设备许可；⑤有同伴参与指导。

学生可以根据个人身体素质的需要，在体育教师的指导下选择适合自己的运动项目或者有针对性地增加其他运动项目。

（三）运动强度

运动强度是运动对人体生理刺激的程度，是衡量运动量的重要指标之一，是运动处方定量化与科学性的核心问题。人体只有在适应一定的运动强度后，逐渐加大运动强度，即完成一个从适应到不适应再到适应的循环往复锻炼的渐进过程，身体素质水平才能逐步提高。

人们通常用心率来确定和控制运动强度。

1. 测量运动强度的简单办法：测量运动后 10 秒脉搏 ×6，就是通过测量运动后 1 分钟的心率来查看运动强度。

2. 常用靶心率来控制适宜运动强度范围：靶心率指能获得最佳效果并能确保安全的心率，也称为运动中的最适宜心率。在运动处方实践中，达到最大运动强度时的心率被称为最大心率。

靶心率是反映个人最适宜的运动强度范围的客观指标。研究表明，当人体在靶心率范围内进行运动时，能收到最佳的锻炼效果，并保证锻炼的安全性，这一点对有心血管疾病的患者尤为重要。其测算方法包括两步计算：先计算最大心率，然后再计算靶心率。

最大心率是指达到最大运动强度时的心率，此时，心脏功能的发挥已经达到了极限。最大心率的计算方法是用 220 减去年龄，就是运动时所允许的最大心率值。一般来说，我们把人体完成最大做功的 65% ~85% 时的心率称为靶心率或运动中的最适宜心率。

目前国际上流行采用公式来推算靶心率。对于大多数没有明显疾病的人来说，可以把最大心率的 65% ~85% 确定为靶心率范围，即“靶心率 =（220 − 年龄）×（65% ~ 85%）”。假设学生甲是 20 岁的健康人，其最大心率为“220 − 20 = 200 次/分钟”；适宜运

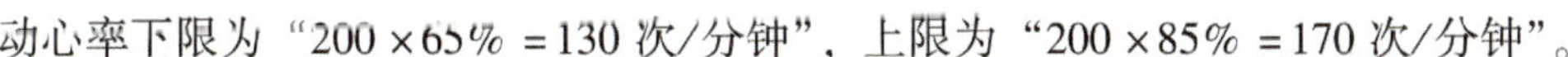

动心率下限为“200×65%＝130次/分钟”，上限为“200×85%＝170次/分钟”。

（四）运动时间

运动时间是指每次运动的持续时间，是组成运动量的重要因素。按运动强度及身体条件决定必要的运动时间，是运动处方的要点。青少年多选择以健身和提高身体素质为目标的运动，短时间的激烈运动和反复多次的运动处方，对健康有很好的促进作用。每次运动持续时间和运动强度的配合，可明显地作用于运动量，使运动量发生改变。

（五）运动频率

运动频率是指每日或每周锻炼的次数。运动锻炼所获得的效果应遵循生理学“刺激—反应—适应”原理。从运动刺激到身体适应是一个由量变到质变的过程。过高或过低的运动频率都难取得良好的锻炼效果。研究发现：当每周锻炼多于3次时，最大吸氧量的增加逐渐趋于平坦；当锻炼次数增加到5次以上时，最大吸氧量的提高显得很小；当每周锻炼少于2次时，通常不会引起吸氧量改变。由此可见，一般运动每天只需锻炼1次，每周锻炼3～4次是最适宜的运动频率。由于运动效应和蓄积作用，两次运动间隔不宜超过3天。

（六）注意事项

（1）制定健身运动处方应围绕健身目标，有针对性地安排运动内容。

（2）严格执行运动处方（切忌进行过度剧烈或刺激性强的运动）。

（3）在每次运动前做好准备活动和整理活动。

（4）在健身处方的实施过程中，根据锻炼者的实时反应和监测情况，可适当调整处方内容。

（5）加强自我的医务监督。

四、运动处方的制定流程（图2－1）

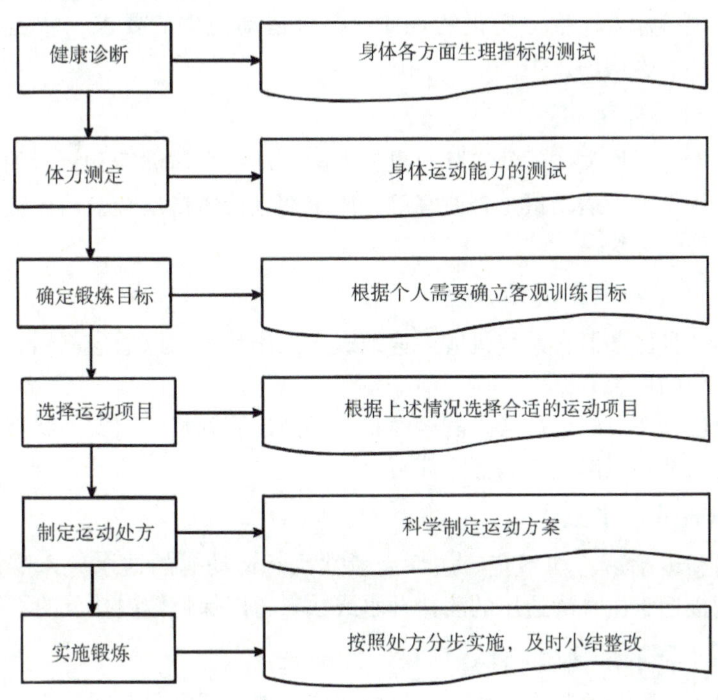

图2－1　运动处方制定流程

五、运动处方的格式

运动处方可详可略，没有强求采用一律的格式，人们可根据需要制定不同的运动处方格式表，示例见表 2－1。

表 2－1　体能锻炼运动处方（示例）

姓名：王××　　性别：女　　年龄：20 岁　　职业：学生　　病史：无

（1）医学检查：脉搏 76 次/分，血压 70/110 毫米汞柱，心电图正常。

（2）运动实验结果：心肺功能体质评定，良。

（3）运动目标：保持健康体能，促进健康成长，保持旺盛精力学习。

（4）运动项目：健身操或体育舞蹈、羽毛球或乒乓球、跑步或登山、呼啦圈或跳绳。每次选择一项运动。

（5）运动强度：靶心率范围内，即（220－20）×（65%～85%）＝130～170 次/分。

（6）运动时间：30～60 分钟。

（7）运动频率：每天运动 1 次，每周运动 5 天。

（8）注意事项：①运动服装、场地、器械选择适宜；②恶劣天气不运动；③身体不适时不运动。④自我监督项目：心率。

处方者签名：王××　　时间：20××年×月×日

第二节　体育卫生保健

一、体育锻炼的卫生

体育锻炼必须遵循人体生理变化的规律，符合运动卫生的要求，才能有效地增强体质，防止运动损伤和疾病的发生。

（一）定期进行体格检查

为了解体育锻炼对增强体质的实际效果，了解运动中身体健康和机能的变化状况，检查锻炼的方法是否正确，运动量是否适宜等，应定期进行体格检查，从而进一步修正体育锻炼计划和改进锻炼方法。

（二）要注意做好准备活动和整理活动

准备活动能使身体各器官系统机能迅速地进入工作状态，以适应剧烈运动的要求，减少或防止运动损伤的发生。

整理活动可使人体更好地从紧张的运动状态逐渐过渡到相对的安静状态，并可消除机体内的代谢产物，减轻肌肉酸痛和消除疲劳。

（三）锻炼时的饮水卫生

剧烈运动时和运动后，均不宜一次性大量饮水。运动时的饮水应以少量、多次为原则，同时应饮用接近于血浆渗透压的淡盐开水或饮料，以保持体内盐分的平衡。

（四）饭后不宜立即进行剧烈运动

因为饭后胃肠道已开始紧张工作，大量血液流入消化器官。此时若进行剧烈运动，大

量的血液就要流入骨骼肌，使消化机能减弱。长此以往，轻则引起消化不良，重则导致消化道慢性疾病。

二、女子体育锻炼的卫生

女子参加体育锻炼，除了要遵循一般成人体育锻炼的卫生要求外，还需注意女性的身体特点。

女子可根据自身的生理期，多进行平衡性、柔软性、节律性和动力性的练习，多进行发展腹肌、臂肌和骨盆肌的练习。不要过多地进行负荷量过大的负重练习，最好避免进行剧烈震动和引起腹内压升高的身体练习。

月经是女子正常的生理现象，在月经期，人体一般不会有明显的生理机能变化。所以，身体健康的女子在月经期间不必完全停止体育锻炼，适度的体育锻炼还有助于女子经期的平稳度过。但必须注意下列事项：

（1）不做震动性大、对抗性强的动作。

（2）运动量要适宜，锻炼时间要适中。

（3）不宜参加游泳、长跑、跳跃或持续时间较长的快速运动。

（4）如遇有月经紊乱、痛经现象发生时，则应暂时停止体育锻炼。

知识拓展

疲劳及消除疲劳的方法

1. 疲劳的表现

由于活动使工作能力及身体机能暂时降低的现象称为疲劳。疲劳一般可分为肌肉疲劳、神经疲劳和内脏疲劳三类。当肌肉疲劳时，常出现肌肉僵硬、肿胀和疼痛，肌力下降等；当神经疲劳时，常表现为反应迟钝、判断错误、注意力不能集中、动作协调性受到破坏等；当内脏疲劳时，常出现呼吸节律紊乱、呼吸浅而快、心悸、胸痛、恶心、呕吐以致心电图改变等。

2. 消除疲劳的措施

合理的睡眠是消除疲劳、恢复体力的最好方式。锻炼结束后进行温水浴和局部热敷是简单易行的消除疲劳方法，按摩是消除疲劳的重要手段，积极性休息如音乐欣赏、合理营养等是消除疲劳不可缺少的措施。此外，为了尽快地消除运动后的疲劳，适当地选用一些药物是必要的。如维生素 B_1、B_6、B_{12}、C，以及刺五加、三磷酸腺苷（ATP）等。有条件者可采用氧气和负离子吸入。

名人故事

美国著名篮球运动员迈克尔·乔丹率领公牛队获得两次三连冠，创造世界篮球运动史中最多的个人光荣纪录与团队纪录。

他说：“我成功了！因为我比任何人都努力。”

乔丹不只比任何人都努力，在他已经是最顶峰的时候，他还让自己更努力，不断地突破自己的极限与纪录。

在公牛队练球的时候，他的练习时间比任何人都长，据说他除了睡觉外，一天只休息两个小时，剩下的时间全部练球。

时常看到有的篮球运动员在罚球的时候投不进球，于是，对手就不断运用策略在他身上犯规。但如果他一天也像乔丹一样只休息两个小时，其余时间全部在罚线练球增加自己的准确度，这样持续一年下来，他罚球的能力定会提高。

在美国，有一个卖汽车的业务员总是在他们公司销售成绩排名第一。有人问他："你为什么总是第一名?"他回答说："因为我每个月都设法比第二名多卖一台车子。"这么简单的一个方法，这样简单的一句回答告诉了我们一个简单的成功道理——永远比第一名更努力。

思考训练

1. 简述运动处方的分类。
2. 体育锻炼的卫生应注意什么?
3. 女子体育锻炼应注意哪些?

第三章　体育运动损伤的处置与急救

学习目标

1. 了解运动损伤的概念，掌握运动损伤的分类，了解运动损伤造成的原因。
2. 掌握运动损伤急救的意义、原则及方法。
3. 掌握常见运动损伤的预防和处理方法。

素质目标

1. 帮助同学们树立“健康第一”“安全第一”“预防为主”“防治结合”的科学锻炼观。
2. 培养自护和他护的意识，提高救护能力。

情境导入

2017 年中国自行车联赛重庆奉节站，一位车友抽筋倒在路边。对骑行者来说，抽筋通常发生在腿部、手部、背部以及颈部。在激烈的比赛中，一旦出现抽筋，很难在短时间内恢复，运动状态也会大打折扣。抽筋的真正机制目前尚无定论，但我们知道，在某些条件下，抽筋确实更容易发生。

第一节　运动损伤概述

一、运动损伤的概念

所谓运动损伤，指的就是人们在体育运动中所发生的损伤。我们在生活中还经常会发生损伤，这和运动损伤的不同之处在于造成的原因不同。运动损伤的主要原因与运动项目、运动强度，以及运动的动作是否规范、方法是否科学有很大的关系。

二、运动损伤的分类

运动损伤的分类方法有很多，这里主要介绍以下几种。

（一）按受伤的组织结构分类

按照组织结构分类，主要包括皮肤损伤、肌肉与肌腱损伤、关节损伤、滑囊损伤、骨损伤、神经损伤、内脏损伤等。

（二）按伤后皮肤、黏膜完整性分类

1. 开放性损伤

伤处皮肤或黏膜的完整性遭到破坏，伤口与外界相通，如擦伤、刺伤、开放性骨折。

2. 闭合性损伤

伤处皮肤和黏膜仍保持完整，伤处无裂口与外界不相通，如挫伤、关节扭伤、腱鞘炎、闭合性骨折。

（三）按伤情轻重分类

1. 轻伤

伤后仍能按原训练计划进行锻炼。

2. 中等伤

伤后不能按原训练计划进行锻炼，需停止患部练习、减少患部活动。

3. 重伤

伤后已经完全不能锻炼了。

（四）损伤病程分类

1. 急性损伤

指瞬间遭受直接暴力或间接暴力导致的损伤。

2. 慢性损伤

指局部过度负荷、多次轻微损伤累积而成的劳损，或由于急性损伤处理不当转化为陈旧性损伤。

三、产生运动损伤的原因

人们在参加体育活动的实践中，强身体、炼意志、调感情、享生活。但我们也可以看到，有些人虽有参加体育活动的热情，但缺乏体育运动卫生的知识，也会导致一些伤害事故的发生，严重挫伤了参加体育运动的积极性。因此，我们有必要对伤害事故发生的原因及规律做出必要的阐述，提醒大家注意预防伤害，掌握防止受伤的方法。

（一）运动损伤产生的主观原因

1. 思想上麻痹大意，对安全认识不足、意识不够

运动时心血来潮，不顾主客观条件，盲目进行锻炼。在训练和比赛中没有采取相应的安全措施。

2. 不做准备活动或者准备活动不合理、不充分

准备活动可以提高神经系统的兴奋性，克服生理惰性、调节赛前状态、避免运动损伤。不做准备活动极易造成肌肉拉伤或关节韧带损伤。

3. 缺乏运动经验和自我保护意识，逞能冒险

比如游泳不做准备活动，滑冰不戴手套，摔倒时手臂前撑或外旋着地而造成手臂损伤。

4. 动作粗野、违反规则

主要表现在：技术动作不符合要求，运动负荷过大，违反了人体构造的功能特点和生物力学规律。

5. 身心疲劳

实践证明，在疲劳的状态下动作的准备性和协调性显著下降、警觉性和注意力减退、反应迟钝，此时参加剧烈运动或练习较难动作时，就可能发生创伤。

6. 纪律松懈、组织教法不当

在教学训练中没有贯彻区别对待的原则，忽视学生身体素质的差异，以及做与课程无关的事情也会导致伤害。

7. 不良的生活习惯、体育锻炼上认识的误区

不良的生活习惯、体育锻炼上认识的误区也可导致伤害发生。例如雾天跑步、酒后游泳。

（二）产生运动损伤的其他原因

1. 运动水平低，身体状态不佳

体质弱以及不经常参加体育锻炼的人，缺乏运动经验，身体素质差，尤其是肌肉、肌腱和关节的辅助结构薄弱，关节的稳定性、灵活性较差，动作既不协调也不合理，大脑的反应和自我保护能力差，一旦突然参加剧烈运动和长时间运动就容易受伤。

2. 运动负荷安排不合理

运动负荷小，达不到锻炼效果；运动负荷过大，尤其是局部负荷量过大，超过了人体生理承受力，就容易导致运动损伤。

3. 违反运动原则

准备活动不充分，带伤继续参与剧烈运动，缺乏对易伤部位的保护，疲劳过度，不按照运动技术的规律练习，急于求成等都容易受伤。

4. 运动环境不良

运动场地凹凸不平，沙石满地；积水地滑，无安全保护措施；风沙大雾，光线暗淡；气温过高或过低；器材陈旧或质量差，维护不当；锻炼者的着装、护具不符合要求；人员拥挤等，都很容易造成损伤。

四、运动损伤的预防

运动损伤的预防

（一）训练方法要合理

要掌握正确的训练方法和运动技术，科学地增加运动量。对于不同性别、年龄、水平及健康状况的人，训练时在运动量的安排上应因人而异、循序渐进。例如，年龄小的在训练内容上，应把全面身体训练和专项身体训练结合起来，并以全面身体训练为主；在运动量的安排上应考虑到他们的生理特点，与成年人比较起来训练时间要短些，强度、密度要小些。

（二）准备活动要充分

不少运动损伤是由于准备活动不足造成的，在训练前做好准备活动十分必要。准备活动可以提高中枢神经系统的兴奋性，克服机体机能活动的生理惰性，为正式练习做好准备。准备活动能增加肌肉中毛细血管开放的数量，提高肌肉的力量、弹性和灵活性，同时也可以提高关节韧带的机能，增强韧带的弹性，使关节腔内的滑液增多，防止肌肉和韧带的损伤。在进行准备活动时，既要使躯干、肢体的大肌肉群和关节充分活动开，同时也要

注意各个小关节的活动。准备活动还应增加一些专项素质的内容。

（三）注意间隔放松

在训练中，每组练习后，为了更快地消除肌肉疲劳，防止由于局部负担过重而出现的运动损伤，组与组之间的间隔放松非常重要。在间隔时间内，一些运动者对这一问题重视不够，他们在每组练习后，往往站在一旁不动或千篇一律地做些放松跑。这样并不能加快机体疲劳的消除，在进行下组练习时还易出现损伤。由于各个项目的练习内容不同，间隔放松的形式也应有所区别。例如，着重于上肢练习的项目，在间隔时可做些放松慢跑；着重于下肢的项目结束后，可以在垫子或草地上仰卧，将两腿举起抖动或做倒立。这样一方面可以促进血液的回流，改善血液的供给；另一方面也能使活动肢体中已疲劳的神经细胞加深抑制，得到休息，这对于消除疲劳及防止运动损伤有着积极意义。

（四）防止局部负担过重

训练中运动量过分集中，会造成机体局部负担过重而引起运动损伤。例如，膝关节半蹲起跳动作过多，易引起髌骨损伤；过多地练习鸭步可引起膝内侧副韧带及半月板的损伤。因此，在训练中应避免单调片面的训练方法，防止局部负担过重。

（五）加强易伤部位肌肉力量练习

据统计，在运动实践中，肌肉、韧带等软组织的运动损伤最为多见。因此，加强易伤部位的肌肉力量练习，对于防止损伤的发生具有十分重要的意义。例如，加强股四头肌力量的练习可以防止膝关节损伤，而防止肩关节损伤则应加强三角肌、肩胛肌、胸大肌和肱二头肌的练习。

除上述几条外，做好医务监督，遵守训练原则，加强保护，注意选择好训练场地，也是预防运动损伤的重要内容。

第二节　运动损伤的急救

一、急救的意义与原则

急救是指在运动中对突然发生的损伤，进行紧急和合理处理，并为转送医院进一步诊治创造条件。正确和有效的处置，对减轻患者的痛苦、预防并发症和感染甚至挽救生命，都具有十分重要的意义。

急救是一项时间紧、技术性和判断性强、分秒必争的紧急措施，因此必须遵循以下原则。

（一）抓住主要矛盾进行急救

现场急救比较复杂，有时会同时出现多种损伤，此时急救者必须抓住主要矛盾进行急救。如发现休克，应先进行抗休克措施，针刺人中、内关穴或进行人工呼吸；如伴有出血时，应及时施行止血，然后再做其他损伤处理。

（二）准确判断

急救者要正确地判断损伤的性质、部位和程度，并施行正确的抢救技术。

（三）分工明确，处乱不惊

急救人员既要有高度的责任感和救死扶伤的崇高品德，又要能处乱不惊、分工明确、有条不紊地进行抢救，并具有熟练的技术和丰富的临场经验。

（四）快抢、快救、快运送

急救必须分秒必争，当机立断，切勿延误时机。在得到初步处理后，尽快转送医院做进一步治疗。在运送途中，要确保患者的平稳安静，消除紧张情绪，并随时观察病情变化，必要时继续进行人工呼吸。

二、急救方法

（一）止血法

1. 冷敷法

这种止血法常用于急性闭合性软组织损伤。最简便的方法是用冷水冲洗或冷毛巾敷于伤处，有条件者可使用氯化烷喷射。冷敷可以使血管收缩，减少局部充血，降低组织温度，抑制神经感觉，从而起到止血、止痛和减轻局部肿胀的作用。

2. 抬高伤肢法

将出血的肢体抬高超过心脏水平。抬高伤肢可以降低出血部位的血压，以减少出血。如果已采用加压包扎，则仍应抬高伤肢。

3. 压迫法

可以分为指压法、止血带法、包扎法等。指压法常用于动脉出血。方法是在出血部位盖上消毒纱布后，用手指腹压迫出血部位，也可指压出血部位的上端动脉管，以切断血流渠道。

4. 强屈患肢止血法

只可使用于肘关节或膝关节以下的肢体，将棉垫置于肘窝或膝窝，再强屈其关节，并以绷带紧缚之，每 20 分钟要放松 15 秒，并记录最后一次放松时间。

5. 止血带止血法

捆扎止血带的部位常选用上肢上臂上 1/3 处，或下肢大腿根部，捆止血带要松紧适中，以伤口不出血为度，但也不能过紧，这样容易造成止血带处的皮肤、神经和肌肉的损伤，甚至引起肢体远端的坏死。每 50 ~ 60 分钟松绑一次，再快速送医处理。因为此法有引起末梢神经麻痹和血流障碍甚至肢体坏死的危险，如能用其他方法止血，就不要用此法止血。

常用止血带有布条、皮带、皮管、毛巾等。进行时先将伤肢抬高，然后在患处上方缚扎止血，缚扎时最好在伤处加垫，松紧适中，以防肢体组织坏死。

包扎法主要用绷带包扎，并根据不同部位和伤势进行不同方法的包扎。如环形包扎、螺旋形包扎、反折螺旋形包扎等。

（二）搬运法

伤员经过现场急救后，应迅速和安全地转运到安全处休息或直接送医院治疗，其中包括扶持法、托抱法、椅抬法和三人托抱法等。

1. 扶持法

此法适用于神志清醒、伤势较轻、自己基本能步行的伤员。施救时挽住伤员的腰部，并让伤员一臂搭扶在自己肩上。

2. 托抱法

急救者托抱住伤员，并让伤员一臂挽住自己的肩颈部位。此法适合于身体虚弱的伤员。

3. 椅抬法

两名急救者两手搭成像椅子一样，让患者像坐椅子一样进行运送。

4. 三人托抱法

三人站在同一侧，将伤员托抱起来，并协调地行走。此法适用于体力严重衰弱和神志不清的伤员。

（三）人工呼吸法

人工呼吸法有举臂压胸法、仰卧心脏胸外挤压法、俯卧压背法、口对口呼吸法等。其中以仰卧心脏胸外挤压法和口对口呼吸法效果最好。

1. 仰卧心脏胸外挤压法

使患者仰卧，急救者两手上下重叠，用掌根置于患者的胸骨下半段处，借助于体重和肩臂力量，均匀而有节奏地向下施加压力，将胸骨下压 3 ~ 4 厘米为度，然后迅速将手轻轻提起，胸骨也自然地弹回，如此反复进行，每分钟以 60 ~ 80 次的节律进行，直至恢复心脏跳动为止。

2. 口对口人工呼吸法

使患者仰卧，头部后仰，托住其下颌，捏住其鼻孔，压住其环状软骨（食道管），防止空气吹入胃里。急救者深吸气，两口相对，将大口气吹入患者口中，吹气后将捏鼻子的手松开。如此反复进行，吹气频率每分钟 16 ~ 18 次，直至患者自主恢复呼吸为止。如患者牙关紧叩，一时撬不开，则采取口对鼻吹气法。进行时，其他操作方法同上。

第三节　常见运动损伤的处置方法与预防措施

一、肌肉拉伤

肌肉拉伤指肌纤维撕裂而致的损伤。主要由于运动过度或热身不足造成，可根据疼痛程度知道受伤的轻重，一旦出现痛感应立即停止运动，并在痛处敷上冰块或冷毛巾，保持 30 分钟，以使小血管收缩，减少局部充血、水肿。切忌搓揉及热敷。

预防：主要针对发生的原因进行预防，特别是要做好运动前的准备活动，防止运动量过大和过度疲劳，注意提高身体的协调性和动作技巧。

二、肌肉挫伤

由于身体局部受到钝器打击而引起的组织损伤。轻度损伤不需特殊处理，经冷敷处理 24 小时后可用活血化瘀酊剂，局部可用伤湿止痛膏贴上，在伤后第一天予以冷敷，第二天则热敷，约一周后症状可消失。较重的挫伤可用云南白药加白酒调敷伤处并包扎，隔日

换药一次，每日 2～3 次，加理疗。

预防：练习者要控制好运动量，避免在过于疲劳状况下继续进行锻炼，锻炼是要注意身体的协调性、机灵性，避免不必要的冲撞，特别要提高自我保护能力。

三、急性腰扭伤

运动时，身体重心不稳或肌肉收缩不协调，都会引起腰部损伤。多数因腰部受力过重，或脊柱运动时超出了正常生理范围。腰部急性扭伤后，让患者平卧，一般不应立即移动。如果剧烈疼痛，则应用担架抬送医院治疗。处理后，应使伤者卧硬板床或在腰后垫一个枕头，使其肌肉韧带处于放松状态。也可针灸、外敷伤药或按摩。

预防：运动前要做好全身性准备活动，特别是腰部准备活动。如前后弯腰，左右转身，身体绕环，上伸下蹲等，运动时注意姿势的正确性、动作的协调性，用力要得当，平时要加强腰部肌力的锻炼，以提高腰部肌力。

四、肩关节扭伤

一般因肩关节用力过猛以及反复劳损所致，也有的是因技术错误，违反解剖学原理而造成损伤，如投掷、排球扣球、大力发球时常出现这类损伤。其症状有压痛、疼痛，急性期有肿胀，慢性期三角肌可能出现萎缩，肩关节活动受限。单纯韧带扭伤，可采用冷敷、加压包扎。24 小时后可采用理疗、按摩和针灸治疗。出现韧带断裂时，应立即送医院缝合和固定处理。当肩关节肿胀和疼痛减轻后，可适当施行功能性锻炼，但不宜过早活动，以防止转为慢性。

五、踝关节扭伤

运动中跳起落地时失去平衡，使踝关节过度内翻或外翻致伤。在准备活动不充分，场地不平坦的情况下，更易造成这类损伤。主要症状为伤处疼痛、肿胀，韧带损伤处有明显压痛、皮下瘀血。受伤后，应立即冷敷，用绷带固定包扎，并抬高伤肢，24 小时后，根据伤情采取综合治疗，如外敷伤药、理疗、按摩，必要时做封闭治疗。待病情好转后，施行功能性练习。对严重患者，可用石膏固定。

六、擦伤

擦伤即皮肤的表皮损伤。如擦伤部位较浅，涂红药水即可；如擦伤创面较脏或有渗血时，应用生理盐水清创后再涂上红药水或紫药水。

重度擦伤指静脉或动脉出血，采用压迫止血法。

①颈总动脉：压甲状软骨外搏处，用于颈部及头面部出血时。

②锁骨下动脉：按压锁骨上窝处，用于上臂上部、肩部出血时。

③肱动脉：在上臂的上中 1/3 交界处，肱二头肌内侧缘处，用四指压向肱骨，用于前臂及手部出血时。

④股动脉：指压大腿前近腹股沟的搏动处，用于下肢出血时。

七、撕裂伤

在剧烈、紧张运动时，或受到突然强烈撞击，造成肌肉撕裂。其中包括开放伤和闭合伤两种。常见有眉际撕裂、跟腱撕裂等。开放伤顿时出血，周围肿胀。闭合伤触及时有凹陷感和剧烈疼痛。轻度开放伤，用红药水涂抹伤处即可；裂口大时，则需止血和缝合伤处，必要时注射破伤风抗毒血清，以防破伤风症。如肌腱断裂，则需手术缝合。

八、骨折

常见骨折分为两种，一种是皮肤不破，没有伤口，断骨不与外界相通，称为闭合性骨折；另一种是骨头的尖端穿过皮肤，伤口与外界相通，称为开放性骨折。

（一）骨折的原因、症状及一般处理

原因：运动中身体某部位受到直接或间接暴力撞击、肌肉强烈收缩均可导致骨折。如踢足球时，小腿被踢可能造成胫骨骨折。

症状：伤处剧烈疼痛，活动时加剧，局部肿胀，皮下瘀血，功能丧失，肌肉痉挛，骨折部位发生变形，伤肢变短或成角畸形。严重骨折常伴有出血和神经损伤，甚至可导致休克发生。

处理：如果出现休克，应先抗休克。安静平卧，注意保暖，必要时进行人工呼吸，可点掐和针刺人中、涌泉、百合、十宣等穴位。如果伴有伤口出血，则应立即止血包扎伤口。骨折后不要移动伤肢，应用夹板就地固定，夹板的长宽要适合，其长度必须超过骨折部位约上下两个关节。

没有夹板时可用树枝等代替或将伤肢固定于伤者自己身上。夹板与皮肤间应垫软物，固定的松紧要合适、牢靠。开放性骨折，外露的骨端不要放回伤口内，以免造成深部感染，固定伤肢后及时送医院治疗。

（二）骨折固定包扎方法

骨折后要限制伤处活动，避免加重损伤和减少疼痛，用夹板固定骨折是最简单有效的方法。

1. 绷带包扎法

（1）环形包扎法

此法适用于包扎额部、手腕和小腿下部等粗细均匀的部位，也用于其他绷带包扎法的开始和结束。包扎时将绷带带头斜放于包扎处，用一手拇指压住，将卷带环绕包扎一圈后，再将斜放的带头一个小角反折过来，然后继续环绕包扎，后一圈覆盖前一圈，包扎3～4圈即可（图3－1）。

（2）螺旋形包扎法

此法适用于包扎上臂、大腿等肢体粗细相差不多的部位。包扎时以环形包扎法开始，然后将卷带向上斜行缠绕，后一圈盖前一圈1/2～2/3即可（图3－2）。

（3）反折螺旋形包扎法

此法适用于包扎前臂、大腿和小腿等肢体粗细差别较大的部位。包扎时以环形包扎法开始，然后用一手拇指压住卷带上缘，将其上缘反折（注意要避开伤处）并压住前一圈的1/2～2/3，每圈的折线应互相平行（图3－3）。

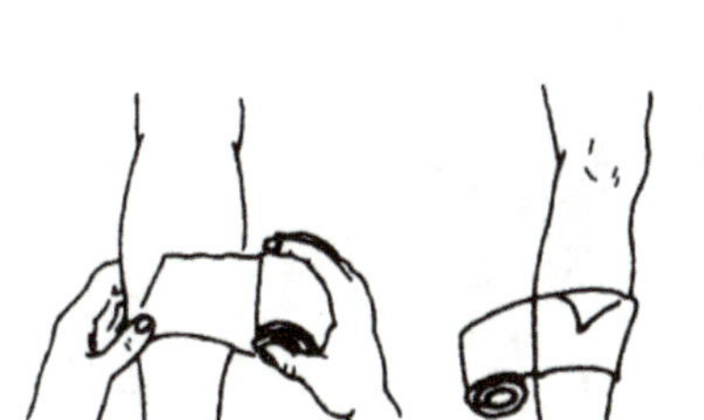

图3-1　环形包扎法

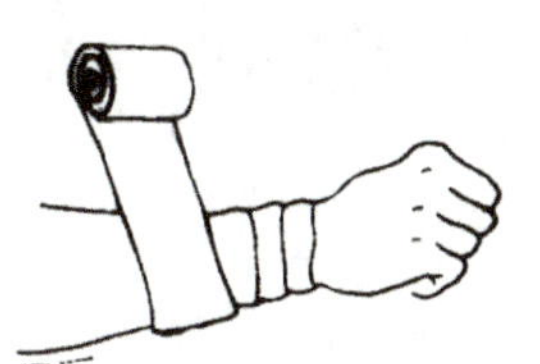

图3-2　螺旋形包扎法

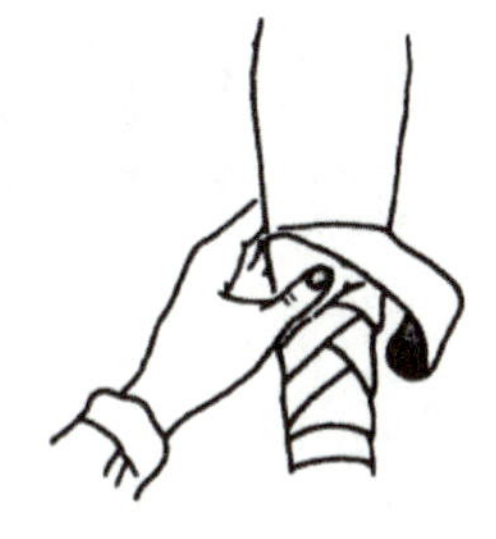

图3-3　反折螺旋形包扎法

（4）“8”形包扎法

适用于包扎关节部位，有两种方法：

从关节中心开始“8”形包扎法。先做环形包扎，然后将卷带斜行缠绕，一圈绕关节的上方，一圈绕关节的下方，两圈在关节凹面交叉，反复进行，逐渐远离关节。包扎时每圈压住前一圈的1/2~2/3，最后在关节的上方或下方以环形包扎结束（图3-4）。

从关节下方开始“8”形包扎法”。先做环形包扎，然后将卷带自下而上、自上而下来回做“8”形缠绕并逐渐靠拢关节，最后以环形包扎结束（图3-5）。

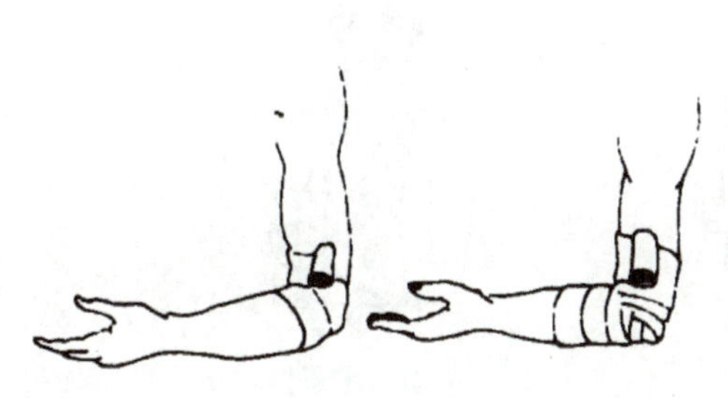

图3-4　“8”形包扎法1

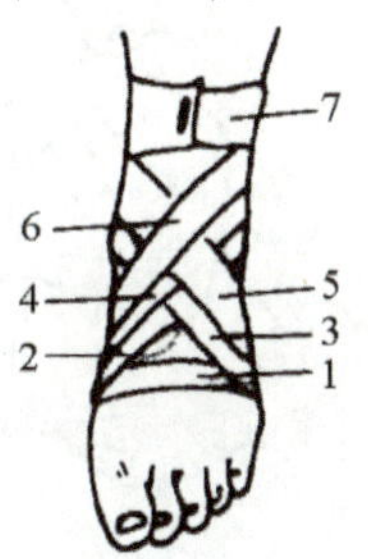

图3-5　“8”形包扎法2

2. 三角巾包扎法

（1）手部包扎法

将三角巾平铺，患者手掌向下，指尖对三角巾的顶角平放在三角巾的中央，底边横放于腕部，然后将三角巾的顶角向上反折，再将两底向手腕背部交叉围绕一圈，在腕背打结（图3-6）。

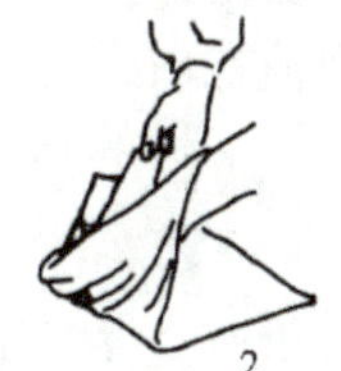

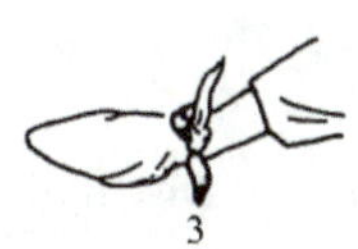

图3-6　手部包扎法

（2）足部包扎法

与手部包扎法基本相同。

（3）头部包扎法

将三角巾的底边置于前额，顶角朝向头后正下，然后将底边从前额绕至头后，在枕后交叉再绕至前额打结，最后把顶角拉紧并向上翻转固定（图3-7）。

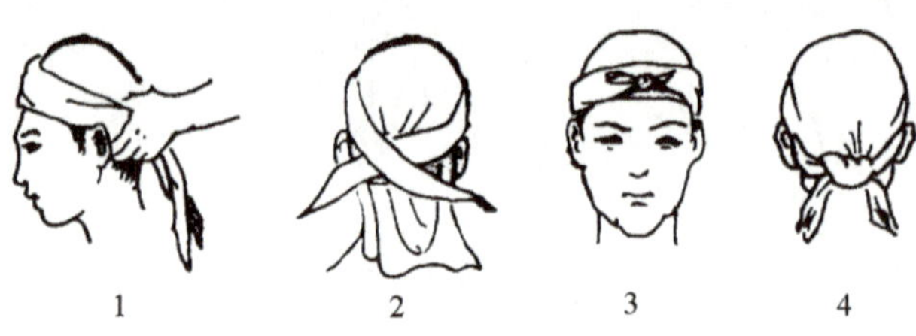

图 3 –7　头部包扎法

（4）大悬臂带

适用于除肱骨与锁骨骨折以外的上肢损伤。将三角巾顶角放在伤肢的肘后，一底角置于健侧的肩上，肘关节弯曲，前臂放在三角巾的中央，将下方的底角上折，包住前臂，在颈后与上方底角打结，最后把肘后的顶角折向前面，用橡皮膏或别针固定（图 3 –8）。

（5）小悬臂带

此法适用于锁骨骨折。将三角巾叠成四横指宽的宽带，其中央置于伤肢前臂的下 1/3 处，两端在颈后打结（图 3 –9）。

图 3 –8　大悬臂带

图 3 –9　小悬臂带

九、出血

出血有外出血和内出血两种。按损伤的血管不同，还可分为动脉出血、静脉出血和毛细血管出血。

（一）症状

若是动脉出血，血色鲜红，呈喷射状流出；若为静脉出血，则血色暗红，缓慢持久地向外流出；毛细血管出血，其血色红，血液在创面上呈点状渗出，可自行凝固。

（二）外伤止血法

1. 包扎法止血

一般限于无明显动脉性出血的小创口出血。有条件时先用生理盐水冲洗局部，再用消毒纱布覆盖创口或用绷带、三角巾包扎。无条件时可用冷开水冲洗，再用干净毛巾或其他软质布料覆盖包扎。

如果创口较大而出血较多时，要加压包扎止血。包扎的压力应适度，以达到止血而又不影响血液运输为度。包扎后若远端动脉还可触到搏动，皮色无明显变化即为适度。严禁用面粉等物质撒在伤口上，造成伤口进一步污染，给下一步清洁带来困难。

2. 指压法止血

用于急救处理较急剧的动脉出血。手边一时无包扎材料和止血带时，可用此法。手指压在出血动脉的近心端的邻近骨头上，阻断血运来源，方便简单，能迅速有效地达到止血的目的，缺点是止血不易持久。

3. 压迫法止血

（1）头面部出血。压迫颞浅动脉：一只手扶住受伤者额部或枕部，另一只手拇指压在耳前下颌关节处，可止同侧上额、颞部及头顶部出血（图3－10）。压迫颌外动脉：一只手固定受伤者的头部；另一只手拇指压在下颌骨的下缘与咬肌的前缘的交界处，将颌外动脉压于下颌骨上，可止面部出血。常需将两侧动脉同时压住，才能充分止血（图3－11）。

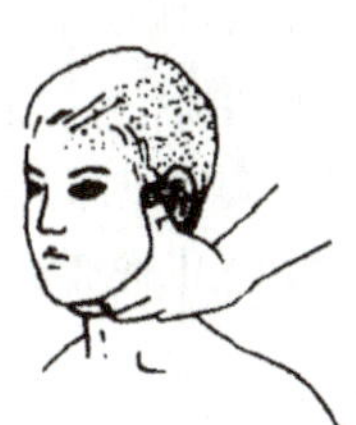

图3－10　压迫颞浅动脉止血

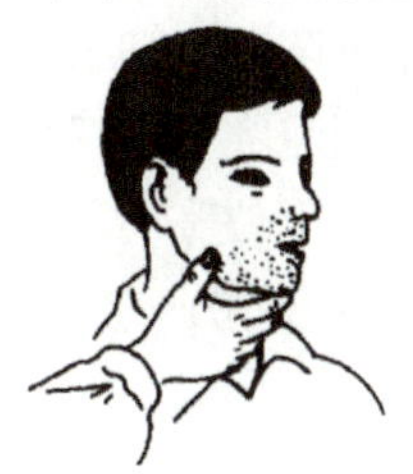

图3－11　压迫颌外动脉止血

（2）肩部和上肢出血。压迫锁骨下动脉：在锁骨上窝内1/3处摸到动脉搏动后，用力向后下将其压在锁骨上，可止肩部和上肢出血（图3－12）。压迫肱动脉：用手指在肱二头肌内、侧沟处触到脉搏后，将其压在肱骨上，可止前臂出血（图3－13）。

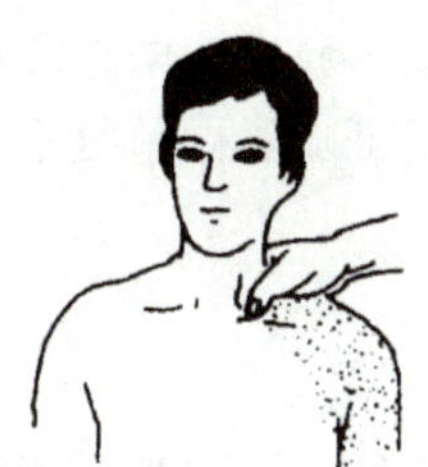

图3－12　压迫锁骨下动脉止血

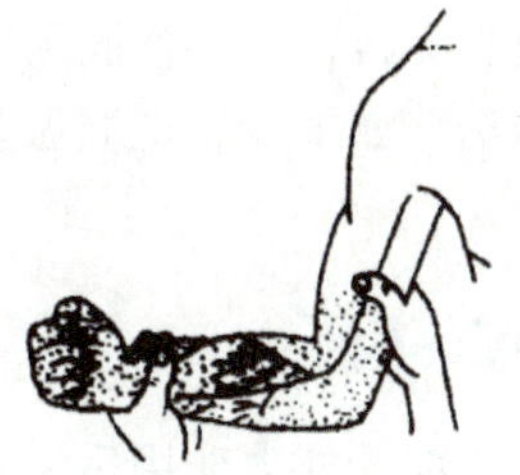

图3－13　压迫肱动脉止血

（3）下肢出血。压迫股动脉：在大腿根部，腹股沟中点下方，摸到股动脉搏处，用双手拇指重叠将股动脉用力压在趾骨上，可止下肢出血（图3－14）。

（4）胫前、胫后动脉出血：用一只手的拇、食指或两手的拇指分别按压在内踝与跟骨间和足背横纹的中点（图3－15）。可用于同侧足部出血的临时止血。

较大的肢体动脉出血，为运送伤者方便起见，应用上止血带（用橡皮带、宽布条、三角巾、毛巾等均可）法止血（图3－16）。

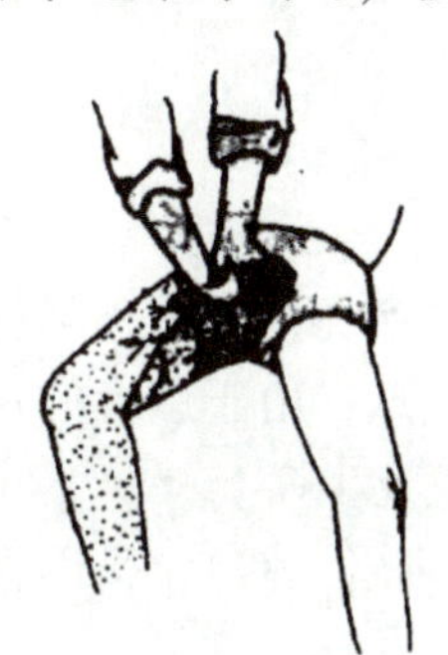

图3－14　下肢出血止血

图3－15　胫前、胫后动脉出血止血

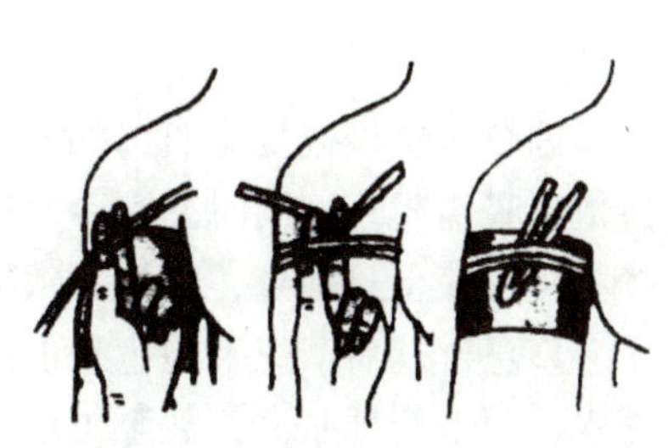

图3－16　用止血带止血

4. 止血带止血

（1）上肢出血：止血带应结扎在上臂的中上 1/3 处。禁止扎在中段，避免损伤桡神经。

（2）下肢出血：止血带扎在大腿的中部。

用止血带前，先要将伤肢抬高，尽量使静脉血回流，并用软织敷料垫好局部，然后再扎止血带，以止血带远端肢体动脉刚刚摸不到为度。

使用止血带应严格掌握适应征和要领，如扎得太紧，时间过长，均可引起软组织压迫坏死，肢体远端血流障碍，肌肉萎缩，甚至产生挤压综合征。如果扎得不紧，动脉远端仍有血流，而静脉的回流完全受阻，反而造成出血更多。扎好止血带后，一定要做明显的标志，标明上止血带的部位和时间，以免忘记定时放松，造成肢体缺血时间过久而坏死。上止血带后 30 ~ 60 分钟放松一次，放松 3 ~ 5 分钟后再扎上。放松止血带时可暂用指压法止血。

十、关节脱位

因受外力作用，使关节面失去正常的连接关系，叫关节脱位，又称脱臼。关节脱位可分为完全脱位和半脱位（或称错位）两种。严重的关节脱位，伴有关节囊撕裂，甚至损伤神经。运动中发生的关节脱位，大都是间接外力撞击所致，可用长度和宽度相称的夹板固定伤肢。如果没有夹板，可将伤肢固定在自己的躯干或健肢上，防止震动，随后及时送医院治疗。必须指出，如果没有把握做整复处置时，切不可随意做整复手术，以免再度增加伤害。

十一、脑震荡

脑震荡是指头部受外力作用后，脑的神经细胞和神经纤维因被震荡而引起的一时性意识和机能障碍。有头部受伤时，伤后意识立刻丧失，一般为几秒钟至几分钟，最多不超过半小时。昏迷时，神经反射减弱或消失、肌肉松弛、脉象细弱、呼吸慢而表浅，醒后有逆行性遗忘的现象，即忘记了受伤的经过，但对往事记忆清楚。可伴有头昏、头痛、恶心、呕吐等。

急救时应让伤员平卧、安静，不可坐起或立起。头部冷敷，身上保暖。若有昏迷可指掐人中穴和内关穴，呼吸发生障碍时，可施以人工呼吸。上述处理后，出现反复昏迷或耳鼻口出血、瞳孔放大又不对称时，表明病情严重，应立即护送医院治疗。在运送途中，要让患者平卧，头部固定，避免颠簸。

十二、溺水

因技术错误或发生肌肉抽筋等各种原因，使人体坠入水下，随后水经口鼻进入肺内而造成呼吸道阻塞。同时又因冷水或吸水的刺激引起咽喉痉挛而导致窒息；由于患者的不断挣扎，反使窒息加重，最终导致缺氧和昏迷。如果时间稍长，即会危及生命。

窒息昏迷后，患者脸色苍白而肿胀，双眼充血，口鼻充满泡沫，肢体冰冷，又因胃内充水，而上腹部胀大，甚至出现呼吸与心跳停止。

救护步骤如下：

（1）立即就地抢救，清除口腔中分泌物和其他异物，并迅速进行倒水。

（2）若心跳已停止，应同时施行心脏胸外挤压法（以 1∶4 频率进行），或口对口人工呼吸法。急救者之间应相互协调配合，积极、耐心，直至自主恢复呼吸为止。

（3）苏醒后，立即护送到医院，做进一步检查和治疗。在运送途中，必要时继续进行人工呼吸。

经过现场急救后，迅速将溺水者送到附近的医院继续抢救治疗。

知识拓展

RICE 原则

软组织挫伤主要遵循“RICE 原则”进行处理，即 Rest（制动）、Ice（冰敷）、Compression（加压）、Elevation（抬高）。

制动（Rest）：立即停止运动，让损伤部位马上处于静止状态。

冷敷（Ice）：可以减轻疼痛和痉挛，降低细胞代谢速率，降低细胞坏死风险，控制损伤部位的肿胀（20～30 分/次）间隔为皮肤回暖后再冷敷，直至疼痛缓解。

加压（Compression）：使损伤部位皮下出血现象减轻，并促进其吸收。

抬高（Elevation）：把损伤部位抬到比心脏高的位置，减轻皮下组织出血，促进静脉的回流，减轻肿胀。

名人故事

励志的郭晶晶

错练跳水

当年的郭晶晶只有 6 岁，还在幼儿园。

当时体校教练来挑小队员，一眼就看上了她，她以为是去学游泳，便乐呵呵地跟教练去了。到跳水池前一站她就有点后悔，怎么都不肯往下跳，被教练逼着跳了一次吧，嘿，就选上了。

11 岁时，郭晶晶一次随队赶赴南京集训，被当时的国家队教练于芬看上了。于芬问她：“想到国家队来吗？”她天真地回答：“想！”一条辉煌的冠军之路便逐渐在她面前铺开。

1994 年全国跳水锦标赛，郭晶晶独揽女子十米台和三米板的两枚金牌后，人们都惊呼：中国又出了一个年仅 13 岁的奇才！

曾经沧海

1994 年和 1995 年两年的异彩乍放，让国人对她的期望值迅速攀升，但 1996 年的亚特兰大奥运会，给她带来了人生中第一次重大挫折。

虽然在女子十米跳台的奥运预赛时，她的积分还领先于所有对手，但到决赛时却因失误终落第五。

之后她从板台兼顾改到了专攻跳板，而“跳水天后”伏明霞的复出，使郭晶晶往往只能屈居亚军。来雅典前，郭晶晶参加了两届奥运会，只带回两枚银牌。

出征雅典

不管外界对郭晶晶是何种看法，中国跳水队教练非常清楚郭晶晶的实力所在。带过她的几个教练都说这个队员起跳有力，动作协调性好，悟性也高，若非“野心”不足，伏明霞在役时恐怕也会被郭晶晶击败。

事实的确如此。多年的积累使郭晶晶在伏明霞退役后迅速巩固了中国在女子跳板上的霸业。2001 年世锦赛、2002 年世界杯、2003 年世锦赛，每年跳水最高级别赛事的女子三米板单人冠军都没逃出她的手心。

出征雅典，心里有底的郭晶晶，求胜心很强。首战便和队友吴敏霞合作，夺取了双人三米跳板的金牌。

心静夺冠

单人预赛她跳砸了一个动作，但曾经沧海的她已经磨炼出了一颗平常心。平静地比过半决赛后，郭晶晶规定动作的积分已经升到了第一位，决赛四轮动作下来，郭晶晶几近完美，将对手远远甩在身后。

最后一跳，郭晶晶平静地理了理头发，走板起跳，向外翻腾一周半接转体两周半，她在空中干净地完成了动作，“刷”的一声入水，现场的五星红旗立即挥舞不止。出水后的郭晶晶的笑容像碧池中的涟漪漾了开来。

思考训练

1. 运动损伤预防的原则及基本方法有哪些?
2. 怎样预防体育锻炼中常见的运动损伤?
3. 运动过程中肌肉拉伤应如何处理?
4. 止血的方法有哪些?

第四章　职业体能与健康

学习目标

1. 理解职业体能的内涵，了解开展职业体能训练的基本任务和意义。了解职业体能的分类。

2. 了解职业体能训练的原则。

3. 理解职业体能训练的方法及如何预防职业病。

素质目标

1. 了解职业性疾病相关知识，掌握预防和治疗职业性疾病的运动疗法。

2. 在学练职业体能的过程中，培养坚定不移、持之以恒、专注集中的意志品质。

情境导入

小丽是某大型商场的售货员，虽然每天都要连续站好几个小时，特别消耗体力，但她还是很满意这份工作。因此，无论是上班时间还是休息时间，大家看到的都是热情洋溢、充满活力的小丽。然而，最近小丽好像换了一个人似的，总是愁眉苦脸，满腹心事。原来小丽在一次洗脚时发现，自己的小腿肚有不少弯弯曲曲的青筋鼓露，很像趴着的“蚯蚓”。这种奇怪的现象令她惶恐不安，她特别担心自己得了什么疾病。后来她从医生口中得知，原来这些弯弯曲曲鼓露着的青筋是静脉曲张的表现。小丽工作时需要长时间站立，导致腿部的静脉血管长时间处于高压状态，静脉瓣膜被破坏，引发了静脉曲张。医生说她的情况属于静脉曲张的早期症状，建议她每站立1小时左右就活动一下，把小腿抬高一些；走路或站着时可以穿医用弹力袜。此外，站姿类职业从业者还应学习并掌握对应的职业体能训练方法，为高效完成工作和预防职业疾病奠定基础。

第一节　职业体能概述

一、职业体能的内涵

我们将与职业（劳动）有关的身体素质和心理素质，以及在不良劳动环境条件下的耐受力和适应能力统称为职业体能。职业体能包括与职业有关的身体素质和心理素质。本节重点讲述的是与职业相关的身体素质及其训练方法。

（一）身体素质

与职业体能有关的身体素质包括身体组成、肌肉力量、肌肉耐力、柔韧性、心肺耐力和灵敏性等。这些内容已介绍过，这里不再赘述。

（二）心理素质

心理素质是指个体在心理过程、个性心理等方面所具有的基本特征和品质，即一个人在思想和行为上表现出来的比较稳定的心理倾向、特征和能动性。

随着社会变革的深入、生活节奏的加快以及竞争的日益激烈，每个人都必须面对现实，因而也必然要承受一定的心理压力。拥有良好心理素质的人，总能以平和的心态面对现实；能清楚地认识自我，正确地评价自我；在处理失败时，能积极地总结失败的原因，并从中吸取教训。

二、开展职业体能训练的基本任务和意义

（一）开展职业体能训练的基本任务

开展职业体能训练的基本任务是帮助学生发展现代职业劳动所需要的身体素质和体育能力，使学生树立“健康第一”的理念，提高职业性体育技能；培养终身职业体育意识和良好的心理素质，促进学生掌握并善于选择休闲体育项目，学会自我保健。

（二）开展职业体能训练的意义

职业体能训练是指以体育锻炼为基本手段，根据不同类型的职业对身体素质和活动能力的需求而开展的旨在提高身体素质、保障工作水平和提高社会适应能力的专门性训练。开展职业体能训练可以帮助学生提高与职业活动相关的基本活动能力和身体素质储备，在此基础上保障身体活动水平的稳定性，提高机体对不良劳动环境条件的适应能力，以此保持和增进未来劳动者的健康。

三、职业体能的分类

依据劳动和社会保障部职业分类目录和教育部《普通高等学校高职高专教育指导性专业目录（试行）》，结合各职业岗位劳动（工作）时的主要身体姿态进行相对分类，共分五类：静态坐姿类，主要是会计、文秘、行政办事员、IT 行业等；静态站姿类，主要是营业员、酒店前台接待等；流动变姿类，主要是营销员、导游、记者等；工场操作类，主要是机械、生产操作工等；特殊岗位类，主要是警察、空中乘务员、野外作业人员等。

第二节　职业体能训练的原则

一、主动性原则

主动性原则要求学生在体能训练的过程中必须有一个明确的目标，激励自己朝着目标前进。体能训练是一种有意识的健身活动，是主观能动的，并且体能训练所涉及的范围很广阔。在时间方面，可以在体育课上进行体能训练，也可以在课余时间进行体能训练，这样可以丰富他们的在校生活；在项目方面，大学生有多样性的选择，比如男生可以选择打

篮球、踢足球、练散打、练拳击、举杠铃、跑步等，女生可以跳舞、跳健身操、练瑜伽、跆拳道、跑步等，这些丰富的项目选择一方面可以满足大学生们的兴趣爱好，另一方面可以强健体魄，保护自己，也可以为他们将来的就业提供体能基础。

二、针对性原则

针对性原则要求大学生在体能训练的过程中必须根据自身的实际情况，进行针对性的体能训练。生活中处处有哲学，体能训练也是如此，一切都要从实际出发，实事求是。可以根据多方面的要素来选择体能训练的项目。

（1）可以根据自身的兴趣爱好来选择体能训练的项目，促使自己能够长期坚持训练。

（2）可以根据以后的职业来选择体能训练项目，比如，有些职业对臂力要求高，学生就可以针对性地选择一些可以锻炼臂力的项目；有些职业对身体柔软性要求高，学生就可以针对性地选择一些可以练习柔韧性的体能训练项目。

（3）可以根据季节或者天气来选择所要训练的项目，比如雨天就不适合去操场跑步，不适合打篮球或者踢足球等，这时学生可以选择一些室内项目来代替这些室外训练项目。

（4）可以根据性别特征来选择体能训练项目，女生和男生可以承受的训练强度是不同的，要针对自己的体力和能力来进行选择。通过以上这些分析，针对性的体能训练可以达到最优的效率。

三、全面性原则

全面性原则要求学生在体能训练的过程中要追求身体和心理的健康发展。根据教育部要求，学校需要促进学生全面发展，关注学生的身心健康。要求学生需要抱着一种健身的心态去运动，运动锻炼不仅是为了能通过定期的体质健康测试，更重要的是通过运动锻炼使自己身体素质得到增强，体育技能得到提升，自信心增强，愉悦自己，丰富自己的课余生活，促进自身的身心健康全面发展。

四、规律性原则

规律性原则要求在体能训练的过程中要长期坚持，并且要有规律，不能“三天打鱼两天晒网”。体能训练不是一个立竿见影的项目，而是一个细水长流的过程，只有长期坚持，才能看见效果。另外也要求学生应该做到在校锻炼，工作后也应该坚持锻炼，达到终身体育。只要坚持正确的方法和规律去锻炼，付出和回报终究是成正比的。

第三节　职业体能训练与职业病预防

一、常见职业体能的训练方法

（一）坐姿类职业体能训练

从事坐姿类职业的人员主要有文秘、财务会计、计算机操作人员等。此类工作人员由于较长时间坐在室内，低头、含胸、颈前屈、眼部高度紧张，容易患上许多疾病，也可能产生精神压抑。坐姿类职业体能训练的基本要求是：①通过各种相应活动伸展脊柱、活动关节、放松肌肉，以消除局部疲劳，同时也应注意眼部的保健；②重视室外体育锻炼；③通过全身活动和锻炼，提高心肺功能和身体各部分的协调能力。从事坐姿类职业的人员可采用俯卧撑、爬楼梯、骑自行车健身等简易的体能训练方法。

（二）站姿类职业体能训练

站姿类职业以站立或行走为主要身体姿势，从事此类职业的人员主要集中在服务行业。长时间的站立，很容易出现下肢肿胀、酸痛，甚至可能出现腰肌劳损、腰椎间盘突出症等。站姿类职业体能训练的基本要求为：①经常让下肢进行有节律性的活动，如做工间操、打太极拳、做按摩等，改善下肢血液循环，消除下肢肌肉紧张；②重视全身性的健身活动，如健身跑、球类运动等，以提高各机体功能和身体各部位的协调能力；③在运动中，要重视上肢肌肉力量的增强。从事站姿类职业的人员可采用引体向上、跳绳、健身跑等简易的体能训练方法。

（三）变姿类职业体能训练

从事变姿类职业的工作人员无固定身体姿势，兼有坐姿、站姿，其疲劳多为全身性。从事此类职业的人员包括营销（推销）员、导游、记者运输人员、水上作业人员、农业技术人员等。变姿类职业体能训练的基本要求为：①通过各种有氧运动项目，增强心肺功能；②通过各种全身性的活动，提高身体各部位的协调性和灵活性；③通过相应的练习，消除局部疲劳。

从事变姿类职业的人员可采用慢速跑健身法、有氧舞蹈、游泳等简易的体能训练方法。

（四）工场操作类职业体能训练

工场操作类职业人员在高温、高湿、高寒、高辐射和高噪声等恶劣环境下工作，工业自动化程度相对较低，仍以手工操作为主，体力劳动需求仍然较大，且存在由姿势错误、过度用力和振动等引起的诸多职业性疾患。该类职业体能训练的基本要求为：①通过各种有氧运动项目，增强心肺功能；②通过各种球类活动，提高身体各部位的协调性和灵活性；③通过相应的练习，消除局部疲劳。

从事工场操作类职业的人员还可采用健身走、跑楼梯、打篮球等简易的体能训练方法。

二、职业病的预防

职业病是指劳动者因工作需要经常进行重复而用力不适当的肌腱活动，或因工作时姿势不正确，而造成的肌肉骨骼运动系统损伤。损伤可以是因一次意外引起肌肉肌腱发炎，但大多数是日积月累的磨损造成的。比如经常操作计算机的人容易造成“键盘肘”“鼠标手”，搬运重物时用力不当容易导致腰肌劳损，长期伏案工作的人容易患颈椎病等。职业病严重危害人身安全，会使人产生经常性的局部疼痛，影响生活质量，所以一定要在工作中注意身体姿势，控制工作强度，及时休息，避免形成职业病。

（1）伏案工作者，应注意调整操作台的高度，使操作台略低于肘部，以避免前臂过度伸展、手腕弯曲及扭转等动作。连续工作时间不宜过长，连续工作 1 小时后做一些手臂伸展、握拳等放松练习。

（2）经常使用电脑的工作者要注意视线与电脑屏幕齐平，不要长时间低头工作。

（3）眼睛不要长时间盯着屏幕，可增加眨眼的次数，缓解眼睛干涩，经常做眼保健操，缓解眼部周围肌肉的紧张。

（4）需要长时间站立的工作者，尽量选择底厚且有弹性的鞋子保护足部，还可穿戴防静脉曲张的弹力袜。连续工作 1 小时后可做抬高腿部的动作，帮助静脉血回流。

（5）经常搬重物的工作者，采用正确的发力方法，背部收紧，使用大腿肌肉发力，减少腰部的损伤。

（6）如果需要重体力劳动，应安排好轮班，避免一个人或一个岗位负担过重。

（7）因劳损引起的局部疼痛，要遵医嘱，不要盲目用止痛药。

知识拓展

应变能力和应急能力

应变能力和应急能力是指应对突发事件和紧急情况的能力。这两种能力都是在不断学习和积累社会经验中提升的，具体到职业体能的训练，就是要发展快速反应能力，可以做一些球类游戏、变速跑练习、搏击对抗练习等。

名人故事

世界百米飞人短跑名将阿萨法·鲍威尔从小就是个安静害羞的孩子，谦和低调。虽然他也有着和同龄孩子一样的梦想，希望通过短跑竞技来改变家庭贫穷的命运，但由于低调谦卑的个性，在外人看来他不可能在挑战性的体育竞技方面出类拔萃。

有一次，哥哥带着他在田径跑道上练习，看他表现一般，就劝他说："弟弟，你跑得也太慢了，我看你真的不适合短跑，还是考虑去做其他的事情吧。"

听了哥哥的话后，他并没有流露出失落的情绪，而是友善地笑了笑说："哥哥，没人知道一个人到底可以跑多快，我相信自己。"

虽然随后的几年里在短跑比赛上未取得过什么出色成绩，但他仍然怀揣着梦想，每天一如既往地锻炼。

一天，有人看见他远远地跑过来，就嘲笑他说："哈哈，快看，世界短跑冠军来了！世界短跑冠军来了！"

面对人们如此的嘲讽和奚落，他并没有像有些暴躁之人一样，对他们吹胡子瞪眼睛，甚至大打出手。他平静地向那些嘲讽者说："谢谢各位夸奖啊！"并且小跑过去和那些嘲讽者一一握手。

后来，这位出生于牙买加的穷小子，凭借坦然的心态和不屈的韧劲，在 2005 年 6 月举行的国际田联超级大奖赛上不仅获得了冠军，而且还以 9 秒 77 的成绩打破了世界纪录，成为男子百米世界飞人。

鲍威尔回忆说："我遇事低调、平静的性格，不仅让我在奋斗中充满动力，而且还帮助我度过无数艰难时光。记得小时候因一些外部条件，邻居和家里人对我从事短跑运动并不看好，甚至横加指责。我在那种恶劣的环境和氛围中之所以能够坚持下来，是因为我始终能用一种平和的心态来控制自己狂躁不安的心情，以使自己不受环境的影响而全身心地投入我所追求的事业中去！"

思考训练

1. 职业体能包括哪些方面?
2. 职业体能训练的原则是什么?
3. 简述常见职业体能的训练方法。
4. 如何预防职业病?

第五章 篮　球

学习目标

1. 了解篮球的起源与发展，篮球场主要位置及篮球的重大赛事。
2. 掌握篮球运动的基本技术。
3. 掌握篮球运动的战术配合。
4. 掌握篮球运动的比赛规则。

素质目标

1. 提高学生整体身体素质和球类运动能力，体验竞争和协作的团队精神。
2. 培养学生永不放弃、追求卓越、积极进取的体育精神。

情境导入

下半场比赛开始了，同学们的状态都非常好，尤其是周嘉阳，即使在上半场的时候受了伤，他仍然拼尽全力，在球场上“战斗”。一个队友扔出球，场上的队员都开始抢球。最后于典控制住了球，立刻把球扔向正在篮下的张瑞超，遗憾的是球落在了地上。周嘉阳抢到了球，突破了对方一层层防守，飞一般跑到球旁边，他奋力将球抛向篮筐，球进了！所有人都欢呼起来……

第一节　篮球运动概述

篮球运动起源于美国，1891 年由美国马萨诸塞州的体育教师詹姆斯·奈史密斯（James Naismith）发明。篮球发明之初叫作“篮子球”，直到 1921 年才正式定名为“篮球”。最初设计篮球的目的是“好玩，易学，易在冬季室内人工照明条件下玩”。奈史密斯在设计中悟到“这项新的运动项目要易学，又要足够复杂从而吸引人；必须要能够在室内或任何质地的场地上进行，并且可供多人同时上场；应该有足够的锻炼强度，但又不像美式橄榄球或足球那样粗野；球要很容易控制，但又没法隐藏”。1895 年，篮球传入我国。

篮球

一、篮球场主要位置

（一）控球后卫

控球后卫在球场上拿球机会最多。他负责组织本队的进攻，将球传到最容易得分的地方，让队友的进攻更为流畅。NBA 现役代表人物：克里斯·保罗。

（二）得分后卫

得分后卫以得分为主要任务。得分后卫要有非常好的外线准头和稳定性，出手的速度也必须快。一个好的得分后卫总能在很短的时间内找机会出手，并命中目标。NBA 现役代表人物：詹姆斯·哈登。

（三）小前锋

小前锋乃球队中最主要的得分者。对小前锋最根本的要求与任务就是通过任何方式争取得分。NBA 现役代表人物：勒布朗·詹姆斯。

（四）大前锋

大前锋是球队中工兵型角色。他必须做好两件事——篮板和防守。NBA 现役代表人物：凯文·乐福。

（五）中锋

中锋是一个球队的中心人物，是球队的攻防枢纽。NBA 现役代表人物：德马库斯·考辛斯。

二、重大赛事

国际赛事：篮球世界杯、奥运会篮球比赛、各大洲举行的杯赛和锦标赛。

国内赛事：全国女子篮球职业联赛、全国男子篮球职业联赛、大学生篮球联赛。

第二节　篮球基本技术

篮球技术是在篮球比赛中，队员为了攻守目的所运用的各种专门动作的总称，主要包括脚步移动、传接球、运球和投篮等。

一、脚步移动

脚步移动是在篮球比赛中队员为了争取时间和空间上的主动优势所采用的各种脚步动作的总称，是学习篮球技术和使用机动灵活战术的基础。脚步移动主要包括起动、跑、急停、滑步和转身等。

（一）基本站立姿势

基本站立姿势是脚步移动的准备姿势，以便于各种技术动作的开始和运用。

动作要领：两脚前后或左右开立，与肩同宽，两膝微屈，重心落于两脚间，上体稍前倾，两臂自然弯曲于体侧，两眼环视全场情况。

（二）起动

起动是队员在球场上由静止状态变为运动状态的一种起始动作，一般用于在攻、守中抢占有利位置。起动包括向侧和向前起动两种方式。

动作要领：以向左侧起动为例，从基本站立姿势开始，向左侧起动时重心左移，上体迅速左转，左脚不动，右脚前脚掌用力蹬地，并向左跨出，两臂自然摆动；向前起动与向左起动的动作相仿，只是方向不同。

（三）跑

跑是最基本的移动技术，包括侧身跑、变速跑、变向跑和后退跑等。其中侧身跑和变速跑较为常用。

1. 侧身跑

侧身跑是队员在跑动中为了抢位、摆脱防守、接侧向或侧后方的传球而采用的一种跑动方法。动作要领：跑动过程中两脚尖正对跑动方向，头和上体转向球的方向。

2. 变速跑

变速跑是队员在跑动过程中改变跑的速度（加速或减速）的一种方法。动作要领：跑动过程中，加速时上体前倾，两脚掌连续交替向后蹬地，同时迅速摆臂；减速时上体直起，加大步幅，用前脚掌抵地，缓冲减速。

（四）急停

急停是队员在快速跑动过程中，突然制动并成静止状态的一种方法。常用的有跨步急停和跳步急停两种方法。

1. 跨步急停

动作要领：停步时一只脚向前跨出一大步，脚跟着地过渡到全脚掌抵地，同时迅速屈膝，上体后仰。另一只脚紧随着地脚尖内旋，身体顺势侧转，前脚掌内侧蹬地。两臂屈肘张开，保持身体平衡。

2. 跳步急停

动作要领：停步时双脚起跳，上体稍后仰，两臂自然摆动，两脚同时平行落地，屈膝降重心，两臂屈肘张开，保持身体平衡。

（五）滑步

滑步是队员防守移动时的常用步伐。常见的有侧滑步、前滑步和后滑步三种步伐。

侧滑步动作要领：开始滑步前两脚左右开立，微屈膝，两臂侧张开；向左滑步时身体重心左移，左脚向左跨出一步，落地的同时右脚迅速滑行跟进，完成一步侧滑，然后重复以上动作（图 5－1）。

向右、向前、向后滑步时，动作相似，只是方向不同。

图 5－1 向左滑步

（六）转身

转身是队员以一脚做轴（中枢脚），另一只脚蹬地向前或向后跨出，身体顺势转动，以改变身体方向的一种方法。转身包括前转身和后转身两种方式。

1. 前转身

动作要领：转身时（以右脚为中枢脚）左脚前脚掌向外蹬地，同时身体重心右移，左脚经体前向右跨一步，同时中枢脚以前脚掌为轴（脚跟提起）用力碾地旋转，身体顺势右转（图 5－2）。

图 5－2　前转身

2. 后转身

后转身和前转身的动作相仿，不同的是后转身时移动的脚向自己身后跨步，使身体改变方向。

二、传接球

传接球是篮球比赛中队员之间有目的地转移球，以更好地配合全队进攻的有效手段。因此，传接球是组织全队进攻配合的纽带，也是提高进攻质量的重要环节。

（一）传球

传球包括双手胸前传球、双手头上传球、单手肩上传球、单手胸前传球和钩手传球等。下面将对最常用的双手胸前传球和单手肩上传球进行简要介绍。

1. 双手胸前传球

双手胸前传球是一种最基本、最常用的传球方法，适用于不同方向、不同距离的传球，其特点是准确性高，便于控制球。

动作要领：双手持球时两脚开立，两膝微屈，重心落于两脚间，双手十指自然分开，两拇指相对呈“八”字形，指根以上部位持球两侧，掌心空出，持球于胸腹之间；传球时，两臂迅速向传球方向前伸，当手臂将要伸直时，急促抖腕，同时两拇指用力下压，食、中指用力拨球，将球传出（图 5－3）。

2. 单手肩上传球

单手肩上传球常用于中、远距离传球，其特点是传球力量大，利于抢到后场篮板后长传快攻。

动作要领：（以右手传球为例）左脚向传球方向迈出半步，同时右臂引球至右肩上方，左手离球，左肩对着传球方向，重心落于右脚上；右脚内侧蹬地转身，同时迅速向前挥臂，手腕前屈，通过食、中指拨球，将球传出（图 5－4）。

（二）接球

接球是队员获得球的动作，是抢篮板球和断球的基础，包括双手接球和单手接球两种。

图 5－3　双手胸前传球

图 5－4　右手肩上传球

1. 双手接球

双手接球包括双手接胸部高度的球、双手接头部高度的球、双手接低于腰部的球和双手接地滚球等方法。下面简要介绍双手胸前接球的动作要领。

动作要领：两眼注视来球方向，两臂向来球方向伸出，十指自然分开；当双手触及球时手臂顺势引球，将球持于胸腹之间（图 5－5）。

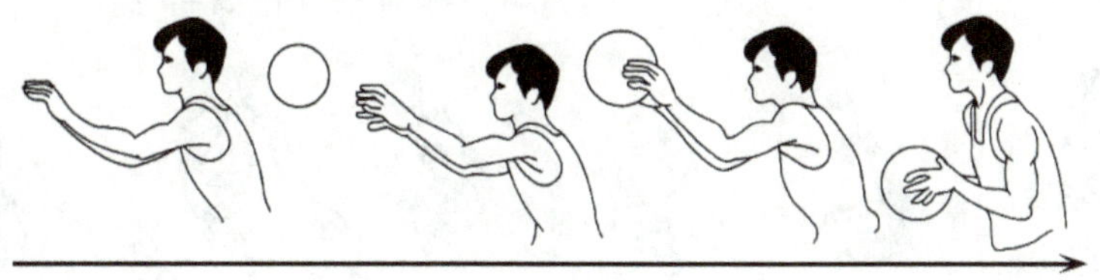

图 5－5　双手胸前接球

2. 单手接球

动作要领：（以右手接球为例）两眼注视来球方向，右臂微屈，伸向来球方向，手掌呈勺形，五指自然分开；当手指触及球时右臂顺势引球，左手立即帮助右手，双手持球于胸腹间（图 5－6）。

三、运球

运球包括高运球、低运球、体前变向换手运球和胯下运球等。

（一）高运球

高运球是将球的反弹高度控制在腰、胸之间的运球方法，一般用于无防守的快速运球。

图 5－6　单手接球

动作要领：（以右手运球为例）运球时微屈膝，上体稍前倾，目平视，以肘关节为轴，前臂自然伸屈，用右手按拍球的后上方，把球的落点控制在身体右前方，球的反弹高度则在胸腹之间。

（二）低运球

当持球队员接近防守队员或防守队员来抢球时，持球队员为保护球或摆脱防守，常采用低运球方法。

动作要领：运球时抬头、目视前方，深屈膝，上体前倾，用上体、腿和另一只手臂保护球。同时，用手短促地按拍球，把球的反弹高度控制在膝关节以下。

（三）体前变向换手运球

当防守队员堵截运球队员的进攻路线或运球队员运球接近防守队员时，运球队员可运用体前变向换手运球来摆脱和突破对手。

动作要领：（以运球队员右手运球突破对手左侧为例）运球队员右手运球，当对手向右侧移动堵截时，运球队员应向右侧加速运球，吸引对手偏离正常防守位置；接着突然变向，用右手按拍球的右后上方，向左侧拍球，左、右脚先后迅速向左前方跨出，上体左转并前倾探肩，换左手按拍球的后上方，加速运球突破对手（图 5－7）。

图 5－7　体前变向换手运球

（四）胯下运球

动作要领：（以右手胯下运球为例）运球跨步急停后，两脚前后开立，左脚在前，重心落于两脚间；右手按拍球的右上方，使球从两腿之间穿过，换左手运球，右脚向左前跨出，完成一次胯下运球。

四、投篮

投篮包括原地投篮、行进间投篮、跳起投篮、补篮和扣篮等，下面将对最常用的原地投篮和行进间投篮进行简要介绍。

（一）原地投篮

原地投篮包括单手头上投篮、单手肩上投篮、双手头上投篮和双手胸前投篮。下面以原地单手肩上投篮为例，介绍原地投篮的动作要领。

原地单手肩上投篮的动作要领：（以右手投篮为例）从双手持球的基本站立姿势开始，左手扶球左侧，右手持球，右臂屈肘，置球于右肩上；投篮时两脚掌蹬地，左手离球，右臂向前上方伸直时手腕前屈，食、中指拨球，将球投出（图 5 -8）。

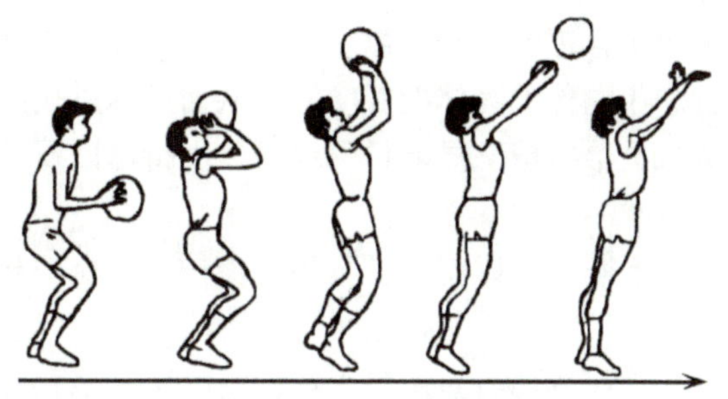

图 5 -8　原地单手肩上投篮

（二）行进间投篮

行进间投篮包括单手肩上投篮、单手低手投篮、双手低手投篮、反手投篮和钩手投篮等。下面以行进间单手低手投篮为例，介绍行进间投篮的动作要领。

行进间单手低手投篮的动作要领：（以右手投篮为例）运球队员结束运球变为双手持球的同时，右脚跨出第一步；左脚跨出第二步落地时，前脚掌用力蹬地向前上方起跳，右腿屈膝自然上提，右手将球引至右肩侧上方；腾空到最高点时左手离球，右手托球，右臂向前上方伸展；接近球篮时，手腕、手指上挑，将球投出（图 5 -9）。

图 5 -9　行进间单手低手投篮

第三节　篮球基本战术

一、进攻基础配合

进攻基础配合包括传切、突分、掩护、策应 4 种配合方法。

（一）传切配合

传切配合包括一传一切和空切两种配合。一传一切是指持球队员传球给同伴后自己立即切向篮下，接同伴回传的球并进行投篮的方法；空切是指无球队员根据球的转移情况，从不同的方向迎球或侧向插入篮下接球的配合方法。

（二）突分配合

突分配合是指持球队员突破防守后遇到补防或吸引对手注意力后，及时将球传给同伴，使同伴获得进攻机会的配合方法。

（三）掩护配合

掩护配合是掩护队员运用合理的行动，用自己的身体挡住防守同伴者的移动路线，使同伴借此摆脱防守，或者利用同伴的身体摆脱防守，从而接球进攻的一种配合方法。

掩护配合可以由无球队员给持球队员掩护，也可以由持球队员给无球队员掩护和无球队员给无球队员掩护。

根据掩护位置和方向的不同，可以将掩护分为前掩护、侧掩护和反掩护三种。

（四）策应配合

策应配合是指处于内线的队员背对或侧对球篮接球，由他做枢纽，与外线队员的空切相配合而形成的一种里应外合的方法。

二、防守基础配合

防守基础配合包括挤过、交换防守、关门、夹击等配合方法。

（一）挤过

挤过是当对方做掩护、被掩护队员的防守队员主动上前时，要迅速向前跨出一步，靠近对手，从两个进攻队员之间侧身挤过，继续防守自己的对手。

挤过时必须贴近对手，而且上前抢步要快，同时提醒同伴，并选择协防的有利位置。

（二）交换防守

交换防守是当进攻队员利用掩护已经摆脱防守时，防掩护的队员及时和同伴交换各自的对手。

交换防守前，防守掩护者的队员要主动提示同伴；换防时，动作要果断、迅速。

（三）关门

关门配合是当进攻队员运球突破时，防守突破的队员向侧后方移动，同时临近突破一侧的防守队员迅速向突破队员前进的方向移动，与突破的队员靠拢，就像两扇门一样关起来，从而堵住进攻者的前进路线。

“关门”时，防守突破的队员要积极防守，堵住进攻队员的突破路线，临近突破一侧的防守队员及时、快速地向同伴靠拢进行“关门”，不给突破队员留有空隙。

（四）夹击

夹击配合是两名以上防守者同时采取突然行动，封堵和围夹持球者，在局部形成“多防少”的一种防守战术（图 5－10）。

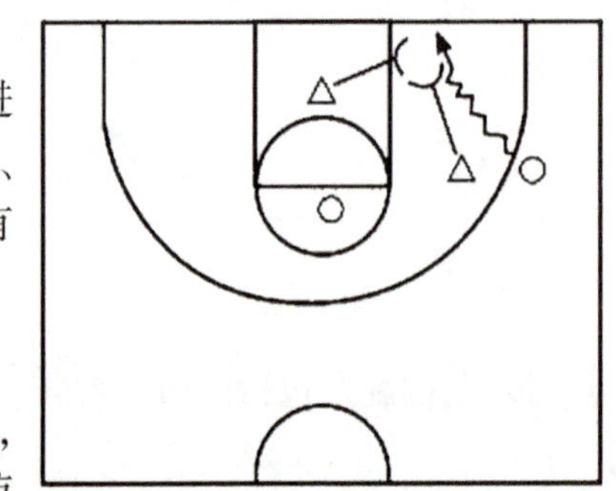

图 5－10　夹击配合

第四节 篮球规则简介

一、场地器材

标准篮球场地是一块长 28 米、宽 15 米的长方形平地，如图 5－11 所示。球场必须有明显的界线，而界线距观众、广告牌或其他障碍物至少 2 米。篮球场长边的界线叫边线，短边的界线叫端线。

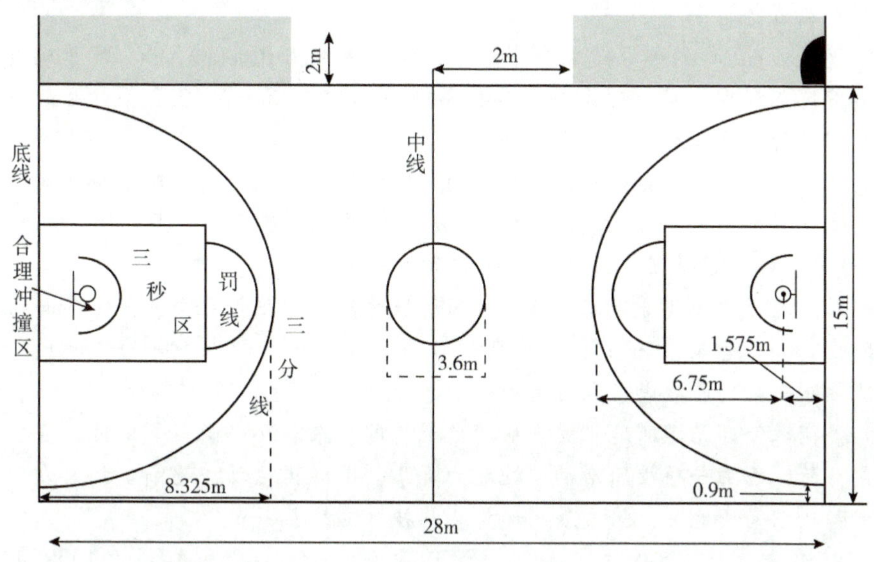

图 5－11 篮球场

二、比赛规则

（一）上场队员

每队 12 人，上场 5 人，1 人任场上队长。

（二）比赛时间

全场比赛时间为 40 分钟，每 10 分钟一节，共 4 节。1、2 节间和 3、4 节间分别休息 2 分钟，2、3 节间休息 15 分钟。比赛结束时，若两队比分相同，则进行 5 分钟加时赛；若 5 分钟后比分还相同，则再次进行 5 分钟加时赛，直至决出胜负为止。

（三）主要犯规规定

侵人犯规、双方犯规、技术犯规（场内、场外）、违反体育运动精神的犯规、取消比赛资格的犯规等。

（四）主要违例规定

带球跑、两次运球、脚踢球、拳击球、掷界外球时踩进球场、跳球时球未到最高点前触球、球回后场、干扰球和干涉得分、队员出界和球出界、时间性违例等。

（五）换人和暂停

整场比赛中，死球情况后可换人（不限次）。暂停有长短之分。长暂停上半场 2 次，下半场 3 次，决胜期 1 次，每次 1 分钟；短暂停在第 4 节和决胜期最后 2 分钟，每队各有 1 次，每次 30 秒。

知识拓展

荷球

一、发展历史

荷球（Korf ball）的起源是来自一位荷兰籍教师 Nico Broekhuysen，他于瑞典一小镇 Naas 参与夏季课程时，从一项游戏中发出荷球运动的概念。在 1902 年，他最终于阿姆斯特丹发明了荷球这项崭新的球类运动。

在过往，荷兰荷球联会一直集中改善内部架构运作之上，而忽略把荷球国际化。但自国际荷球联盟于 1933 年成立后，荷球的发展便被正视起来。而且，荷球亦被安排在 1920 年及 1928 年的奥林匹克运动会中来演示。

荷球本身的哲学原理是追求改革：主张两性共同拥有平等机会、条件参与荷球，但随时间的改变，当踏入 20 世纪，荷球已进入一个更能代表两性平等的新时代。因为荷球这项队际组合运动已能满足和肯定这一理念。

因此，荷球便开始迅速地扩展，从荷兰至美国、东欧及东南亚等地区。在短短的一个世纪内，荷球已由一项校园活动，演变为真正的国际化运动，逐渐受到大众注目。特别是在中欧及东南亚地区，除发展迅速外，其技术亦改善不少。

自 1985 年起，荷球已列入世界认可运动项目之一。世界锦标赛于 1978 年开始举办。四年后，世界锦标赛更是首次在欧洲外的印度举行。

为了坚守两个基本原则——男女共同学习和合作，荷球便逐渐在世界各地发展起来。国际荷球联盟更承诺这扩展目标。

（一）什么是荷球

荷球欢迎任何年龄的男女参与，它可在室内或室外进行，不需要昂贵的装备。你只需要：一个球场（划分为两个区域：进攻及防守）；两个荷球篮（柱高 3.5 米）；一个荷球；两队由八人组成的参赛队伍（进攻及防守需分别有 4 男 4 女同时作赛）及一名球证。比赛的目的是要将球投入进攻区域的篮内便可直接得分，若在防守区取得球时，你必须把球传至进攻区的队员手上。在取得两分后（两队分数一同计算），攻守区域对调；而半场后便换边。

荷球的原理显浅直接：

1. 它是一项队际运动

讲求合作性，不可持球跑及运球。

2. 它是一项混合性运动

男女各自在所属区域作赛，由于荷球讲求平等，其作赛规则亦一样。运用盯人防守策略时，男队员只可防守对方的男队员，而女队员亦只可防守对方的女队员。两人不能同时防守对方的一个队员，加上男女队员不可防守异性队员，所以比赛便更紧凑及公平。

3. 它是一项策略性运动

各队伍需运用他们的策略性技术去争取最多的得分。换言之，荷球不容许一切身体接触和碰撞，如阻挡、抢球、踢球和打球等动作。而且，在比赛进行时，你亦不可用手把持荷球的篮柱来影响对方进攻。所以，技术才是最重要的。

（二）荷球的变化

因为荷球是不受地面的限制，甚至可以在撒哈拉沙漠中进行比赛。

沙滩荷球较正式的荷球更为简单，两队参赛队伍（两男两女）于一个区域作赛。所以它只需要有一个沙地球场；一个篮及一个球便可以比赛了。

（三）国际荷球联盟

KF 于 1933 年 6 月 11 日在比利时的 Antwerp 成立，荷兰和比利时联会是在 1924 年成立。IKF 在 1993 年正式成为国际奥林匹克委员会（International Olympic Committee）的成员。

二、规则介绍

（一）合法防守

合法防守是荷球最核心的规则。当进攻球员被防守队员“合法防守”的情况下，投球是无效的。这也是体现荷球平等的另一个表现。

合法防守四要素：

1. 防守球员必须比进攻球员更接近篮柱（例外：当防守球员与进攻球员位于篮柱的两侧时，只要同时具备条件 2、条件 3 与条件 4 即可）。

2. 防守球员必须位于进攻球员手臂长度的范围内（手臂长度范围，意指防守球员伸手可以碰到对手胸部）。

3. 防守球员面向进攻球员。

4. 防守球员有意在封阻球（并不一定必须能“盖帽”，只要试图去封阻就算，哪怕身高不够）。

（例如：一个身高 2.26 米的进攻球员正在被一个身高 1.6 米的球员“合法防守”，此时的投篮进球是无效的。）

（二）球员装备

男生装备：篮球鞋、穿裤子

女生装备：篮球鞋、穿片裙

服装一般选择颜色鲜艳，让人亮眼的。衣服在正式比赛中要穿短袖，穿有领子或是圆领的。

（三）时间和暂停

1. 一场比赛分为上下半场各 30 分钟，之间有 10 分钟半场休息时间（而室外比赛则上下半场各 35 分钟）。

2. 暂停时间为 1 分钟，并不包括在比赛所需的时间当中。每队可在每场要求最多两次暂停。

（四）投掷得分

当荷球完全进入球篮后，投掷球员的球队便会获得分数。

当投掷的进攻球员在球证吹哨子判决防守者违例的时间把球投中荷球篮，那球的分数是依然有效的。获得较多分数的队伍便胜利。

（五）出场阵容

1. 选择出场阵容和进攻的区域

主队有权选择在上半场投掷哪一个荷球篮。球队会安排球员分别到两个区域；而客队也会同样这样做。

2. 出场阵容的调动

若比赛的情况有所改变，如持球员退出或被迫离场，球证可以准许球队做出调动。如当第六 B 项的情况发生或球员人数和对手不相对时，球证会命令球队调动球员。

（六）攻守半场对调

每当两队进球数目为 2 的倍数时（一队取两分或两队各取 1 分），两队球员便会换区，亦会对调攻守身份——防守队成为进攻队或相反。而当球场进行了一半后，球队须交换场地，但攻守身份不变。

（七）开球

在比赛的开始、半场开始和每次得分后都由进攻者在他的区域近球场的中心点开球。比赛开始由主队开球，而半场开始由客队开球；每次入球后则由刚被对手入球的队伍开球。这个规定在自由球的情况下也可以应用。

（八）违反比赛规例

在比赛进行时，禁止：

1. 用小腿或脚接触球

若球员不是故意用小腿或脚接触球，并对球赛没有构成严重影响，他是可以不被惩罚的。

2. 球员数目不完整

当其中一队或两队的球员数目不完整时，球赛只会在以下情况才开始或继续：每个区域有每队不少于 3 个球员作赛，而情况是不会一女两男球员与一男两女球员对赛的。

3. 球员替换

每队最多可换 4 个球员。若持球员在球队已替换了 4 个球员后受伤而不能继续作赛，在球证许可下便可替换这名球员。

4. 球员制服和鞋子

球员要穿着与对方球队不同（如颜色）的动服装，还要穿上运动鞋。

在应用以上的规例的同时要清楚区分以下三种情况：

(1) 当球员持球站着，他可以移动一只脚，而另一只脚则要保持在原位。移动另一只脚是不容许的。

(2) 当球员在跑和跳的状态中接球，他可以停下然后传球或投球。但所附的条件是，在球员接球后，他必须尽最大努力立即停下。当停下来后，他便应遵守 (1) 的规例。

(3) 当球员在跑或跳时接球，在还没有完全停下时传球或投球；在此情况下，球员是不容许在接球走了 3 步后仍然持球。

5. 球队没有合作打法（一人打法）

在此情况下，球队会失去合作性的打法：

（1）当一球员没有明显目标地抛出球，然后有意追赶拿回。

（2）沿路持球（运球）。

在以下情况，一人打法是不会被惩罚的：

（1）当球员没有明显的位置移动（例如当球员持球站着，把球由一手传到另一只手，或把球拍到地上而接回）；

（2）不是故意令球队失去合作性的打法（如当一球员传球给另一球员时，但后者不能接住；或与对手争球时，球员不能成功捉住球，但追着它然后拿着）。

6. 以手交手的形式传球队员

7. 延误赛事进行

这包括不去尝试制造或争取入球机会；持球过久，不肯传球或在开自由球时准备时间过长；拖长调场和暂停后返回球场的时间。

8. 从对方手中拍掉、拿取或偷走球

9. 推开、紧紧抓着或阻止对手前进

无论对手有没有持球在手，不合法的阻止对手前进都是要被惩罚的。任何有意或无意的阻碍对手移动的行为都是被禁止的。

10. 阻碍对手准确地接球

防守球员是准许用手或手臂去阻止球在传送中的方向。他可以把手放在球传送的路线去阻碍对手接球，但一定不可：

（1）用身体阻碍对手的手部去接球；

（2）击打对方手中的球或在对方传送球时打他的手；即是防守球员的手或手臂不可放得太近对手（不得过分妨碍传球）。

11. 阻止不同性别的球员传球或投球

12. 两名球员在同一时间防守同一对手

13. 走出比赛区域

14. 在对手防守时投球

当防守球员做到以下三个情况，投掷球员便会被判违规，即是在对手防守时投球：

（1）防守球员处于进攻球员手臂长度的范围内，而面向着进攻球员。两人的距离应是防守者最能靠近接触进攻者，而同时没有阻碍他前进。

（2）防守球员曾尝试封阻对方手中的球；

（3）防守球员要较进攻球员接近球柱。

15. 在同队球员身边切入投球

这里所指的“切入”，是指当防守球员在进攻球员手臂长度的范围内，因进攻者在同队其他球员的身边紧贴走过，以致防守球员因碰撞或将会碰撞对手而跟不上进攻球员，最后被迫放弃防守。

16. 在防守区域或开自由球后投球

17. 当一球员没有被人防守时投球

这只会在只有 3 个球员防守 4 个球员的时候发生。在此情况下，进攻队伍的队长应通知球证和对队的队长，表示该名没有人防守的球员是不会投掷的。而球队是可以在同一区域比赛时两次更换场中的人为没有对手防守的球员；而这名没有人防守的球员所投的罚球是会被计算的。

18. 球员移动球柱来影响投球

19. 在走动、跳起和快速移动时捉住球柱

20. 违反开自由球的规则

21. 在比赛时做出危险的行为

例如进攻球员有意引导在他背后跟着的而距离在手臂长度内的防守球员快速地撞向任一进攻球员。

（九）荷球出界

当球一接触场地的边线或在场地以外的地面、任何人和物件时，都是被判为出界的。另外，若球接触到室内场的天花板或场地上半空的物件也是属于出界的。当球出界后，哪队不是最后接触球的队伍便有权开自由球。

（十）球证球

当两个对敌球员争球时，球证会停止球赛，然后进行抛球。这时球证可以挑选在该区域的两个同性球员跳球，最好是同样高度的。至于其他球员应站在距离跳球位置的 2.5 米，并只有那两个跳球的球员其中一个接触球后或当球接触了地面后才可接触球。

（十一）自由球

1. 何时才有自由球

当球证指出其中一方违反其中一项比赛规例时，另一方便会得到自由球。

2. 在什么地方开自由球

开自由球的地点是在犯规的位置进行。若在球出界或球员在球场边界的？面或外面违反第十六 M 项的情况下，便可在界外接近球出界或犯规球员所过界的位置开自由球。

3. 怎样开自由球

当球员持球在手准备开自由球时，球证会提起一只手成 90°角，然后逐步举起该手的 4 根手指以计算着整个准备过程在 4 秒内完成，接着便吹哨子提示赛事再次开始。

（十二）罚球

球证是负责控制球赛的。他的职责是：

1. 何时才有罚球

当一队伍犯规以导致对手失去得分机会时，球证便会给被侵犯球队一个罚球。另外，当一队伍重复不公平地阻碍进攻球员也会有被判罚球的可能性。

2. 在什么地方投掷罚球

罚球是在场地的罚球点进行的，大约是在球场中距离球柱 2.5 米的地方。

3. 如何投掷罚球

罚球是可以直接得分的。投掷罚球的球员不可在球未离开他双手前，用身体任何部份接触罚球点和球柱之间的地面。在投掷者未投掷前，所有球员必须站在距离罚球点和球柱之间的虚拟线 2.5 米的任何位置上；并且不可做任何动作骚扰投掷的球员。至于第十九项所规定进攻球员之间距离 2.5 米和传球所需要的限制是不会应用在罚球的规例上。如有需要，上半场和下半场的比赛时间会因应罚球所用的时间而进行补时的。

1980 年 9 月 12 日，姚明在上海市第六医院出生。刚生下来，姚明的体重就超过了 5 千克，体长也达到了 60 厘米。《新民晚报》关于姚明的第一篇报道，是在 1984 年 9 月 14 日的第 3 版体育新闻上。那篇《“篮球之家”的一颗小明珠》描绘了姚明的幼年生活。但是这篇文章却通篇在聊吃。比如：“姚明的胃口真好，一天吃两枚鸡蛋、两瓶牛奶，特别是吃饭离不开鱼。”但是当时姚明对营养的需求成了家里的负担。虽然姚明父亲姚志源是当年上海队的主力球员，母亲方凤娣更是担任过国家女篮队的队长。然而那个年代，运动员的待遇不比现在。有一个有意思的事情，当初姚明被送进体校，主要原因不是希望姚明有所成就，而是体校每天能为姚明提供一瓶牛奶。

1998 年，姚明第一次披上国家队的战袍，而当时大郅（王治郅）已经是在奥运会上请大卫·罗宾逊吃过火锅的存在了。此后，姚明和大郅在国家队和 CBA 互相竞争。令姚明遗憾的是，唯一一次帮助上海队问鼎总冠军时，王治郅已经远赴 NBA 了。“他对我有多重要？按照我日后自己的话来说，就是‘若没有王治郅对我的激励，我不可能成为现在的自己’。”姚明说道。在 CBA 的最后一个赛季，姚明打出了场均 32.4 分、19 个篮板和 4.8 次封盖的数据，命中率为 72.1%。而在姚明 CBA 生涯的最后一战中，姚明甚至 21 投 21 中拿下 49 分，21 个篮板 7 盖帽，跟发小刘炜和恩师李秋平一起打破了八一队对冠军的垄断。

夺冠之后姚明也顺利进入了 NBA，休斯敦火箭用状元签选中了姚明。但人们有所不知的是，姚明登陆 NBA 的过程并非那么顺利。早在 2001 年，时任上海队副总经理的李耀明先生就为姚明登陆 NBA 设定了门槛：必须有适当的球队、适当的时机和适当的条件才会放他走。其中“适当的条件”指：NBA 球队必须用同水准的球员来交换姚明；NBA 球队必须自掏腰包委派高水平的教练来上海队进行指导；NBA 球队必须帮上海盖一所培训青年篮球的学校；NBA 球队必须负担在上海建造一座现代化体育馆的费用。这些条件根本无人能做到，因此姚明的选秀被推迟了一年。而在 2002 年，姚明和火箭更是签订了在赛季之外随时受国家队调用的保证书，才拿到了篮协的放行文本。在 NBA 规定球队支付球员买断费不得超过 35 万美元的情况下，姚明却背上了 1000 万美元买断费的重担。当然，这笔钱最终被相关领导叫停。而结局也是姚明顺利地踏上了飞往休斯敦的班机。

初到 NBA，姚明第一位挚友是弗朗西斯。在火箭队的停车场，姚明第一次见到他。当时弗朗西斯穿着一件白色的休闲衬衫，开着一辆敞篷奔驰，音乐开得震天响。他下车，走向姚明，跟姚明握手拥抱。“你好，我是姚明。是你把我带到这里的。”“是的，要不是我，你不会在这儿。”代表火箭队抽到状元签的弗朗西斯不无得意地说。在第一堂训练课上，弗朗西斯就给姚明开起了小灶。尽管当时姚明根本听不懂他在说什么，但在异国他乡，这还是对姚明意义非凡。在 NBA 的新秀赛季，另一个对姚明产生影响的人是奥尼尔。人们喜欢将他俩放在一起比较。但是稚嫩的姚明却被奥尼尔狠狠地教训了。两场比赛，奥尼尔在姚明头上砍下 70 分！而两场一共只拿到 16 分的姚明唯一值得夸耀的，只有第一次面对奥尼尔送出的 6 次封盖了。但是在场下，姚明在圣诞节寄去的贺卡让他赢得了奥尼尔的尊重。时至今日，他们的私交依旧很好。

2004 年，姚明迎来了季后赛初体验。虽然只帮助球队拿到了一场胜利，但能跟马龙、奥尼尔和科比这种级别的球员博弈 5 场并场均拿到 15 分和 7.4 个篮板，已经是一个完美的开端了。2005 年西部首轮，姚明和搭档麦蒂联手场均砍下 52.1 分，但依旧没能阻挡球队在 2:0 领先后被小牛翻盘。2006—2007 赛季，姚明达到了职业生涯的巅峰期。常规赛和季后赛，姚明的场均数据分别是 25 分、9.4 个篮板、2 次助攻、2 次封盖；和 25.1 分、10.3 个篮板。但在季后赛首轮的防守端，姚明却被那个擅长远投的土耳其中锋奥库打得没脾气。被伤病毁掉的 2007—2008 赛季结束后，姚明完成了人生中另一件大事：率队在家门口打进了北京奥运会的八强。在对阵诺维茨基领衔的德国队一战中，姚明砍下了 25 分和 11 个篮板。而最终的比分是 59:55。

2008—2009 赛季，姚明和他的火箭队卷土重来，姚明和阿泰带着火箭队打进了季后赛第二轮。在湖人队主场的球员通道来一波王者归来，在科比带领的如日中天的湖人队主场先下一城，可惜的是，之后姚明受伤未能上场，而火箭队也以 3:4 遗憾落败，时至今日还有人会讨论，那年火箭队要是战胜湖人队，肯定能得到总冠军。姚明的表现也得到了国外球迷的认可，在那一年的 MVP 评选中，姚明拿到了 0.03% 的票。虽然不多，但至少说明人们已经将姚明和另外 11 位拿到选票的巨星放在一起讨论了。

在那之后，姚明因伤打打停停。2011 年 7 月，姚明宣布退役。如今回想起来，这一切似乎都恍如隔世。

姚明退役了，但是依然献身于中国篮球事业，希望通过自己的努力能让中国篮球更好。姚明退役了，但是姚明从未离开过篮球。

思考训练

1. 篮球运动起源于哪个国家？发明者是谁？
2. 一场篮球比赛的时间以及场上队员是多少？
3. 篮球投篮有哪几种方式？各种投篮方式的技术要点是什么？
4. 防守主要分为哪几种？

第六章　足　球

学习目标

1. 了解足球的起源与发展，足球运动的锻炼价值及足球的重大赛事。
2. 掌握足球运动的基本技术。
3. 掌握足球运动的战术配合。
4. 掌握足球运动的比赛规则。

素质目标

1. 提高大学生的运动水平，达到强身健体的作用。
2. 养成在今后工作中互敬互爱、相互协作的团队意识。

情境导入

无论输赢，绿茵场上奔跑的男神们，你们都是好样的。感谢你们给全世界球迷奉献了一场场精彩的足球比赛，历史会记住你们，世界杯也会永远与你们同行。伟大的足球，精彩的世界杯，这个夏天，星光灿烂，五彩斑斓。

第一节　足球运动概述

足球

一、足球运动的起源

2004年年初，国际足联确认足球起源于中国，“蹴鞠”是有史料记载的最早足球活动，“蹴”是踢的意思，“鞠”是球的名字。现代足球诞生于英国，1863年10月，英国成立了世界上第一个足球组织——英国足球联合会，并制定和通过了一部较为统一的足球规则，随后足球运动迅速在整个欧洲普及，并向全世界传播。1900年，足球被列为奥运会正式比赛项目。1904年，国际足联成立。自1930年起，每四年举办一次世界足球锦标赛（又称世界杯足球赛）。1989年，国际足联把“五人制足球”纳入管理范围之内。

二、足球运动的锻炼价值

（一）有助于养成良好的思想品德和心理素质

足球这项运动本身便是意志、纪律、自制力、责任感及勇敢顽强、机智果断、坚忍不拔、勇于克服困难、团结协作、密切配合、集体荣誉感等众多优秀品质的代名词。

（二）有助于增强体质和促进健康

足球运动是全面锻炼和健康体魄的良好手段，是全民健身活动中行之有效的一项体育运动。经常参加足球运动，能提高人们的力量、速度、灵敏、耐力、柔韧等身体素质，而且能改善人的高级神经活动，尤其是能增强人体心血管系统、呼吸系统等内脏器官的功能，进而促进人体的健康。根据测算，一名优秀足球运动员的肺活量比正常人要多出2000～3500毫升，安静时的心率比正常人低15～22次/分。

（三）有助于促进精神文明

开展足球运动可以丰富人们的业余文化活动，提高人们的生活质量。如今，足球运动已成为一些城市政治、经济、文化、生活的重要组成部分，成为这些城市形象的标志之一。

（四）有助于振奋民族精神，加强国际之间的交流

本国球队在重大国际足球比赛中获得胜利，能鼓舞人民团结进取，振奋民族精神。同时通过国际比赛还可以增进国家之间的友谊与了解，并渗透于其他各个领域。

三、重大赛事

国际赛事：国际足联世界杯、联合会杯、奥运会足球比赛、国际足联世界俱乐部杯。

国内赛事：中国足球协会超级联赛、全国女子足球锦标赛、中国大学生足球联赛。

第二节　足球基本技术

足球技术是指运动员在足球竞赛规则允许的条件下，运用身体有效部位合理完成各种动作的总称。足球技术包括踢球、接球、头顶球、运球和抢截球等。

一、踢球

踢球是指运动员有目的地用脚的相应部位将球踢向预定目标的技术动作。它主要用于传球和射门。

踢球按击球时脚触球的部位可分为脚内侧踢球、脚背正面踢球、脚背内侧踢球和脚背外侧踢球等。踢球时可按球的状态分为踢定位球、踢地滚球、踢反弹球和踢空中球等，在此仅以踢定位球为例，介绍动作要领。

（一）脚内侧踢球

脚内侧踢球的特点是触球面积大，可控性强，出球平稳准确，出球力量较小。它适用于短距离传球和射门。

动作要领：直线助跑，支撑脚踏在球侧约15厘米处，膝微屈，脚尖指向出球方向；踢球腿以髋关节为轴由后向前摆动，膝、踝外展，脚跟前送，脚尖稍翘，保持脚掌与地面平行；小腿加速前摆，脚形固定，用脚内侧部位击球的后中部，击球后踢球腿随球前摆（图6－1）。

图 6－1 脚内侧踢球

（二）脚背正面踢球

脚背正面踢球是用脚背正面的楔骨和趾骨末端部位触球的一种踢球方法，其特点是踢摆幅度大、摆速快，便于发力，但出球路线缺乏变化。它适用于远距离传球和大力射门。

动作要领：直线助跑，在支撑脚落地的同时，踢球腿以髋关节为轴带动小腿前摆；在膝关节接近球体上方时，小腿加速前摆，脚背绷直，脚趾扣紧，以脚背正面击球的后中部，击球后，踢球腿顺势前摆（图 6－2）。

图 6－2 脚背正面踢球

二、接球

接球又称停球，是指运动员有目的地运用身体的有效部位触球，将运行中的球接控在所需要范围内的技术动作。常用的接球方法有脚内侧接球和脚底接球等。

（一）脚内侧接球

脚内侧接球的特点是触球面积大，接球平稳，便于改变球的方向。它适用于接地滚球和反弹球。

动作要领如下。

1. 接地滚球

接地滚球时，身体正对来球，支撑腿微屈，接球腿屈膝、外转、前迎，脚内侧对准来球，并在触球的瞬间自然后撤，将球控制在所需要的位置上（图 6－3）。

2. 接反弹球

接反弹球时，支撑脚踏在落球点的侧前方，膝微屈，上体稍前倾，并向停球方向微转；接球腿屈膝上提，膝、踝外转，脚内侧对准球的反弹路线，当球落下反弹刚离地时用脚内侧触压球的中上部（图 6－4）。

图6－3 脚内侧接地滚球

图6－4 脚内侧接反弹球

图6－5 脚底接球

（二）脚底接球

脚底接球的特点是动作简单，控球稳定。它适用于接地滚球和反弹球。

动作要领：身体正对来球，支撑腿膝盖微屈，脚踏在球的侧后方，停球腿自然屈膝上提，脚尖翘起，用前脚掌触压球的中上部（图6－5）。

三、头顶球

头顶球是指运动员有目的地用额部将球击向预定目标的技术动作。头顶球包括前额正面顶球和前额侧面顶球。

（一）前额正面顶球

前额正面顶球的特点是触球部位平坦，发力顺畅，易于控制出球方向，出球平稳、有力。

动作要领：身体正对来球，两腿前后开立，膝微屈，上体后仰，重心置于后脚，两臂自然张开。在球运行到身体垂直面的瞬间，后腿用力蹬地，重心前移，迅速向前摆体，微收下颌，用前额正面击球的后中部（图6－6）。

（二）前额侧面顶球

前额侧面顶球的特点是动作突然、能变换出球方向，但触球面积小，出球力量较小。其动作要领与前额正面顶球相似，头部触球位置如图6－7所示。

图6－6 前额正面顶球

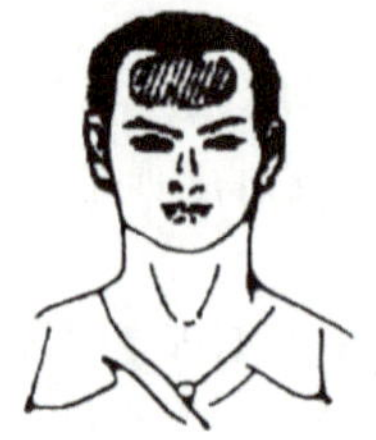

图6－7 前额侧面顶球

四、运球

运球是指运动员在跑动过程中用脚连续推拨球，使球处于自己控制范围之内的技术动

作。常用的运球方法有脚内侧运球、脚背正面运球和脚背外侧运球等。

（一）脚内侧运球

脚内侧运球的特点是运球速度慢，易于控球，适用于掩护性运球。

动作要领：运球时，支撑脚踏于球的侧前方，膝微屈，重心移至支撑脚，身体略转向运球方向，运球腿屈膝上提，脚尖外转，在向前迈步过程中用脚内侧推球前进，如图 6－8 所示。

（二）脚背正面运球

脚背正面运球的特点是直线推拨，速度快，但运球路线较为单一。在快速运球前进或前方纵深距离较大时可使用脚背正面运球。

动作要领：运球时身体自然放松，两臂自然摆动，上体稍前倾，步幅不宜过大；运球脚提起时，膝微屈，脚跟提起，脚尖下指，在向前迈步过程中用脚背正面推球前进（图 6－9）。

图 6－8　脚内侧运球

图 6－9　脚背正面运球

（三）脚背外侧运球

脚背外侧运球的特点是具有较强的灵活性和可变性，易于控制运球方向和提高运球速度。在快速奔跑和需要向外改变运球方向时可使用脚背外侧运球。

动作要领：其动作要领与脚背正面运球相似，只是在摆脚时脚尖稍向内转，用脚背外侧推球前进（图 6－10）。

图 6－10　脚背外侧运球

五、抢截球

抢截球是指在比赛规则允许的范围内，运动员有目的地运用身体的某一部位，将对方控制下或传递中的球夺过来、踢出去或破坏掉的技术动作。抢截球动作主要包括三个环节：一是选位；二是抓住时机，果断实施动作；三是在实施抢截动作后，迅速使身体恢复到下一个动作所需要的状态和位置。常用的抢截球方法有正面抢球（图6－11）和侧面抢球（图6－12）等。

图6－11　正面抢球

图6－12　侧面抢球

第三节　足球基本战术

足球是一项多人参与的体育运动，在比赛中除了发挥个人的作用外，更重要的是发挥集体的力量。足球战术就是根据场上的攻守情况所采取的个人行动和集体配合的总称。按照攻防的基本特点，足球战术可分为比赛阵形、进攻战术、防守战术三大部分。在进攻和防守战术中，又分别包括个人、集体与全队的攻防战术。

一、比赛阵形

比赛阵形是指按照攻守战术的需要，全队队员在场上的位置排列、攻守力量搭配和职责分工的形式。各阵形的名称根据队员排列的形状而定。目前，世界上普遍采用的阵形有“四四二”“四三三”“三五二”“五三二”等几种。

二、进攻战术

（一）个人进攻战术

个人进攻水平的高低与集体和整体进攻战术质量的好坏直接相关。提高个人战术水平对比赛的成效至关重要。队员无球时的摆脱、跑位和持球时的传球、射门、运球突破等都属于个人进攻战术。

（二）集体进攻战术

集体进攻战术是指进攻中两个或两个以上的队员为完成全队攻防任务而采用的局部协同作战的配合方法。一般包括“二过一”配合、“三过二”配合和传切配合等进攻战术。

（三）整体进攻战术

整体进攻战术是指比赛中一方为了完成进攻战术任务而采用的全局性的配合方法。整体进攻战术包括边线进攻、中路进攻和快速反击等。在此仅简单介绍一下边线进攻。

充分利用场地的宽度，拉开对方的防线是边线进攻的特点。当由守转攻时，可由边卫或者边锋发动边线进攻。经过局部配合突破后，将球传到中央，由其他进攻者包抄射门。比赛中，防守队员一般集中在中间地区，边线地区防守队员相对少些，所以从边线进攻对方防线比较容易突破。

三、防守战术

防守战术基本类型有两种：人盯人防守，是指在规定的范围内盯人紧逼，各自都有明确的防守对象，如对方左边锋大幅度地斜插至右路，则有后卫紧跟盯防，不交换看守；区域紧逼防守、紧逼和保护相结合，在个人的防区内紧逼，做交替看守。紧逼和保护是防守最根本的原则。只有紧逼才能有效地主动抢断，压制对方技术的优势而获取主动权；保护的目的是更好地紧逼和控制空当。

第四节 足球规则简介

一、场地器材

足球比赛场地呈长方形，长 90 ~ 120 米，宽 45 ~ 90 米。球门高 2. 44 米，宽 7. 32 米。世界杯比赛场地长 105 米，宽 68 米（图 6 – 13）。足球用皮革或其他材料制成，圆周长 68 ~ 70厘米。

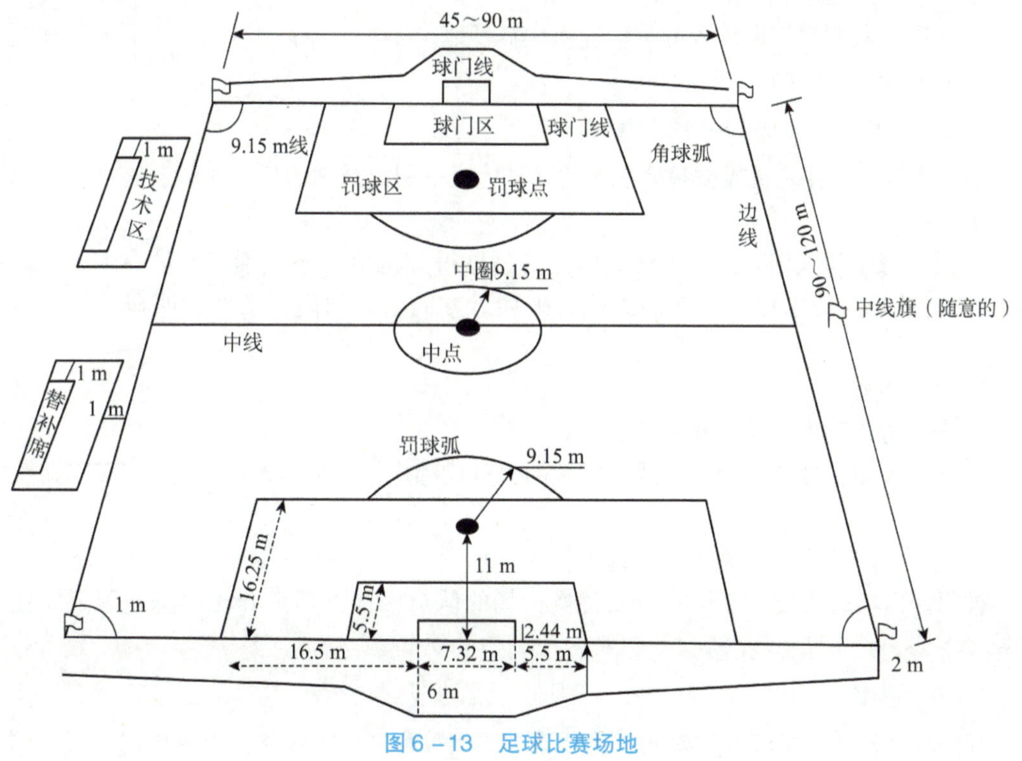

图 6 – 13 足球比赛场地

二、比赛规则

（一）上场队员

每队11人，其中必须有1人为守门员；任何一队少于7名队员时，不得进行比赛。

（二）比赛时间

全场比赛时间为90分钟，上下半场各45分钟，中间休息15分钟。当90分钟后战成平局但必须决出胜负时，再进行30分钟加时赛。加时赛分上、下半时，各为15分钟。如果加时赛中仍是平局，则互踢点球决出胜方。

（三）警告队员——黄牌

如果队员违反下面6种犯规中的任意一种，将被警告并出示黄牌：

1. 延误比赛重新开始。
2. 以语言或行动表示不满。
3. 未得到裁判员许可进入或重新进入比赛场地。
4. 当以角球、任意球或掷界外球重新开始比赛时，不退出规定的距离。
5. 持续违反规则。
6. 犯有非体育行为。

如果替补队员或替换下场的队员违反下列4种犯规中的任意一种，将被警告：

1. 延误比赛重新开始。
2. 以语言或行动表示不满。
3. 未得到裁判员许可进入或重新进入比赛场地。
4. 犯有非体育行为。

（四）罚令队员出场——红牌

如果队员、替补队员或被替换下场的队员违反下列犯规中的任意一种，将被罚令出场并出示红牌：

1. 用故意手球破坏对方的进球或明显的进球得分机会（不包括守门员在本方罚球区内）。用将被判为任意球或点球的犯规，破坏对方向本方球门移动着的明显的进球得分机会。
2. 严重犯规。
3. 向对方或其他任何人吐唾沫。
4. 使用有攻击性的、侮辱的或辱骂性的语言或动作。
5. 暴力行为。
6. 在同一场比赛中受到第二次警告。

被罚令出场的队员、替补队员或替换下场的队员必须立即离开比赛场地附近及技术区域。

（五）越位

在进攻方传球球员起脚的瞬间，接球球员比倒数第二名防守球员距离球门更近，同时比球距离球门更近，并试图借此位置干扰对方球员争球或干扰比赛，就会被判罚越位。另外需要注意的是，角球和界外球并不算传球。

知识拓展

国际足联世界杯

图 6－14 世界杯

国际足联世界杯简称“世界杯”（见图 6－14），是全世界最知名和影响力最大的足球赛事。自己国家的球队在世界杯的赛场上获胜是各国人民在足球领域梦寐以求的神圣荣耀，也是各国家（或地区）足球运动员的终极梦想。世界杯每四年举办一次，任何国际足联会员（或地区）都可以派出代表队报名参加这项赛事。

名人故事

足球明星梅西

5 岁时梅西开始为阿根廷的格兰多里俱乐部踢球，教练就是他的父亲。7 岁的时候这个小家伙就在纽维尔老男孩队备受称赞。但梅西在 11 岁时被诊断出发育荷尔蒙缺乏，而这会阻碍他的骨骼生长。家里的经济条件难以承受小梅西的治疗费用，由于他的天赋被巴萨的雷克萨奇看中，在 2000 年将他带到诺坎普，梅西举家搬迁到欧洲。在 2000 年 9 月，年仅 13 岁身高只有 140 厘米的梅西去了巴塞罗那试训。在试训期间，梅西的表现征服了巴萨青年队教练，他们迫不及待地与梅西签订了一份 2012 年才会到期的工作合同，却忘记国际足联相关规定，未满 20 岁的球员不得和俱乐部签订 5 年以上的工作合同。巴塞罗那俱乐部在帮助梅西成长方面做出了巨大的努力，在俱乐部所安排的治疗下，梅西在 2003 年身高已经达到 170 厘米。加泰罗尼亚人毫不犹豫地就给他在俱乐部注册并安排他去医疗部接受治疗。“梅西是吃着土豆和胡萝卜长大的，是喝着那些没有油沫的汤去踢球的，但他比谁都懂事！”“我记得，而且永远都不会忘记拿到诊断结果的那一天。当时天特别冷，当时我们在街上，梅西没有任何表情，非同一般地冷静，我知道他比任何人都清楚，家里没有任何能力让他治疗。”站在梅西的身边，父亲豪尔赫眼眸中总是透着快乐抑或得意，但他内心的酸楚又有多少人能读懂？

“作为父亲，我最清楚梅西的病源于营养不良。阿根廷盛产世界上最好的牛肉，拥有世界上最好的奶酪，但那不属于我们。梅西是吃着土豆和胡萝卜长大的，是喝着那些没有油沫的汤后去踢球的。”

梅西的父亲豪尔赫回忆当年只有 11 岁的梅西患上生长激素缺乏性侏儒症时，不禁仍有些伤感，甚至当梅西已经成为这个星球上最好的足球运动员之后。“他从不抱怨，他年纪轻轻就比谁都懂事，这一点没有人比我更清楚。”

思考训练

1. 足球运动起源于哪国？当时叫什么？
2. 踢球技术包括哪几个环节？
3. 足球的进攻战术包括哪几种？
4. 越位的概念是什么？

第七章　排　　球

学习目标

1. 了解排球的起源与发展。
2. 掌握排球运动的基本技术。
3. 掌握排球运动的战术配合。
4. 掌握排球运动的比赛规则。

素质目标

1. 提高安全运动意识，养成良好的锻炼习惯。
2. 学会与他人合作交流，培养勇敢顽强、积极进取、永不言败的精神。

情境导入

1981 年，中国女排首次获得世界杯冠军，之后创造世界大赛五连冠的佳绩。从那时起，女排精神就一直激励着国人，成为体育健儿为全民族贡献共享的精神财富。时光流逝，岁月变换，女排虽然也经历了沉浮，但她们在关键时刻能站得出来、挺得上去，这支队伍的精神底蕴依旧在闪闪发光。

第一节　排球运动概述

一、排球运动的起源

排球

排球运动（图 7－1）诞生于 1895 年，创始人是威廉·G. 摩根，美国马萨诸塞州霍利沃克城基督教青年会干事。

身为热衷于推广体育运动的基督教青年会干事，摩根在辅导人们进行各种体育锻炼的实践中逐渐意识到，不同的对象应该采用不同的锻炼方法。当时逐渐流行起来的是由奈史密斯发明的篮球运动，但摩根认为它比较适合年轻人，对于年纪稍大的人来说则过于剧烈。1895 年，摩根辅导一个由商人组成的班级，渐渐萌生了一个大胆的想法：创造一种结合了篮球、棒球、网球以及手球的游戏，而这种游戏又必须避免像篮球那样的肢体接触。

为此，摩根在青年会的体育馆中进行了试验。他在篮球场上架起了网球网（高约 1. 98 米），以篮球胆为球，让人们像打网球一样用手隔网来回托传球，与网球的不同之处

图 7-1 排球运动

是球不能落地，球在哪一方落地一次就算哪一方失败一次。

由于篮球胆太轻，在空中飘忽不定，玩起来很不方便，摩根尝试将篮球胆换成了篮球。但篮球又过于沉重，飞行速度太慢且很难用手将其隔网击打。最后，该市的司堡尔丁体育用品公司（Spaulding Company）试做了圆周 63.5～68.8 厘米，重量 255～346 克，外表为皮制，内装橡皮球胆的球。经试验，此球效果非常理想，于是就决定采用这种球——这就是第一代排球，其规格与现代国际比赛用球已经非常接近。而排球这项运动就此正式诞生，很快，它就在基督教青年会中广泛传播开来。

二、排球运动的传播

排球问世后，由美国的教会、传教士和驻外军官、士兵传播到了世界各地。由于排球在问世之初就没有严格的上场人数限制，加之传入的时间不同，世界各地排球运动的形式也不尽相同。

由于地理位置的原因，排球最先传入美洲：1900 年首先传入加拿大，1905 年传入古巴，1912 年传入乌拉圭，1914 年传入墨西哥。传入美洲的大多是六人制排球形式。

排球传入亚洲也比较早，1900 年首先传入印度，1905 年起先后传入中国、日本、菲律宾等国。因为所采用的规则不同，亚洲排球经历了 16 人制—12 人制—9 人制—6 人制的演变过程。

欧洲的排球运动起步要稍晚一些，第一次世界大战期间才随美国士兵登陆。1917 年，排球最先出现在法国，接着传入意大利，1919 年、1921 年先后在捷克、波兰等东欧诸国开展。虽然起步晚，但传入的排球运动已采用运动员轮转、15 分制和 6 人制，其竞技性已渐成熟，因此发展较快。

有意思的是，美国虽然是排球的故乡，但世界排坛诸强却是中国、古巴、巴西、俄罗斯、意大利甚至突尼斯等国。因为美国长期把排球用于休闲和娱乐，没有将其作为一种竞技项目来发展。

世界排球运动的发展主要可分为三个阶段：娱乐排球（1895—1936 年）、竞技排球（1937—1980 年）和现代排球（1981 年至今）。

第二节　排球基本技术

排球技术是在比赛规则允许的条件下，队员运用的各种合理击球动作和配合动作的总称，主要包括准备姿势与移动、发球、传球、垫球、扣球和拦网等。

一、准备姿势与移动

准备姿势与移动是排球运动中运用最多的两项基本技术，它是完成传球、垫球、扣

球、发球和拦球各项技术的前提和基础，并且对各项技术动作的运用起着连接作用。

（一）准备姿势

按照重心的高低，准备姿势可分为稍蹲、半蹲和低蹲三种。下面介绍最常用的半蹲准备姿势的动作要领。

半蹲准备姿势动作要领：两脚左右或前后开立（根据场上情况，可以左脚在前或右脚在前），稍比肩宽，脚跟提起，膝微屈，脚尖和膝稍内扣；上体前倾，重心前移，肩超膝，膝超脚尖；两臂自然弯曲，置于腹前，目视来球。

（二）移动

移动的基本步伐包括并步与滑步、交叉步等。

并步与滑步的动作要领：（以向前移动为例）从两脚前后开立的准备姿势开始，后脚用力蹬地，前脚向来球方向跨出一步，后脚迅速跟上成准备姿势。连续并步移动称为滑步。

交叉步的动作要领：从准备姿势开始，向右移动时上体稍向右转，左脚从右脚前面向右交叉跨一步，然后右脚再向右跨一大步，同时身体转向来球方向成准备姿势。

二、发球

下面对正面上手发球和侧面下手发球进行简要介绍。

（一）正面上手发球

正面上手发球的特点是力量大、速度快、弧度平、旋转强和落点易于控制。

1. 准备姿势

面对球网站立，两脚前后自然开立，左脚在前，两膝微屈，上体前倾，左手持球于胸前。

2. 抛球

左手将球垂直平稳地抛向右肩的前上方，高度为距头顶三个球高。同时右臂抬肘约与肩平，前臂后引，手掌置于头后上方，上体略向后移，挺胸、展腹、身体重心后移至右脚。

3. 击球

身体重心前移，收腹，同时带动右臂迅速向肩前上方挥动，在最高点伸直手臂，用力掌击球的后中部；在触球的刹那，手腕适当地向前推压（图7－2）。

（二）侧面下手发球

侧面下手发球的特点是发球动作较简单，容易掌握，稳定性较大，但攻击性较小。

1. 准备姿势

右肩正对网，两脚左右开立，与肩同宽，上体稍前倾，重心落于两脚间或稍偏右脚，左手置球于腹前。

2. 抛球

左手将球抛至胸前距身体约一臂远，同时右臂摆至身体右侧后下方，上体稍右转。

3. 击球

右脚内侧蹬地，身体左转，带动右臂向前摆动，在腹前用全掌击球下部，将球击出。

图 7-2　正面上手发球

击球时手臂要伸直，眼睛要看着球。

三、传球

传球是排球运动中的一项最基本的技术，是进行比赛和组织战术的基础。传球的种类多种多样，下面对正面双手传球（以下简称正传）和背传进行简要介绍。

（一）正传

1. 动作要领

接球前采用稍蹲姿势，身体站稳，上体挺直，双手自然抬起，置于脸前；当球至距额前上方一个球左右的位置时，开始双脚蹬地、伸膝、伸双臂，张开双手，从脸前向前上方击球，将球传出（图 7-3）。

图 7-3　正传

2. 传球手形

当手触球时两手自然张开，呈半球状，手腕稍后仰，以拇指、食指和中指拖住球的后下部，两拇指相对，接近“一”字形，两手间要有一定的距离（不超过球的直径）。

3. 传球的用力

传球时主要是利用蹬地、伸膝、向上展体和伸臂的力量，配合手指和手腕的弹力将球传出。

（二）背传

动作要领：接球时上体挺直或稍后仰，两膝半屈，重心落于两脚间，双手自然抬起，置于脸前，目视来球方向；迎球时微仰头挺胸，下肢蹬地，同时上体向上方伸展；触球时，手腕后翻，掌心向上击球底部（手形与正传的手形相同），同时下肢蹬地、展腹、抬臂、伸肘，通过手指和手腕的弹力把球向后上方传（图 7-4）。

图 7-4　背传

四、垫球

垫球主要包括正面双手垫球、体侧垫球、跨步垫球和挡球等。下面将对最常用的正面双手垫球和跨步垫球进行简要介绍。

（一）正面双手垫球

正面双手垫球是在腹前用双手垫击来球的一种垫球方法，是各项垫球技术的基础。

1. 动作要领

垫球前判断球的落点，然后迅速移动到落点，身体正对来球方向，成准备姿势站好；当球接近腹前时两臂夹紧前伸，含胸收肩，收腕抬臂，将球准确地垫在小臂上（图7－5）。

图7－5 正面双手垫球

2. 手形

两手手指上下相叠，掌根紧靠，两拇指平行相靠，紧压在上层手指的中指第二节上，两臂伸直相夹（图7－6）。

3. 击球点与垫球部位

击球点应保持在腹前约一臂处；垫球部位为前臂腕关节以上10厘米左右桡骨内侧平面为宜（图7－7）。

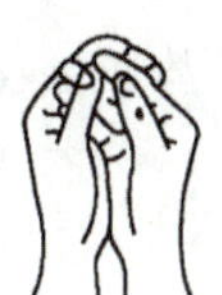

图7－6 垫球手形

图7－7 垫球部位

（二）跨步垫球

跨步垫球是指当球距身体一步左右、速度很快或位置较低、队员来不及移动正对时，迅速向前或向侧跨出一步，垫击来球的动作。

动作要领：垫球前首先判断来球的落点，然后迅速向来球方向跨出一步，屈膝制动，重心移至跨出的脚上。两臂夹紧、伸直，插入球下，用两前臂击球的后下部，将球平稳地向目标方向垫出。

五、扣球

扣球主要包括正面扣球、自我掩护扣球和钩手扣球等。下面将对最常用的正面扣球进行简要介绍。正面扣球（以两步助跑右手扣球为例，图7－8）的动作要点如下。

（一）准备姿势

采用稍蹲姿势，两臂自然下垂，观察来球，做好向各个方向助跑起跳的准备。

（二）助跑

助跑时左脚先向前迈一小步（便于寻找和对正方向），接着右脚再迅速跨出一大步，

图 7－8　正面扣球

同时两臂绕体侧向后引。左脚及时跟上右脚，踏在右脚之前，两脚尖稍向右转，屈膝制动同时两臂自后积极向前摆动。

（三）起跳

助跑制动之后两臂用力向上摆，同时两脚猛力蹬地向上起跳。

（四）空中击球

起跳后挺胸展腹，上体稍向右转，右臂向后上方抬起，身体呈反弓形；挥臂时身体左转，收腹，带动肩、肘、腕各部分关节向前上方挥动（类似甩鞭动作）；击球时五指微张呈勺形，以掌心击球的后中部，同时屈腕、屈指向前推压，将球扣出。

（五）落地

落地时前脚掌先着地，然后过渡到全脚掌着地，顺势屈膝收腹，以缓冲下落的力量。

六、拦网

拦网包括单人拦网和集体拦网，两者的动作要领相同，只不过后者更注重相互间的协调与配合。下面将对单人拦网进行简要介绍。

单人拦网的动作要点（图 7－9）如下。

图 7－9　单人拦网

（一）准备姿势

面对拦网，两脚左右开立，与肩同宽，两膝微屈，两臂在胸前屈肘，距网 30～40 厘米。

（二）移动

为了及时对正对方的进攻点，拦网队员需要及时移动。常用的移动步伐有并步与滑步和交叉步等。

（三）起跳

原地起跳时两膝弯曲（弯曲程度因人而异，以发挥最高弹跳力为原则），重心降低，双脚用力蹬地，同时两臂在体侧画小弧用力上摆，带动身体垂直起跳。

（四）空中击球

起跳过程中两手经额前并平行球网向网上沿的前上方伸出，两臂平行伸直，前臂靠近网，两肩尽量上提；拦网时两臂尽力过网伸向对方上空，两手自然张开，屈指、屈腕呈勺形，以便包住球；手触球时两手，手腕突然下压，盖住球的前上方。

（五）落地

落地时面对对方，屈膝缓冲，同时屈肘，向下收臂。

第三节 排球基本战术

一、排球阵容

排球阵备配合是排球战术运用的基础，阵容配备应依据队员的特长及本队的战术思想，安排队员在场上的位置，以最大限度地发挥该队技术和战术水平。

阵容配备主要有“四二配备”和“五一配备”两种。

（一）四二配备

四二配备是2个二传手、4个进攻队员。4个进攻队员中2个为主攻，2个为副攻，他们都站在对角位置上，无论怎样轮转，前排都能保持1名二传队员和2名进攻队员，便于组织和发挥攻击力量。这种比较简单的战术配备适用于初学者和一般水平的球队。

（二）五一配备

五一配备是场上只有1个二传手，其余全是主攻手。这样能加强前排的拦网和攻击力量，更好地控制比赛的进行，掌握主动权。目前，这种战术阵容配备被水平较高的球队广泛运用。

二、排球进攻战术

进攻战术由一传、二传和扣球3个环节组成。

（一）中一二进攻

由3号位做二传，将球传给2、4号位的进攻。二传在2、4号位时，球发出后可以置换到3号位，这种情况被称为变一二换中一二，反边一二换中一二。

此种进攻简单，便于组织。

（二）边一二进攻

由2号位做二传，将球传给3、4号位进攻，二传在3、4号位时，发球后换到2号位。

（三）强攻

强攻是指在没有快球掩护的情况下，二传所传的集中、拉开、围绕、调整的高球进攻。

三、排球防守战术

（一）接发球的站位阵形

接发球的阵形，既要有利于接球，也要有利于本方进攻战术，同时能注意对方发球特点来布阵。

1. 五人接发球

除1名二传在网前站立或后排插上之外，其余5名队员均担负起一传任务。通常为一三一或三三站位。

2. 四人接发球

二传和上快球队员站在网前不接发球，后场4人呈一字或弧线站立。

（二）防守阵形

1. 无人拦网的防守阵形

在无拦网必要时，二传在网前，既可以接网前球，又可以组织进攻，前排队员后撤，准备防守与进攻。

2. 单人拦网防守阵形

此种阵形用于对方进攻力量较弱，扣球以中线为主、吊球较多的情况。

3. 接拦回球的保护阵形

应依据本方的进攻战术和对方拦回的情况，以及参加防守的人数来确定。本方扣球时必须加强保护，尽量形成多道保护防线，积极防起被拦回的球，并及时组织继续进攻。

第四节　排球规则简介

一、比赛场地

排球场包括比赛区域和无障碍区两部分：比赛区域为18米×9米的长方形（图7－10）；比赛场地边线外的无障碍区至少宽5米，端线外的无障碍区至少宽8米，比赛区域上空的无障碍空间至少高12.5米（从地面量起）。

二、比赛规则

（一）上场队员

每队6人。

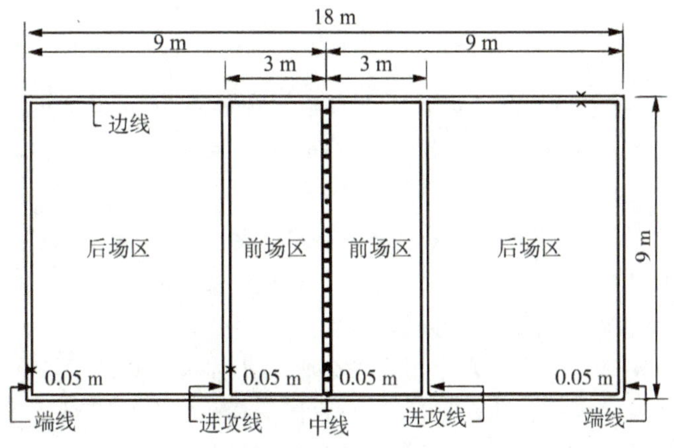

图7－10 排球场

（二）计分方法

比赛采用5局3胜制，前4局每局先得25分并超过对方2分时为胜一局，第5局采用15分制，得14分后必须领先2分才能获胜。

（三）犯规

1. 四次击球

一个球队连续触球4次（拦网1次除外）。

2. 连击

比赛中，一名队员连续击球2次。

3. 过网击球犯规

在对方进攻性击球前或击球时，在对方空间拦网触球。

4. 后排队员进攻性击球犯规

后排队员在前场区内，踏及或越过进攻线（或其延长线），击整体高于球网上沿的球，并使球的整体过球网垂直面或触及对方拦网队员，则为后排队员进攻性击球犯规。

5. 后排队员拦网犯规

后排队员靠近球网，跳起拦网阻拦对方来球，并触及球。

三、重大赛事

国际赛事：奥运会排球比赛、世界杯排球赛、大冠军杯排球赛、世界女排大奖赛、世界男排联赛。

国内赛事：中国俱乐部排球联赛、全国男子排球联赛、全国女子排球联赛。

知识拓展

奥林匹克运动会（简称奥运会），是国际奥林匹克委员会主办的世界上规模最大的综合性运动会，每4年一届。排球比赛是奥运会的重要赛事之一。奥运会排球比赛的规模已由最初的10支男队和6支女队发展到男女各12支队伍。12支球队分成两组打循环赛，胜出的前4名进入交叉淘汰赛，最后决出冠军。

名人故事

在2016年的里约奥运会女排赛中，由郎平挂帅的中国女排在决赛激战4局，最终以3:1翻盘塞尔维亚，继1984年洛杉矶夺冠和2004年雅典折桂，时隔12年第三次斩获奥运会冠军，全国人民为之沸腾。

1973年4月里的一个周末，这是郎平值得记忆的一个日子。北京工人体育场业余体校排球班的老师来学校挑选队员了。已升入小学六年级的郎平，因身高而被选中去参加测试，这消息使她的心头掠过一阵喜悦。

星期天，风和日丽。郎平和几个同学结伴来到了体校，这里聚集了许多前来测试的学生。实测内容有弹跳摸球、速跑等项目。郎平真希望自己能够测试合格，这对她来说将是一件多么快活的事情啊！经过严格的测试和选拔，身高1.69米的郎平果然榜上有名。

从这一天起，排球闯进了她的生活，与她结下了不解之缘。

排球班的训练从6月开始，一直练到了骄阳似火的8月。起初，训练的内容还让人感到比较轻松，可后来，难度随之加大起来。在与排球最初接触的日子里，郎平经受了体质与意志的考验。一些队员产生了畏难情绪，甚至败下阵来。

特别是当初与郎平一块参加训练的同班同学小陈，已偃旗息鼓不练了。她对郎平说："虽说咱俩在学校里都酷爱体育，可这么大运动量的训练，我可从没经历过。我父母可不愿意让我受这份罪，每天累得什么似的，他们可心疼了。"

在以后的时间里，郎平都是独自一人去体校。枯燥、乏味、艰苦的训练，也曾使她产生过动摇，可每当此时，父母就叮嘱她："平平，吃点苦算什么，你既然喜欢打排球，就不能半途而废。"

郎平始终不忘父母的鼓励，顽强地坚持下来了，并且凭着自身良好的条件和素质，凭着突飞猛进的球技，从短训班到了长训班，成了北京工人体育场业余体校排球班的一名正式队员。

1974年年初，刚刚从北京东光路小学毕业的郎平，伴着纷纷扬扬的雪花，来到了北京朝阳中学（现北京陈经纶中学）。学校里有体操队、田径队、游泳队、足球队、篮球队、排球队、乒乓球队等多种运动队。郎平仍然对排球情有独钟，她参加了排球队，参加训练时肯于摔打拼杀，弄得一身泥土也不在乎。她比一般女孩子能吃苦，没有一点娇气。有时练接球练得两臂红肿，但她仍能咬牙坚持。

无论怎样练，她都毫无怨言。郎平脚上的鞋几乎是一个月穿破一双。同学们常开玩笑说："郎平，你的球鞋又露脚指头了。"她从不介意，就连时常穿姐姐淘汰下来的衣服，她也觉得无所谓。她不在乎别人怎样评论自己的衣着，只在乎能不能打好球。

郎平性格上的纯朴、坚毅和执着越来越鲜明地表现出来，她迈向成功的步子也越来越坚实了。

在这一年的秋季，郎平被选进了北京市第二体育运动学校，成了排球培训班的专业队员。

北京市第二体育运动学校是专门为高一级体育专业队培养和输送人才的学校。在二体校，郎平出色地完成了基础训练的重要课程。在技术日趋娴熟的同时，她的性格也更加开朗，意志也更加坚强，思想也更加成熟了。

处在豆蔻年华时期的郎平，凭着自己始终不渝的韧劲儿，经过顽强的努力，终于成了群芳之冠，以最佳的人选进入了她日思夜想的北京队。

从此，她向着顶峰开始了新的攀登。

1978 年，郎平参加全国排球甲级队联赛，崭露头角，被袁伟民教练看中，进了国家队。经过刻苦磨炼，她成为“世界三大扣球手之一”。出色的高位拦网和落地开花的扣杀技术，让世人为之惊讶。

思考训练

1. 排球运动与其他球类项目相比，有何特点?
2. 参加排球运动有什么好处?
3. 排球技术包括哪些?
4. 排球比赛如何计算比分?

第八章　乒　乓　球

学习目标

1. 了解乒乓球的起源与发展。
2. 掌握乒乓球运动的基本技术。
3. 掌握乒乓球运动的战术配合。
4. 掌握乒乓球运动的比赛规则。

素质目标

1. 增强肌肉力量，提高内脏器官机能，发展协调性和灵活性。
2. 培养独立思考、机智果断、勇敢顽强的精神。

情境导入

我发了个短攻，真是天赐良机，趁他不及撤身归位，抬手就是一拍大力抽杀，球又攻向他的左侧。

等他好不容易撤回身来，把拍子挪到胸前，想去接球时，已经晚了，球落到了界外。他发的球跟我一样，我轻松地接了过去。几个回合后，我发现了他的致命弱点——不会扣球。

也就说明他接不住扣球，正巧，他回了一个高球给我，我心里窃喜，猛地一扣，又赢了。

第一节　乒乓球运动概述

一、乒乓球的起源与发展

乒乓球起源于英国，最初只是一种活动性游戏，球是用轻而富有弹性的材料制成，拍子是制作雪茄烟盒盖之类的木质板，像打网球一样在桌子上打，故称为“桌上网球”。1900 年左右，由于轻工业的发展，球才改成用赛璐珞制成的空心球。此后，乒乓球运动便逐步发展起来。1900 年 12 月，第一次大型乒乓球比赛在英国伦敦举行。1926 年，国际乒乓球联合会正式成立，并决定举行第一届世界乒乓球锦标赛。1959 年，容国团获得了第 25 届世界乒乓球锦标赛男子单打冠军后，中国运动员开始登上了国际乒坛，多次在世界大赛上取得好成绩，乒乓球被称为中国的“国球”。迄今为止，中国乒乓球运动员共获得了120多个世界冠军，3次包揽世乒赛、2次包揽奥运会的全部金牌，半个世纪以来，中国乒乓球运动始终处在世界前列（图8－1）。

二、乒乓球运动的特点

（一）器材设备简单

乒乓球运动最大的特点就是器材设备十分简单，随时随地都可以进行乒乓球练习，非常方便，室内外均可进行活动，运动量可大可小，不受年龄、性别和身体条件的限制，很容易为大众所接受。

图8－1 乒乓球运动

（二）乒乓球速度快、变化多

想要打好乒乓球就要掌握乒乓球技术，学会灵活运用，要求练习者在瞬间对来球有较强的反应能力和应变力。它能提高人体神经系统的灵敏性和协调性。

第二节 乒乓球基本技术

一、握拍方法

（一）直握拍方法

乒乓球

用正面拇指第一指节和食指第二指节握拍，拍柄压住虎口，背面中指、无名指和小指自然弯曲斜形重叠，中指第一指节顶住球拍的后上部使球拍保持平稳（图8－2）。

（二）横握拍方法

中指、无名指和小指自然地握住拍柄，拇指在球拍正面，轻贴在中指的旁边，食指自然伸直，斜放于球拍的背面，虎口轻微贴拍（图8－3）。

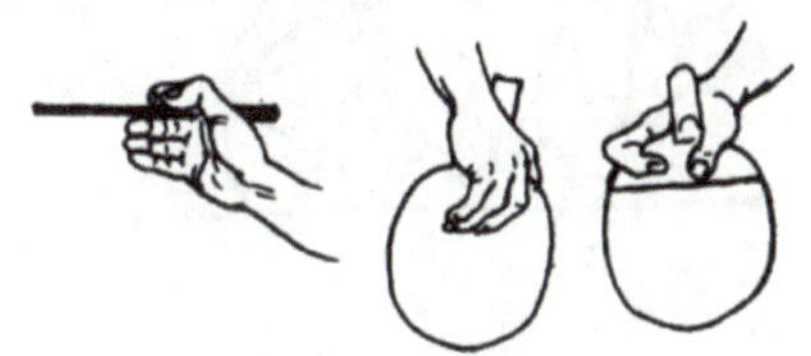

图8－2 直握拍方法

图8－3 横握拍方法

二、基本步伐

（一）单步

单步是指以一脚的前脚掌为轴，另一脚向前、后、左、右某个方向移动一步。单步的特点是移动范围较小，重心较为稳定，多在来球离身体不远的情况下使用。

（二）跨步

跨步是指以一脚向来球方向跨出一大步，另一脚跟着移动。跨步的特点是移动范围较大，身体重心起伏也大，多在来球急、角度大的情况下使用。

（三）滑步

滑步是指两脚几乎同时向来球方向蹬地，离球远的脚先落地。滑步的特点是移动范围较大，身体重心平稳，便于发力，多在来球角度较大、球速快时采用。

（四）交叉步

交叉步是指用离球远的脚朝来球方向跨出一大步，并从前面超过另一脚形成交叉状，另一脚再向来球方向移出一步。这种步伐多在来球远离身体的情况下采用。

三、发球方法

（一）正手平击发球

将球抛起，拍面稍前倾，当球下降稍高于球网时手臂向左前方发力，挥拍击球中上部（图8－4）。击球后的第一落点应落在球台中区。

（二）反手发轻短球

手臂先向后上方引拍，当球下降至比网稍高时，前臂向前下方轻微用力送出，拍面后仰，触球中下部并向底部摩擦（图8－5）。

图8－4 正手平击发球

图8－5 反手发轻短球

（三）发下旋球

发下旋球时执拍手的上臂带动前臂加速向前下方挥拍，前臂迅速旋内；拍面后仰较大，由球的中下部向底部摩擦击球（图8－6）。

图8－6 发下旋球

（四）高抛发球

发球者先将球抛至空中，高度为2～3米，待下落到一定高度时击球。挥拍时上臂外展的幅度稍大，要借助转腰和蹬地的力量。由于抛球高度大，球体下落时的重力加速度骤增。高抛球具有球速快、旋转强、时间差明显等特点。

四、常用击球方法

（一）推挡球

推挡球包括挡球、快推、快拨和加力推等多种方法，下面介绍常用的两种。

1. 挡球

挡球是指前臂与台面平行伸向来球；球拍触球时前臂和手腕稍向前移动，拍面接近垂直，并在来球的上升期击球的中部（图 8－7）。

图 8－7 挡球

2. 快推

快推是指引拍时肘关节靠近身体右侧，前臂与台面平行，将球拍后引至左腹前，拍面垂直；击球时前臂和手腕迅速前伸，食指用力，拇指放松使拍面稍前倾，并在上升期击球的中上部（图 8－8）。

图 8－8 快推

（二）搓球

搓球是近台还击下旋球的一种技术。将球拍置于体前，击球时上臂前伸，拍面稍后仰，利用上臂前伸和外旋的力量，将球拍向前下方送出，在来球的下降期摩擦球的中下部（图 8－9）。

图 8－9 搓球

（三）攻球

当来球将要落至台面时前臂外展，将球拍后引至身体右侧稍后；当来球从台面弹起时，上臂带动前臂向左前上方快速挥动，并配合前臂内旋动作将拍形前倾；在上升期击球的中上部（图 8－10）。

图 8－10 攻球

（四）弧圈球

执拍手沉肩垂臂，引拍至身体后下方，大臂带动前臂向前上方挥拍，逐渐加快挥拍速度。拍触球时，右脚蹬地转体向左侧转动，迅速收缩前臂，发力要以腰、手为主，在来球下降期击球的中部或中上部（图 8－11）。

图 8－11 弧圈球

第三节 乒乓球基本战术

一、发球

（一）动作要领

1. 平击发球

抛球时向右侧上引拍，拍面稍前倾，在球的下降期击球向前下方发力，击球后还原。它有速度适中、力量小、旋转弱的特点。

2. 奔球

抛球时向后引拍，拍面稍前倾，腰稍向右转。在球下落至网高时，用腰带动手臂用力向前挥动，击球后还原。它有速度快、力量大、落点长、弧线低的特点。

3. 转与不转球

抛球时向后上方引拍，拍面后仰，手腕稍外展。在球落至网高时，以腰带臂向前下方挥动，击球后注意还原。它有速度慢、力量小、迷惑性大的特点。

（二）练习方法

1. 徒手练习

各种发球动作。

2. 多球练习

要求练习者基本掌握发球技术的动作结构，能够完成发球。

3. 不同线路的练习

先练习发斜线球，后练习发直线球。

二、搓球

搓球技术是近台还击下旋球来球的基本技术，多用于接发球或过渡球，为进攻创造机会。按搓球用时的不同，可分为慢搓和快搓。

（一）动作要领

1. 慢搓

重心前移靠近来球，球拍向后上方引，拍面后仰，在来球的下降前期用球拍的下半部摩擦球的中下部向前下方挥动，前臂顺势前送，击球后还原。

运用时机：回球速度慢、线路长、动作幅度大、稳定性强。适用于回接旋转较强、线路较长的来球。

2. 快搓

站位近台，重心前移靠近来球，球拍向后上方稍引，拍面稍后仰，在来球的上升期用球拍的下半部击球的中下部，前臂手腕向前下方挥动，击球后还原。

运用时机：回球速度快、弧线低、动作幅度小、突然性强。适用于接发球或削过来的近网下旋球。

（二）练习方法

1. 徒手模仿练习

徒手模仿练习搓接下旋发球，依次完成完整动作。

2. 多球练习

定点搓接下旋发球。练习反手位或正手位同定点回接下旋发球。

3. 搓接不同旋转性能的来球

练习在反手位的不同落点回接侧旋和上旋球。

三、推拨

推挡和拨球是反手的基本技术，多用于对攻中调动和牵制对手，以争取主动，创造进攻机会。

（一）动作要领

1. 平挡

手臂自然弯曲，屈肘向后稍引拍，拍面稍前倾，球拍置于腹前。在来球上升期击球的中部，前臂和手腕向前迎击，借助来球的反弹力击球，击球后还原。

运用时机：球速慢、力量小、弧线高、旋转弱。适用于应对对手的强攻，借力控制球的落点。

2. 拨球

球拍向后下引，肘关节稍向前顶，手腕内收，右肩稍沉。以肘关节为轴拍面稍前倾，在来球上升期击球的中上部，向前上方弹出，击球发力要集中。顺势挥拍不宜太长，注意还原。

运用时机：球速快、力量大，适用于对攻和相持之中，用于衔接和过渡。

（二）练习方法

1. 徒手练习

徒手练习平挡技术。

2. 多球练习

反手位固定一点至反手位两点练习推拨技术。

3. 回击不同力量的来球

练习不定点回接不同力量的来球，体会加力推、减力挡、拨球的用力方式。

四、正手攻球

攻球技术是乒乓球技术中最重要的进攻性技术，是进攻型运动员在比赛中争取主动、克敌制胜的主要技术手段。攻球技术可分为正手进攻技术和反手进攻技术，初学者从正手攻球技术学起。

（一）动作要领

球拍向右后下方引，但球拍不低于球台，拍面稍前倾，右肩转腰下沉。在来球上升期或高点期击球的中上部，向前上方挥动，身体重心由右脚移至左脚。击球后，顺势挥拍至前额，迅速还原。

运用时机：可直接得分或在相持中结合落点变化调动对手，伺机进行进攻。

（二）练习方法

1. 徒手练习

练习攻球技术的准备、引拍、挥拍击球、顺势挥拍、还原的动作要领。

2. 单个动作练习

规定一人发球一人练习攻球。打一板球后再重新发球。

3. 攻推练习

一人挡球，一人练习正（反）手攻球。要求先轻攻，待动作基本掌握后可以用中等力量攻。待动作熟练后再练发力攻。

4. 对攻练习

对攻斜线、对攻中路、侧身正手对攻斜线。

五、弧圈球

弧圈球技术是一种将力量、速度和旋转结合较好的进攻性技术，处理复杂的来球显得简单有效，是重要的过渡技术和得分技术。

（一）动作要领

判断来球，选择站位，左脚稍前。球拍向右下后方引，拍面稍前倾，转体沉右肩。在来球的下降前期摩擦球的中部或中下部，向上方偏前挥动，身体重心迅速左移，身体稍向上抬起，顺势挥拍至头部，迅速还原。

运用时机：在相持中，可调节击球节奏。可应对发球、搓球、削球、推挡球以及在相持中对拉的情况。

（二）练习方法

（1）徒手模仿拉弧圈球动作。

（2）一人发出台的下旋球，另一人练习拉弧圈球。

（3）二人搓拉练习。固定一人搓中正、反手位，另一人拉弧圈球。

（4）二人对拉弧圈球练习。

第四节 乒乓球规则简介

一、场地与器材

标准的乒乓球台由两块组成，每块长 137 厘米，台面宽为 152.5 厘米，球台与地面距离是 76 厘米。台面颜色可为海蓝色或墨绿色。中间球网的长度是 183 厘米，高度是 15.25 厘米。乒乓球拍由底板、胶皮和海绵三部分组成。乒乓球呈白色、黄色或橙色，且无光泽。

二、比赛规则

（一）发球和击球

1. 发球

发球员须用手将球几乎垂直地向上抛起，不得使球旋转，球的上升高度不少于 16 厘米。当球从抛起的最高点下降时，方可击球，使球首先触及本方台区，然后越过或绕过球网装置，再触及接发球员的台区。

2. 击球

对方发球或还击后，本方运动员必须击球，使球直接越过或绕过球网装置，或触及球网装置后，再触及对方台区。

（二）失分

失分的情形包括以下几种：球没有触及对方台区而越过对方台区的端线，球未过网或出现连击，运动员使球台移动或触及球网装置，未执拍手触及台面，双打运动员击球次序错误。

（三）一局和一场比赛

在一局比赛中，先得 11 分的一方为胜方；10 平后，先多得 2 分的一方为胜方；在一场比赛中，单打淘汰赛采用 7 局 4 胜制，双打淘汰赛和团体赛采用 5 局 3 胜制。

（四）发球次序

在一局比赛中每一方运动员连续发两个球后，就换发球。比分打到 10 平或执行轮换发球法时，每得 1 分就换发球。在双打比赛时发球和接发球次序不变，但每个运动员每次轮发两个球。

三、重大赛事

国际赛事：世界乒乓球锦标赛、奥运会乒乓球比赛、世界杯乒乓球比赛、乒乓球公开国际锦标赛、国际乒联巡回赛年度总决赛。

国内赛事：全国乒乓球锦标赛、全国运动会乒乓球比赛、中国俱乐部乒乓球超级联赛。

知识拓展

乒乓球拍的两面胶皮颜色

20世纪70年代初，国家队中有个队员叫梁戈亮，他采用横拍削球打法，正面是反胶，反面是长胶，两面的颜色相同，他倒板发球，对方根本看不出他是反胶发球还是长胶发球。各国把这一情况向国际乒乓球联合会反映，国际乒乓球联合会就规定球拍两面胶皮必定一面是鲜红色，另一面是黑色。

名人故事

邓亚萍是乒乓球历史上著名的女子选手之一，她5岁起就随父亲学打球，1988年进入国家队，先后获得14次世界冠军头衔；在乒坛世界排名连续8年保持第一，是排名世界第一时间最长的女运动员，成为唯一蝉联奥运会乒乓球金牌的运动员，并获得4枚奥运会金牌。

童年的邓亚萍，因为受当时体育教练父亲的影响，立志做一名优秀的运动员。但是她个子矮，手脚粗短，根本不符合体校的要求，体校的大门没能向她敞开。于是，年幼的邓亚萍跟父亲学起了乒乓球，父亲规定她每天在练完体能课后，必须还要做100个发球接球的动作。邓亚萍虽然只有七八岁，但为了能使自己的球技更加熟练，基本功更加扎实，便在自己的腿上绑上了沙袋，而且把木牌换成了铁牌。

对一个孩子来说，这是多么难能可贵！这不但要使身体备受煎熬，心理方面也要承受巨大的压力。小小的她，每闪、展、腾、挪一步，都可以用举步维艰来形容！

腿肿了！手掌磨破了！——这是家常便饭！但她从不叫苦，不喊累！负责训练的父亲，有时心疼得掉眼泪！付出总有回报，由于邓亚萍的执着，10岁的她便在全国少年乒乓球比赛中获得团体和单打两项冠军。

进入国家队后，邓亚萍都是超额完成自己的训练任务，队里规定上午练到11时，她就给自己延长到11时45分，下午训练到6时，她就练到6时45分或7时45分，封闭训练规定练到晚上9时，她练到11点多。邓亚萍为了训练经常误了时间，她就自己泡面吃。

在队里练习全台单面攻时，邓亚萍依旧往腿上绑沙袋，而且面对两位男陪练的左突右奔，一打就是两小时！在进行多球训练时，教练将球连珠炮似的打来，邓亚萍每次都是瞪大眼睛，一丝不苟地接球，一接就是1000多个。

每一节训练课下来，汗水都湿透了邓亚萍的衣服、鞋袜，有时甚至连地板也会浸湿一片，不得不换衣服、鞋袜，甚至换球台再练。长时间从事大运动量、高强度的训练，从颈到脚，邓亚萍身体很多部位都是伤病。为对付腰肌劳损，她不得不系上宽宽的护腰，膝关节脂肪垫肿、踝关节几乎长满了骨刺，平时只好忍着，实在痛得厉害了就打一针封闭，脚底磨出了血泡，就挑破它再裹上一层纱布接着练。就算是伤口感染，挤出脓血也要接着练。

邓亚萍的出色成就，改变了世界乒坛只在高个子中选拔运动员的传统观念。国际奥委会主席萨马兰奇也为邓亚萍的球风和球艺所倾倒，亲自为她颁奖，并邀请她到洛桑国家奥委会总部做客……

思考训练

1. 乒乓球的发球技术有几种方法？如何进行练习？
2. 乒乓球推挡技术要领是什么？
3. 正手快攻技术要领是什么？

第九章　羽　毛　球

学习目标

1. 了解羽毛球的起源与发展。
2. 掌握羽毛球运动的基本技术。
3. 掌握羽毛球运动的战术配合。
4. 掌握羽毛球运动的比赛规则。

素质目标

1. 掌握科学的锻炼方法，养成良好的锻炼习惯，通过学练羽毛球，预防颈部、肩部、颈椎疾病。

2. 培养独立思考、机智果断、勇于克服困难的优秀品质和团结协作的合作意识。

情境导入

我满怀信心地走进赛场，但看到观众席上黑压压的人群时，心里紧张地怦怦直跳。

我的第一位对手长得很强壮，个子也很高。

第一局我还没有进入状态，就稀里糊涂地输掉了。

我心里懊丧极了。

凌空飞跃，如迅雷不及掩耳之势，挥拍一击，随着羽毛球的急速降落，我知道，胜利了！球拍像鞭子一样抽到羽毛球上，球像一道白色的闪电一般劈向对方场地。

第一节　羽毛球运动概述

现代羽毛球运动（见图 9－1）是起源于印度，形成于英国。1875 年，羽毛球运动正式出现在人们的视野中。1893 年，英国的羽毛球俱乐部逐渐发展起来，成立了第一个羽毛球协会，规定了场地的要求和运动的标准。1939 年，国际羽联通过了各会员共同遵守的第一部《羽毛球规则》。2006 年，国际羽毛球联合会（IBF）的正式名称更改为羽毛球世界联合会（BWF），即世界羽联。

羽毛球

自 20 世纪 70 年代以来，男子羽毛球技术处于领先地位的是印度尼西亚队和中国队。1982 年中国队首次参加汤姆斯杯赛就荣获冠军。中国队的技术受到了世界羽坛的普遍赞扬。20 世纪 70 年代后期，日本、韩国、巴基斯坦、泰国、马来西亚等国家和地区的羽毛

图 9-1 羽毛球运动

球技术也有了长足的进步，在国际比赛中取得了较好的成绩。欧洲的丹麦、英国、瑞典等国在发挥原有特点的基础上，广泛汲取了亚洲人的技术和经验，技术水平稳步提高，至今仍不失为羽坛劲旅。女子方面，可以说是中国、印度尼西亚、日本三强鼎立。1982 年中国队首次参加全英锦标赛，即获得了女子单打冠亚军和双打冠军。到了 20 世纪 80 年代后期，马来西亚队、韩国队有了长足的进步，多次获得国际羽毛球大赛的男子团体冠军、双打冠军。近年来，中国、印度尼西亚继续保持领先，韩国女队迎头赶上，是两队的主要对手。

1978 年 2 月，世界羽毛球联合会于香港成立。1981 年 5 月，国际羽毛球联合会和世界羽毛球联合会正式合并。

目前，国际羽联已拥有一百多个会员。国际羽联管辖的世界性比赛有：汤姆斯杯赛（世界男子团体锦标赛），从 1948 年开始，每 3 年举办一次（1984 年起改为每 2 年举行一次）；尤伯杯赛（世界女子团体锦标赛），从 1956 年开始，每 3 年举办一次（1984 年起改为每 2 年举行一次）；世界锦标赛（单项比赛），从 1977 年开始；全英锦标赛（非正式传统单向比赛），早在 1899 年开始每年举办一次。

第二节 羽毛球基本技术

一、握拍方法

握拍方法有正手握拍和反手握拍两种（图 9-2）（拍面与地面垂直）。

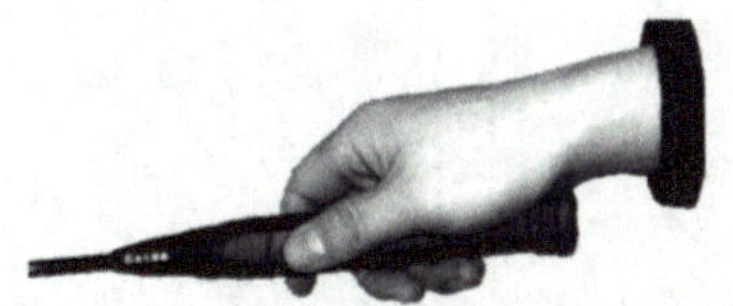

图 9-2 正手握拍法与反手握拍法

正手握拍法：虎口对着拍柄窄面的小棱边，拇指和食指贴在拍柄的两个宽面上，食指和中指稍分开，中指、无名指和小指并拢握住拍柄。

反手握拍法：在正手握拍的基础上，拇指和食指稍向外转。

二、基本步伐

（一）上网步伐

上网步伐是完成上网搓球、推球、勾球、扑球及挑球的步伐，它包括蹬跨步上网、两步蹬跨步上网、垫步加蹬跨步上网、交叉步加蹬跨步上网等（图9－3）。

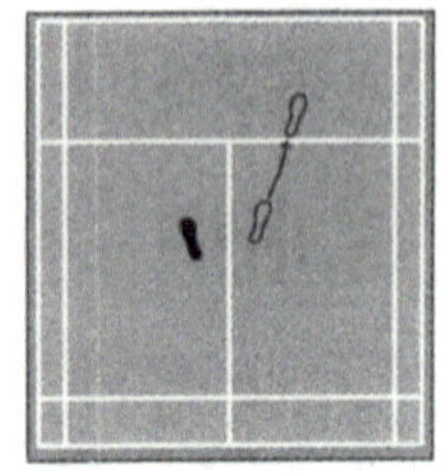

蹬跨步上网

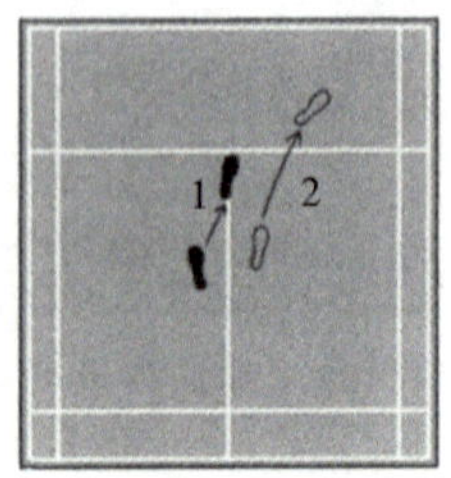

两步蹬跨步上网

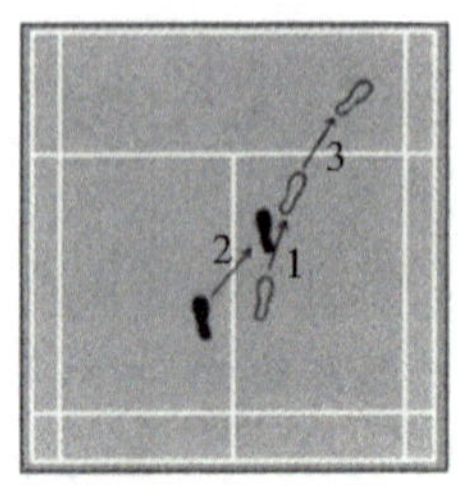

垫步加蹬跨步上网

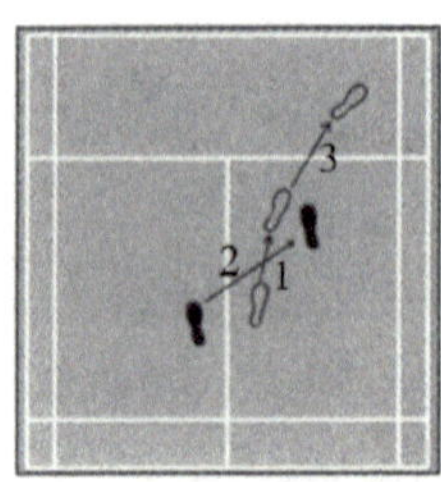

交叉步加蹬跨步上网

图9－3　上网步伐

（二）后退步伐

后退步伐是指从中心位置后退到底线的步伐，包括侧身后退一步步伐、侧身并步后退步伐、交叉步后退步伐（图9－4）。一般用于后退回击高球、吊球、杀球、后场抽球等。

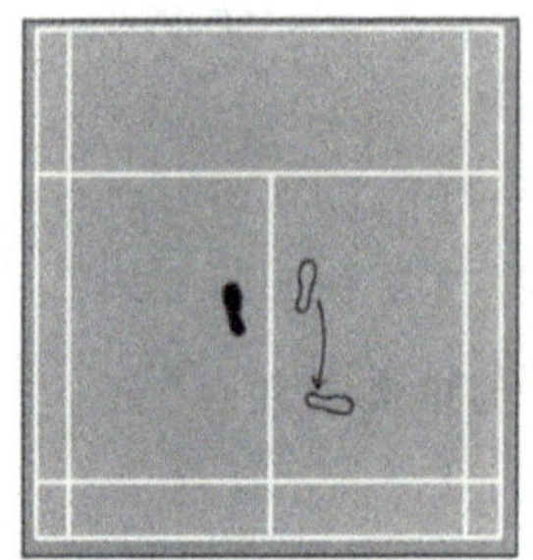

侧身后退一步步伐

侧身并步后退步伐

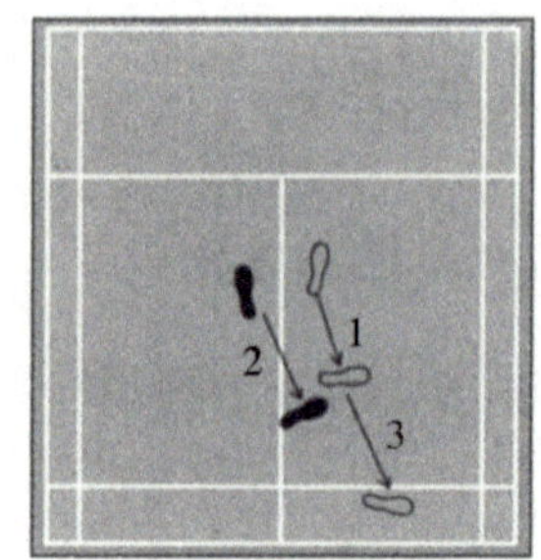

交叉步后退步伐

图9－4　后退步伐

（三）两侧移动步伐

两侧移动步伐是指从中心位置向左、右两侧边线移动的步伐，包括向右侧蹬跨步、向右并步加蹬跨步、向左蹬转跨步、向左垫步加蹬转跨步（图9－5）。一般用于中场接球、扣杀球或起跳突击等。

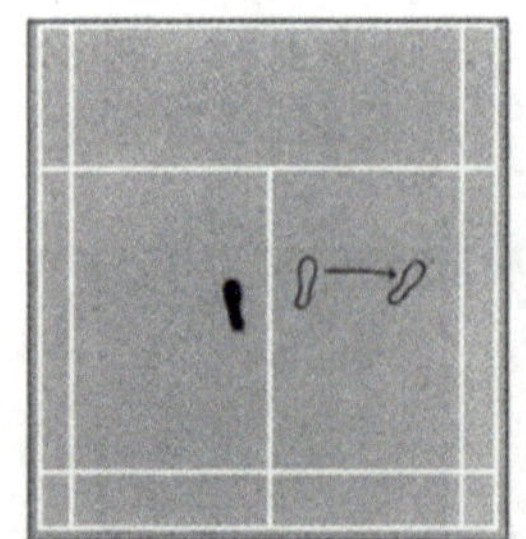

向右侧蹬跨步伐

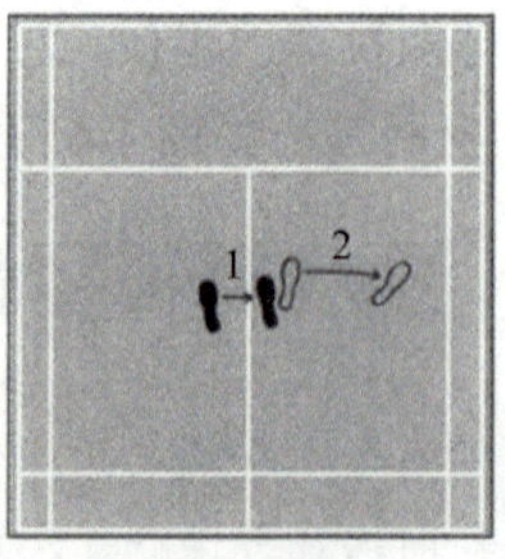

向右并步加蹬跨步伐

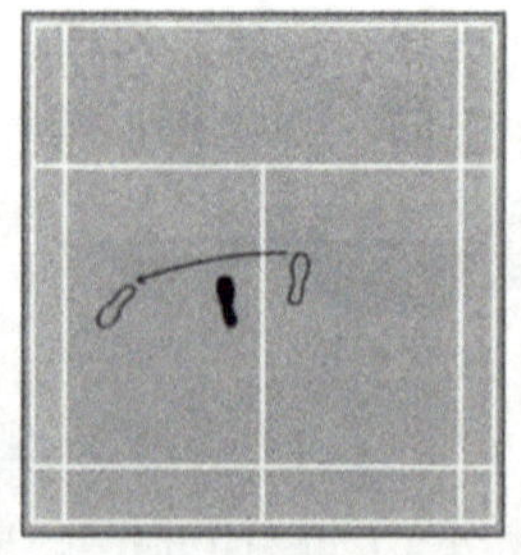

向左蹬转跨步伐

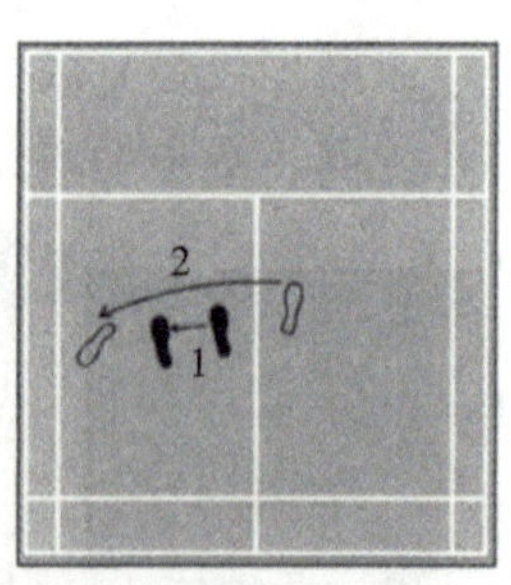

向左垫步加蹬转跨步伐

图9－5　两侧移动步伐

三、发球方法

（一）高远球

发高远球是指把球发得又高又远，球的飞出方向与地面的夹角要大于45°。当球落到右臂向前下方伸直就能够接触到球的位置时，紧握球拍，并利用手腕屈收的力量向前上方发力击球，然后顺势向左上方挥动（图9－6）。

图9－6 正手发高远球

（二）平高球

发平高球时动作过程大致与发高远球相同，只是在击球的一刹那，前臂加速带动手腕向前上方挥动，拍面要向前上方倾斜。高远球与平高球的飞行路线见图9－7。

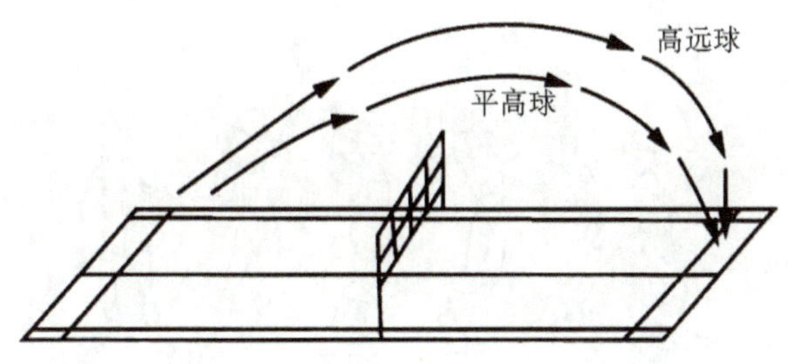

图9－7 高远球与平高球的飞行路线

（三）网前球

网前球是指球刚好越网而过，落在发球线附近。正手发网前球时，上臂动作幅度要小，主要靠前臂带动手腕向前切送；反手发网前球时，球拍触球时拍面应呈切削状，用手腕柔和发力，由后向前推送击球（图9－8）。

图9－8 正手、反手发网前球

四、击球方法

（一）高远球

球落至额前上方击球点时，上臂往右上方抬起，前臂自然后摆，手腕尽量后伸；前臂急速内旋，往前上方挥动，手腕发力击球的后部（图9－9）。

图9－9　正手击高远球

（二）平高球

击平高球与击高远球的动作类似，只是在击球的一刹那，手腕是向前用力而不是向前上方用力。

（三）吊球

球下落到接近击球点高度时，右腿开始蹲伸，身体由右向左转动；腰腹协调用力，上臂带动前臂，利用伸肘关节、前臂旋内和屈腕的力量，向前下方轻击来球（图9－10）。

图9－10　正手吊球

（四）挑球

挑球是把对方击来的吊球或网前球挑高，回击到对方后场去。来球时，球拍后引，以肘关节为轴，曲臂内旋，握紧球拍，用食指及手腕的力量将球向前上方击出（图9－11）。

图9－11　正手挑球

（五）扣杀球

扣杀球是指快速后退，向上引拍；在球开始下落时靠脚尖蹬地的力量起跳，击球时充分利用腰腹力量，以大小臂带动手腕快速下扣（图9－12）。

图 9－12　扣杀球

第三节　羽毛球基本战术

在羽毛球比赛中，控制与反控制的竞争非常激烈，战术的意义在于能够根据不同对手的特点，采取相应变化的技术手段战而胜之。

一、单打战术

（一）发球抢攻战术

根据规则，利用多变的发球术，先发制人，取得主动。以发平快球配合网前球，争取创造第三拍的主动进攻机会，组成了发球抢攻战术。

（二）攻后场战术

运用重复打高远球或平高球的技术，压对方后场两角，逼对方于被动状态，一旦其回球质量不高，便伺机杀、吊对方的空当。

（三）逼反手战术

拉开对方位置，使对方反手区露出空当。然后把球打到反手区，令对方不得不使用反拍击球。

（四）打四点球突击战术

以快速的平高球、吊球准确地打到对方场区的四个角落，迫使对方前后左右奔跑，抓住对方来不及回中心位置或失去重心露出的空当和弱点进行突击。

（五）吊、杀上网战术

先在后场以轻杀配合吊球把球下压，落点要选择在场地两边，使对方被动回球。在对方还击网前球时，迅速上网搓球或勾对角快速平推球；如果对方在网前挑高球，则可在其后退途中把球直接杀到他身上。

二、双打战术

双打比赛不仅是竞赛双方在技术、战术、体力上的较量，同时也是双打同伴相互配合程度的较量。

一般情况下，双打分为两人一前一后站位和两人分边（左、右）站位两种形式。站位形式不是固定不变的，比赛中进攻与防守之间不断转换，站位形式也随之变化。

（一）攻人战术

集中攻击对方中有明显弱点的人，并伺机攻击另一人忽而露出的空当。

（二）攻中路战术

当对方平行站位时，将球攻击对方两人的中间；当对方前后站位时，可将球下压或平推两边半场。这样可令对方在防守时的互相争抢或互让中出现失误。

（三）后攻前封战术

当本方处于主动进攻前后站位时，站在后场的队员见高球就杀或吊网前球，迫使对方接球挡网前，这样为本方前场队员创造封网扑杀机会。前场队员要积极封锁网前，迫使对方被动挑高球。一旦对手挑高球达不到后场，就为本方赢得了再进攻的机会。

第四节　羽毛球规则简介

一、比赛场地

羽毛球比赛场地长为13.40米，单打场地宽为5.18米，双打场地宽为6.10米。球场四周2米以内、上空9米以内不得有任何障碍物（图9－13）。

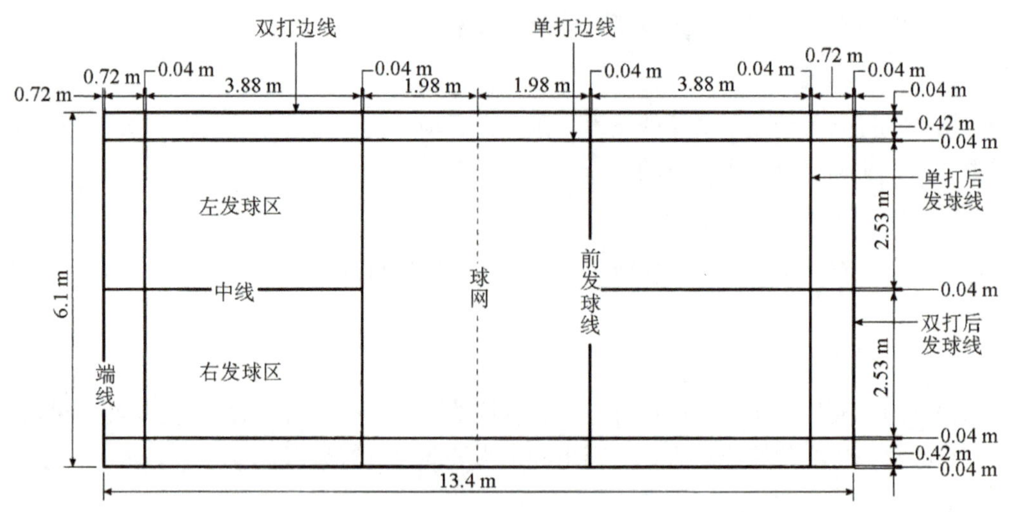

图9－13　羽毛球比赛场地

二、比赛规则

（一）交换场区

1. 出现以下情况运动员应交换场区：第一局结束；第三局开始；第三局中或只进行一局的比赛进行至一方达到11分时。

2. 运动员未按以上规则交换场区，一经发现立即交换，已得分数有效。

（二）合法发球

1. 发球时任何一方都不允许非法延误发球。

2. 发球员和接发球员都必须站在斜对角线发球区内发球和接发球，脚不能触及发球区的界线；两脚必须都有一部分与地面接触，不得移动，直至将球发出。

3. 发球员的球拍必须先击中球托，与此同时整个球必须比发球员的腰部低。

4. 击球瞬间球杆应指向下方，从而使整个球框明显低于发球员的整个握拍手部。

5. 发球开始后，发球员的球拍必须连续向前挥动，直至将球发出。

6. 发出的球必须向上飞行过网，若没有受到拦截，应落入接发球员的发球区。

（三）羽毛球的违例

1. 发球不合法。

2. 发球员发球时未击中球。

3. 发球时，球过网后挂在网上或停在网顶。

4. 比赛时，球落在球场边线外；球从网孔或从网下穿过；球不过网；球触及屋顶、天花板或四周墙壁；球碰到运动员的身体或衣服；球碰到场地外其他人或物体。

5. 比赛时，球拍或球的最初接触点不在击球者网的这一方（击球者击球后，球拍允许随球过网）。

6. 比赛进行中：运动员球拍、身体或衣服触及网或网的支持物；运动员的球拍或身体，以任何程度侵入对方场区；妨碍对手，如阻挡对方紧靠球网的合法击球。

7. 比赛时，运动员做出如喊叫、故作姿态等故意分散对方注意力的任何举动。

8. 比赛击球时，球夹在或停滞在拍上紧接着又被拖带；同一运动员两次挥拍连续击中球两次；同一方两名运动员连续各击中球一次；球碰到球拍后继续向后场飞行。

9. 运动员违反比赛连续性的规定。

10. 运动员行为不端。

（四）重发球

1. 遇到不能预见或意外的情况，应重发球。

2. 除发球外，球挂在网上或停在网顶，应重发球。

3. 发球时，发球员和接发球员同时违例，应重发球。

4. 如果发球员发球时接球员未做好准备，应重发球。

5. 比赛进行中，球托与球的其他部分完全分离，应重发球。

6. 司线员未看清球的落点，裁判员也不能做出决定时，应重发球。

7. “重发球”时，最后一次发球无效，原发球员重发球。

（五）死球

1. 球撞网并挂在网上，或停在网顶上。

2. 球撞网或网柱后开始在击球这一方落向地面。

3. 球触及地面。

4. “违例”或“重发球”。

（六）发球区错误

1. 发球顺序错误。

2. 从错误的发球区发球。

3. 在错误的发球区准备接发球，且对方球已发出。

（七）发球区错误的裁判方法

1. 如果在下一次发球击出前发现错误，应重发球；只有一方错误并输了这一回合，则错误不予纠正。

2. 如果错误在下一次发球击出前未被发现，则错误不予纠正。

3. 如果因发球区错误而“重发球”，则该回合无效，纠正错误重发球。

4. 如果发球区错误未被纠正，比赛也应继续进行，并且运动员的新发球区和新发球顺序也不改变。

知识拓展

高远球的弧度

高远球根据弧度的不同可以分为弧度很高的高远球和弧度较平的平高球。高弧度高远球多在被动时采用，为自己争取更多的时间，回复到防守位置；平高球多在主动时采用，以平快的球速压制对方底线，加快进攻的连接速度。

名人故事

林丹的爸爸和妈妈都是体育爱好者，爸爸喜欢打乒乓球和排球；妈妈喜欢游泳、打篮球，经常代表上杭县去龙岩参加比赛。妈妈打篮球的时候经常带上林丹，让他自己在场上跑着玩。当时，上杭县体育馆有少儿业余羽毛球的培训，林丹周围有很多小朋友都去那儿练球了。有一次，林丹跟着他们一起去体育馆玩，他第一次看到了羽毛球。看见小朋友们跑来跑去，挥拍、接球，林丹一下子被吸引住了，好像是找到了一种对味的感觉。那一年，林丹5岁。很快，林丹就进了培训班。但因为是业余班，其实更多时候是在玩。当时的训练项目中，唯一让林丹害怕的就是压腿。刚开始的时候，小孩子的韧带没拉开，腿压不下去，教练就帮他压，小林丹疼得直哭，边哭边压，回家后，妈妈还要帮他继续压。可是，不管再怎么疼，妈妈从来也没有听他说过不想去练了。周末的时候，训练队要长跑，绕着上杭县城跑两圈，至少也有几公里。林丹是队里年纪最小的，他跑不到前面去，就死死跟着大一点的队员跑，一定要跑完全程，绝不肯中途停下。另外，在队里打比赛，如果输了球，教练还没说什么，林丹自己就开始掉眼泪了。在业余班，林丹是唯一用左手打球的孩子，教练因此对他特别关注。虽然因为年龄太小，林丹的技术水平在班里并不是最好的，但他的身体素质很突出，当时班里进行技术评定，他的基本动作、步法、前后摸球线等项都名列前茅。

在泪水中成长

1992年，9岁的林丹顺利进入福建省体校，来到了距上杭县600公里远的福州。在省体校的第一个学期，林丹是伴着泪水度过的。林丹是在那年的冬天进的省体校，一向怕冷的他很不习惯宿舍的生活。自从把他送到福州的爸爸妈妈走后，他就开始哭，几乎天天都要哭上一场。甚至有时在训练的时候，练着练着想家了，小林丹就哭起来了。教练一看，就先让他站在一边，哭完了再练。在挺过了最初的适应期后，林丹不服输、自尊心强的特点便显现出来。很快，他学会了换衣服、洗床单，独立生活的能力明显增强，

在训练中更是特别要强。林丹妈妈说，有一次，林丹发烧打点滴，但他却不愿耽误训练，没有向教练请假，从医院回来便继续投入训练了。

在部队经受洗礼

1995 年，在全国青少年比赛中，林丹获得了男单冠军，被解放军队看中，让他到队里试训了 10 天。之后没多久，林丹便接到了解放军队的录取通知，12 岁的他就这样跨进了军队的大门，成为一名军人。到解放军队后，队里给林丹发了很多新装备，好像还是名牌的，有服装、球拍等。抱着这些装备，林丹别提多开心了。1997 年，林丹随解放军队到南日岛体验部队生活。在那里，他们这些专业羽毛球选手每天要跟部队官兵一起出操、站岗，在大太阳底下站几十分钟、夜间紧急集合。经过那段时间在部队的锻炼，林丹充分感受到了当军人的不容易，体会到了军人的可贵可敬，也让他平添了身为军人的责任感和自豪感，这种感情后来在林丹得胜后的标志性动作“行军礼”中得到了充分的释放。

成为“超级丹”

2002 年 8 月 22 日，不满 19 岁的林丹竟登上国际羽联排名第一的位置，自 2002 年首夺公开赛冠军起，林丹在世界羽联超级系列赛和各项国际大赛中继续获得大量冠军。从 2004 年到 2008 年 4 年时间几乎一直占据男单世界排名第一的宝座，被世界羽联和媒体称为“超级丹”。

思考训练

1. 羽毛球的发球方法有几种？各种发球方法的优点是什么？
2. 如何在比赛中运用羽毛球的技术、战术？

第十章　网　　球

学习目标

1. 了解网球的起源与发展。
2. 掌握网球运动的基本技术。
3. 掌握网球运动的战术配合。
4. 掌握网球运动的比赛规则。

素质目标

1. 通过学练网球，发展快速反应能力，增强心肺功能，锻炼耐力和力量素质，养成良好、持久的锻炼意识。

2. 培养健康稳定的心理和自信坚忍、临危不惧的品质，塑造高雅的气质。

情境导入

网球是一项充满挑战的运动。李娜用 10 年的时间不停地追逐与挑战，10 年前，她全世界排名第 308 位；10 年后，全世界第 4 位！10 年间，李娜付出了多少的汗水，又流下了多少眼泪？终于，她铸就了苏珊·朗格朗杯的光辉与成就！

第一节　网球运动概述

网球运动的起源及演变可以用 4 句话来概括：网球孕育在法国，诞生在英国，开始普及和形成高潮在美国，现盛行于全世界。网球运动被称为世界第二大球类运动（图10－1）。

网球

网球运动起源于法国。早在 12—13 世纪，法国的传教士常常在教堂的回廊里，用手掌击打一种类似小球的物体，以此来调剂刻板的教堂生活。渐渐地，这种活动传入法国宫廷，并很快成为王室贵族的一种娱乐游戏。当时，他们把这种游戏叫“掌球戏”。起初，他们是在室内进行这种游戏，后来移向室外，在一块开阔的空地上，将一条绳子架在中间，两边各站一人，双方用手来回击打一种裹着头发的布球。

14 世纪中叶，法国王储将这种游戏使用的球赠给英格兰国王亨利五世，于是这种游戏便传入英国。英国人将这种球称为 Tennis（网球），并流传下来。15 世纪，这种游戏由用手掌击球改用板拍打球，并很快出现了一种用羊皮纸做拍面的椭圆形球拍；同时，场地

图 10－1　网球运动

中央的绳子也改成了网。

1873 年，英国的温菲尔德少校改进了早期网球的打法，并将场地移向草坪地，同年出版了《草地网球》一书，提出了一套接近于现代网球的打法。1874 年，又规定了球网的长度和高度，在英国创办了简易的草地网球比赛。1875 年，英国板球俱乐部修订了网球比赛规则后，于 1877 年 7 月举办了第一届温布尔顿草地网球锦标赛。后来这个组织又把网球场地定为 23.77 米×8.23 米的长方形，球网中央的高度为 99 厘米（在这之前，球网的高度是 2.134 米），并确立了每局采用 15、30、40 平分的计分方法。1884 年，英国伦敦玛丽靳本板球俱乐部又把球网中央的高度定为 91.4 厘米。至此，现代网球正式形成，很快在欧美盛行起来，成为一项深受欢迎的球类运动。

现代网球运动开展的初期，妇女常被排斥在外，其理由是网球运动不适合于妇女。但是一些女选手不仅敢于冲破社会舆论和家庭的阻挠，而且技术水平有的还超过了男选手。在一些非正规的单打比赛中常常出现一边是男选手另一边是女选手的情况。这才迫使一些网球俱乐部不得不破除这条禁令，允许妇女参加这一项运动。所以从 1879 年开始诞生了男女混合双打比赛，这是妇女自身努力奋斗的结果。

1896 年，在雅典举行的第一届奥运会上，网球的男子单打与双打被列为正式比赛项目。后来，由于国际奥林匹克委员会和国际网球联合会在职业运动员和业余运动员的定义上有分歧，已经连续七届奥运会都进行的网球比赛被取消。直到 1984 年的洛杉矶奥运会，网球被列为表演项目。在 1988 年的汉城奥运会上，网球又重新被列为正式比赛项目。

网球运动具有较强的观赏性和娱乐性。它的击球动作舒展、优美、大方，给人以美的享受。一场精彩的网球比赛，多变的战术、双方智慧的较量，能使人从中体验到网球运动的乐趣。网球服装潇洒大方，将文明、情操、修养完美地结合在一起。正是由于网球特有的魅力，吸引着越来越多的人喜爱并参与这项运动。

第二节　网球基本技术

网球运动的基本技术由握拍方法、发球技术、基本步法、正手击球技术、反手击球技术、接发球技术、正（反）拍截击球技术、挑高球技术、高压球技术、切削球技术、反弹球技术、上网技术和底线技术等组成。

一、握拍方法

网球拍由拍柄、拍颈、拍头、拍网及拍面组成。

网球的握拍方法有东方式握拍法、大陆式握拍法、西方式握拍法和双手反拍握拍法（以常见的两种握拍法为例）。

（一）西方式握拍法

西方式握拍法因曾在美国西部海岸加利福尼亚州一带流行，故而得名。拍面与地面平行，手掌心朝下，手掌从上面握住拍柄，食指的下关节握住拍柄的右下斜面。拇指与食指形成的虎口“V”形对准拍柄的右垂直面（图10－2）。

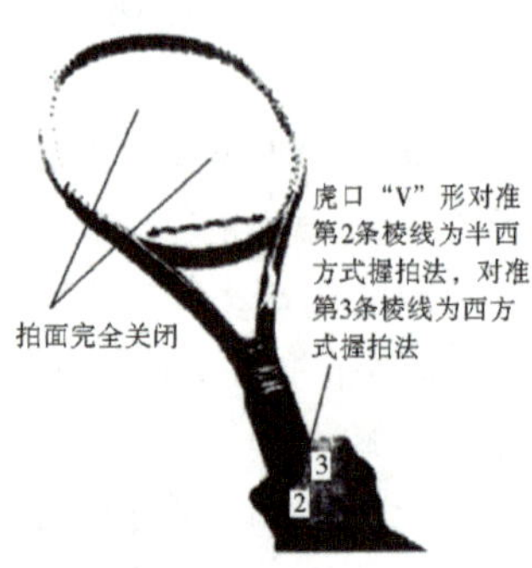

图 10－2　西方式握拍法

西方式握拍法的优点在于适于硬场地，打高球时击球有力，球的旋转度大，攻击性强。其缺点是对近网底球、低空截击球、低球的处理比较难。西方式握拍法是初学者普遍采用的握拍法。

（二）东方式反手握拍法

从正手握拍法把手向左转动1/4，即转动90度，使虎口正对拍柄左侧棱面，即用手掌根压住拍柄的左上斜面，拇指直贴在拍柄的左垂直面上，食指下关节压住拍柄右上斜面。正反手变换握拍，当球打到另一侧，仍须变换握拍法迎击。变换握拍法始于准备运动时，用左手扶住球拍颈部，在球拍向右摆动准备击球时，用左手扶住球拍颈部，在球拍向后摆动准备击球之前，握拍必须调整完毕。

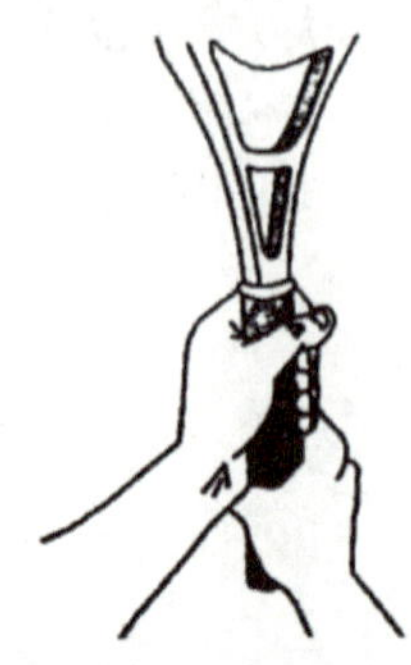

图 10－3　双手反拍握拍法

（三）双手反拍握拍法

如图10－3所示右手为东方式反手握拍法，握在拍柄的下方，左手是东方式正手握拍法，握在拍柄的上方紧贴着右手，双手之间尽量不要有缝隙。

其优点是适合于力量较小的球员，易于发力，容易打出上旋球，较容易处理低球，也适于近身击球。

二、发球技术

发球是指每个击球回合的第一次击球。发球员将球抛向空中某一方向，在球落地之前运用上手或下手的击球动作将球击打到对方发球区内。发球技术有平击发球、上旋发球、切削发球三种方法。

（一）平击发球

球只带少许的旋转，球的飞行路线近似直线，球落地后向前冲。

其动作要点是身体侧对网站立，用东方式握拍法握拍，做好发球准备姿势。抛球手臂与持拍手臂分开，身体重心前移。转动持拍肩，使两手臂拉开。将球抛至前面或左脚上方，持拍肘弯曲，高举球拍，使球拍处于身后进入击球动作。当球从最高点下落时，下肢蹬地，左手向侧方摆动，当球落下 10 厘米左右时，用手腕挥拍，持拍手臂伸直击球，拍面与击球方向垂直，触球点在球的正中部。同时身体重心转移至前脚，身体前倾，后脚越过前脚，并继续挥拍。在后续动作中，挥拍向下经过身体左侧，右脚则站稳维持身体平衡（图 10－4）。

图 10－4　平击发球

平击发球的特点是发球力量大、速度快、攻击性强，相对旋转发球击球点较高。

（二）上旋发球

上旋发球是以上旋为主、侧旋为辅的发球方法。

其动作要点是采用大陆式或东方式握拍法，两脚前后开立并与肩同宽。抛球手臂伸直，与底线平行向上运动，将球抛到头部上方偏左的位置，此时持球手保持伸直向上。抛球时，身体向后侧转幅要大，抬头注视球。当球下落到击球区时，利用蹬地动作，挥臂击球。为了增加旋转效果，持拍手掌心向下，拍头擦击球背面的右侧上方（图 10－5）。

球的飞行弧线较高，球向上旋转明显，命中率高。球落地后跳向接发球方左侧，反弹高。发球的主要路线是发向对方身体的反手或薄弱点，造成对方接发球困难。但上旋发球技术要求高、难度大。

（三）切削发球

切削发球是一种向右侧旋转（略带上旋）的球（图 10－6）。

其动作要点是采用大陆式或东方式握拍法，站位与上旋发球基本一致。左手持球并托拍颈放在腰部，抛球的肘部伸直向下移动，同时身体重心转移到后脚，当持球手靠近前腿

图 10－5　发上旋球

图 10－6　切削发球

内侧时，身体重心再前移，利用蹬腿伸膝力量，使持球手自下而上抬起，掌心向上将球托送到空中，并将球抛在身体右侧前上方。当左手开始向上抬起时，持拍手向后转身，带动球拍向身后上方做弧线摆动，身体呈弓形，球拍摆至右肩上方，肘关节弯曲与肩同高，拍头指向天空。当球开始下落时，下肢蹬地，持拍手以肘关节为轴，带动手和拍头从身后挥击球的右侧上部。球击出后，身体前倾，持拍手带动球拍继续向前挥动，同时收腹转肩顺势将球拍挥至非持拍手的侧方，并保持好身体平衡。

该发球方法在右区发球时经常使用，命中率较高。球落地后会弹向场地外侧，可拉开对方的跑动距离，造成对方接发球困难。

三、正手击球技术（以右手持拍为例）

正手击球技术是最佳的进攻和防守技术之一，其特点是力量大、速度快、动作幅度大、技术协调，对球可产生平击和上旋效果，具有良好的稳定性和灵活性。

（一）准备动作

两手持拍置于腹部前面，左手扶住球拍的颈部，拍头高于手腕，两脚分立约与肩同宽，面对网，腰略弯，两膝微屈，脚跟微踮起，身体重心落于前脚掌上。

（二）击球动作

当来球进入正拍区域时，两脚侧身，前后开立迎球，身体重心移到后脚。击球时，身体重心由后脚移至前脚，拍头向后拉开并低于来球的高度，由下向上挥动球拍，手臂结合腰部转动，通过球拍用力击球。击球后，后脚自然跟进，保持身体平衡，恢复准备击球姿势（图 10－7）。

图 10－7 正手击球技术

四、反手击球技术（以反手击上旋球为例）

（一）准备动作

双手反手击球的准备动作与单手反手击球相同。准备击球时，球拍后摆，同时右脚跨步，保持身体平衡。右脚向左侧前上方跨步，注视前方来球。侧身转体，双膝弯曲，身体重心向左脚转移，身体右肩对着球网。球拍下降至较低位置，可以对球施加上旋效果。

（二）击球动作

击球点大约在腰部高度，当身体重心向右脚移动时，用双臂的伸展来增加击球力量，击球点离身体较远，球拍向上挥击，使球产生上旋。击球后保持低头姿势，身体及时向前跟随，并维持身体平衡，动作完成时双手高举球拍。

第三节 网球基本战术

一、网球单打战术

单打战术一般可以分为发球战术、接发球战术、上网战术和底线战术四种。

（一）发球战术

1. 发球站位

在右区发球时，一般站在靠近中线的位置。这样一方面是为了便于调整还击来球，另一方面是为了把球击向对方的反拍，即中线附近；在左区发球的站位多是离开中点线向左边一些的地方，这个位置便于把球发向对方的反拍。尽量相对于自己还击对方来球的位置有些偏左，放大一些正手的防守区域，还击时容易上步弥补，这样进攻的作用就增强了。

2. 第一次发球

网球比赛规定有两次发球机会，第一次如失误，可以有第二次发球机会。从战术上讲，第一次发球比第二次发球重要得多，因为第一次可以充分运用大力发球，向对方展开猛烈的进攻，对方不得不退到后点的位置接发球。发第一次时，直线球比斜线球好，因为它可以打在对方的反拍区。打落点主要运用切削发球，把对方拉出场外去接，或者看对方站立接发球位置的破绽，发向其防守差的区域。

3. 第二次发球

第二次是发球的最后机会，如果失误就要丢分了，所以，首先应把准确性作为前提。第二次发球相对慢些，运用切削或上旋发球，落到对方场区，产生向反拍方向高和远的跳动，给接发球者造成困难。其次，向对方接发球的位置发落点，打到对方防守差的区域。

4. 发球上网

发球上网是获胜的必要手段，而得分才是最终目的。但也绝非发球就能上网，重要的是选择时机，即在条件成熟时上网。

大力发球可迫使对方还击不利，勉强还击会打不正，这是上网的良好机会。采用急剧旋转发球，如果发得成功便可大胆上网。因为球的旋转强烈，落地后弹跳又高，球的运动时间较长，发球者有充裕的时间上到网前；而对方由于跑动还击，打不出强烈的进攻性球。

（二）接发球战术

接发球是网球运动中较难掌握的运动技术。一次错误性的回击常会失去 1 分。相反，一次巧妙的接发球又能打掉发球者的锐气，减少被动，甚至可以将被动转化为主动。

1. 占据有利的位置

接发球时的站位必须从实际出发，根据临场的集体情况决定，多数站接发球者在底线前半米处，其左右站位应在对方可能发球区的角平分线上。如果你的正拍有较强的进攻性，不妨把你的正拍防守范围放大一些，以便组织进攻。

2. 充分准备动作

从准备接发球开始，就要集中注视对方的动作，包括对方的站位、拉拍、击球，做到这些才能及早地预测来球；起动，并侧身对网，适时引拍向前迎击球。准备接发球，应两手持拍置于胸腹前，拍头要上翘些，采用东方式握拍法更灵活。这样引拍、前挥拍动作都比较小、还击较快，从而缩短了对方的准备时间，迫使对方匆忙还击。

（三）上网战术

一般在两种情况下进行上网战术：发球上网和抽击上网（包括接发球在内）。

1. 上网时机

多用于第一次接发球。发上旋球后，借球在空中飞行时间长、对方难以回击之机上网截击。若抽击球后上网，则出球要斜、要深、要重或接近中央地带。

2. 上网站位

尽可能站到距离网约 2 米处。近网则攻击威胁性大，封网角度小，防守控制面积大。此时，站位应在对方可能的击球角度的分角线上。

（四）底线战术

以进攻型打法为前提，用快速力量、准确、凶狠地取胜对方，使看来是防守性的打法具有攻击性。常用的有逼右攻左、逼左攻右，攻击对方弱点或打对方不喜欢打的球。

二、网球双打战术

双打比赛，站位一般是正拍好的站右边，反拍好的站左边，理想的是一个右手握拍、一个左手握拍，双打有其特定的战术，不能用单打的战术代替。

（一）发球战术

1. 发球站位

发球者站在底线后面的中线与边线之间的一半处，比单打站位稍靠边线，因为另一边有同伴防守，同时可使发出的斜线球角度更大。

2. 第一发球

第一发球要大力、凶狠、准确，掌握上网主动权。常用大力上旋球发至对方反手区，压制其进攻力量和回击角度；也可用大力平击发球，迫使对方回击高球，以便上网扣杀。

3. 同伴站位

同伴应站在离网2～3米、离边线3米左右处，把守半边场区，伺机截击或高压击球。

（二）接发球战术

1. 接发球站位

接发球者应站在对方可能把球发到的角度分角线上。

2. 回击方法

回击时平击、切削、旋转三种方法交替运用，使对方捉摸不定。球要过网低、角度斜、落点深。压制对方上网，利用时机自己上网。

3. 同伴站位

同伴应站在发球线附近，比发球者站得稍后一些，随时注意场上变化。

（三）网前比赛战术

当四人均上网时，短兵相接，要求反应灵敏，动作迅速，有较高的技术水平。

1. 站位

上网位置在离网2～3米处，两人各站半场中间稍靠中线位置，便于进退和防“中间球”。

2. 同伴之间配合原则

来球在两人之间，由正拍击球者回击；球在两人之间，又是斜线球时，由距离近的运动员迎击；挑高球在两人之间，由正拍击球者进行高压；对方接发球回击过来的是中场球，由上网运动员争取截击，发球运动员随时准备补漏；情况复杂时，通过呼叫“我的”“你的”互相照应；上网运动员左右移动时，底线同伴要移动补位。

3. 灵活机动变化战术

运动员在比赛中还要分析彼此情况，制定战术，以己之长，攻彼之短，灵活机动地变化战术，出奇制胜。

（四）底线比赛战术

双打应争取机会上网，一旦被压在底线，只能考虑防守，伺机反攻或诱使对方失误。可用挑高球、回击短而低的球，或打平直线球快速穿过对方中央场区，或运用侧旋直线球打对方两侧。

第四节 网球规则简介

一、发球

（一）发球前的规定

发球前发球员应先站在端线后、中点和边线的假定延长线之间的区域里，用手将球向空中任何方向抛起，在球接触地面以前，用球拍击球（仅能用一只手的运动员，可用球拍将球抛起）。球拍与球接触时，球的发送就已完成。

（二）发球时的规定

在整个发球动作中，发球员不允许通过行走或跑动改变原站的位置，两脚只准站在规定位置，不得触及其他区域。

（三）发球员的位置

1. 每局开始，先从右区端线后发球，得或失 1 分后，应换到左区发球。
2. 发出的球应从网上越过，落到对角的对方发球区内，或落到其周围的线上。

（四）发球失误

未击中球；发出的球在落地前触及固定物（球网、中心带和网边白布除外）；违反发球站位规定。发球员第一次发球失误后，应在原发位置上进行第二次发球。

（五）发球无效

发球触网后仍然落到对方发球区内或接球员未做好接球准备，均应重发球。

（六）交换发球

第一局比赛完成，接球员成为发球员，发球员成为接球员。以后每局比赛完成，均依次互相交换，直至比赛结束。

二、通则

（一）交换场地

双方应在每盘的第 1、3、5 等单数局结束后，以及每盘结束双方局数之和为单数时，交换场地。

（二）失分

出现下列任何一种情况，均判失分：

1. 未能在球第二次落地前还击过网。
2. 还击的球触及对方场区界线以外的地面、固定物或其他物件。
3. 还击空中球失败。
4. 故意超过一次用球拍触球。
5. 发球期间运动员的身体、球拍触及球网。
6. 过网击球。

7. 抛拍击球。

（三）压线球

凡是落在线上的球均算界内球。

三、网球计分方法

（一）胜一分

遇到下列情况时，判对方胜 1 分：

1. 发球员连续两次发球失误或脚误时；
2. 接球员在发来的球没有落地前用球拍击球，或球碰到自己的身体及所穿戴的衣物时；
3. 在球第二次落地前未能还击过网时；
4. 还击球触及对方场区界线以外的地面、固定物或其他物件时；
5. 还击空中球失败时；
6. 接球员在比赛中故意用球拍拖带或接住球，或故意用球拍触球超过一次时；
7. “活球”期间运动员的身体、球拍（无论是否握在手中）或穿戴的其他物件触及球网、网柱、单打支柱、绳或钢丝绳、中心带、网边白布或对方场区以内的场地地面；
8. 还击尚未过网的空中球（过网击球）；
9. 除握在手中（无论单手还是双手）的球拍外，运动员的身体或穿戴的物体触球；
10. 抛拍击球时；
11. 比赛进行中，运动员故意改变其球拍形状。

（二）胜一局

运动员每胜一球得 1 分，先得 4 分者胜一局。但遇双方各得 3 分时，则为“平分”。“平分”后，一方先得 1 分时，为“接球占先”或“发球占先”。占先后再得 1 分，才算胜一局。（其中得 1 分为 fifteen，2 分为 thirty，3 分为 forty）

（三）胜一盘

一方先胜 6 局为胜 1 盘，但遇双方各胜 5 局时，一方必须净胜两局才算胜 1 盘。

（四）决胜局

在每盘的局数为 6 平时就要进行决胜局，先得 7 分为胜该局及该盘，若分数为 6 平时，一方须净胜 2 分。

知识拓展

抢七

抢七又称抢七决胜局，就是双方局分来到 6∶6 时要通过抢七才能决出这一盘的胜负，计分方式：

（1）先得 7 分者为胜该局及该盘（若分数为 6 平时，一方须净胜 2 分）。

（2）首先发球员发第 1 分球，对方发第 2、3 分球，然后轮流发 2 分球，直到比赛结束。

（3）第 1 分球在右区发，第 2 分球在左区发，第 3 分球在右区发。

（4）每 6 分球和决胜局结束都要交换场地。

名人故事

李娜出身体育世家，她的祖父李龙立是汉口宝善街中学的体育教师，父亲李盛鹏从小就开始打羽毛球，曾经进入湖北省羽毛球队。短暂的羽毛球生涯，让父亲心有不甘，于是将拿全国冠军的梦想寄托在女儿身上，经常带女儿去打羽毛球。受父亲的影响，女儿逐渐喜欢上体育。

父亲把近 6 岁的李娜送到新华路体育学校，让她在教练林书惠的指导下练习羽毛球。武汉市业余体校的网球教练夏溪瑶从羽毛球场边经过，看到球场上练得十分热闹的孩子，就跟教练林书惠打招呼，希望她给自己推荐几个灵敏的女孩。林书惠喊来两个小姑娘——李娜是其中之一，夏溪瑶把她们带到球场边进行简单测试，发现李娜移动、回位速度很快，腿部力量也很好，因此夏溪瑶向林书惠提出将李娜让给她的想法。

得到林书惠的同意后，夏溪瑶真的把李娜带走了。因为年纪小，刚开始李娜总是打不赢比她大的同学，每次输球之后，就坐在球场边伤心地哭。对孩子特别严厉的夏溪瑶就朝李娜吼道："哭有什么用，有志气就打败她们！"听到夏溪瑶的吼声，李娜擦去眼泪咬着牙训练，很快就把队里的其他队友打败了

当李娜对网球逐渐熟练的时候，父亲却因为先天性血管狭窄住进了医院。为了让李娜认真地练球，病中的父亲强打精神特意写信给夏溪瑶，嘱咐她严格要求女儿："由于我的身体不好，已经住院两个月了，不能去学校看望女儿，以及向夏教练问好，我的心中实在惭愧。请把李娜当作您的女儿，她不对的地方请您狠狠地教育……我只希望能在她的身上实现我没有实现的愿望。我的女儿就拜托您了！"

跟着夏溪瑶训练几年后，14 岁的李娜打进湖北省网球队。在著名网球教练余丽桥的严格要求和悉心调教下，李娜打下了扎实的基本功，并逐步形成自己的技术风格。同年，父亲因病离开人世。豆蔻之年失去父亲，李娜万分悲痛，眼泪潸然而落。悲伤之余，李娜觉得，网球已经成为自己不能抛弃的事业，她必须通过努力实现父亲的遗愿。在余丽桥的指导下，李娜在球场上训练得更加刻苦。

父亲去世的第二年，15 岁的李娜赴美国训练 7 个月，从美国回来后在全国网球总决赛中获得冠军，这是她首次拿到全国冠军，此后李娜几乎每年都有胜利的消息告慰父亲。在 2001 年第 21 届世界大学生运动会上，李娜代表中国队夺得女单、女双和混双 3 枚金牌。同年的九运会网球比赛，李娜代表湖北队将女团、女双和女单 3 项桂冠收入囊中。

在 2008 年北京奥运会结束后，中国女网发生了天翻地覆的变化：允许运动员自主训练、自主参赛、自负盈亏，让 4 名成绩突出的女球员李娜、郑洁、晏紫和彭帅退出中国网球队，转变为真正的职业球员。

“对我来说，生活中最重要的事情就是干自己喜欢的事业。”2011 年 6 月 4 日，在法国网球公开赛女子单打决赛中，李娜以 2：0 战胜意大利选手斯齐亚沃尼夺得冠军，这是中国乃至亚洲网球选手第一次在有国际影响的职业体育赛事上夺得大满贯赛单打冠军。李娜抱着奖杯满脸笑容，凭借这座大满贯奖杯，她将得到 1138 万元人民币的奖金，并在世界排名中跃升至第 4 位。法网结束后，李娜的广告价值达到 2 亿元人民币！

经过 20 多年的奋斗，李娜终于成为创造亚洲历史的国际体育明星。接受媒体采访时，率真务实的李娜这样回答记者：奇迹不会在安逸中诞生，而是用汗水浇灌出来的。

思考训练

1. 简述网球的发展。
2. 简述网球的握拍方法。
3. 简述网球单打的发球战术。
4. 网球的通则是什么？

第十一章 田 径

学习目标

1. 了解田径运动的起源与发展。
2. 掌握田径运动的基本技术。
3. 掌握田径运动的战术配合。
4. 掌握田径运动的比赛规则。

素质目标

1. 提高学生速度、耐力、弹跳等基本身体素质。
2. 培养学生勇敢、果断、竞争、吃苦耐劳的品格，提高学生的职业素养。

情境导入

你看那田径赛场上的运动员，一个个如矫兔般飞离起点，像利箭般冲向终点，引得在场的观众兴奋不已。无论选手是否获得第一，他们都会得到观众的赞美和鼓励。因为在观众的心中，这些运动员都发挥出了不屈不挠、顽强拼搏的体育精神，他们是运动场上的英雄。

第一节 田径运动概述

一、田径运动的起源与发展

田径运动是径赛、田赛和全能比赛的统称。以高度和距离长度计算成绩的跳跃、投掷项目称为田赛；以时间计算成绩的竞走和跑的项目称为径赛。田径运动是各项体育运动的基础。

田径运动是在社会发展中逐步产生和发展的，是历史上最古老的体育运动之一。1896年在希腊举行的第一届现代奥林匹克运动会田径赛，是现代世界田径运动开始的标志。自第一届现代奥运会举行至今已经历了100多年，随着科学技术的进步，田径运动有了很大的发展。

近代田径运动在19世纪末传入中国。旧中国举办过七届全运会的田径比赛，由于政治、经济的原因，田径运动没有得到很好的发展，运动水平也很低，成绩十分落后。中华人民共和国成立后，在党和政府的关怀下，广大群众和少年儿童积极锻炼身体，田径运动在大、中小学校逐步普及起来，运动水平不断地提高。在1992年的第25届奥运会中，我国女子竞走运动员陈跃玲获得10千米竞走金牌，实现了中国田径运动员在奥运会史上金牌“零”的突破。在2004年雅典奥运会男子110米栏决赛中，刘翔以12.91秒的成绩获得110米栏冠军，打破了12.95秒的奥运会纪录。2005年，胡凯以10.30秒的成绩夺得世界大学生运动会男子100米冠军，这也是中国男子选手在世界重大比赛中夺得的第一块百米金牌。

田径运动是发展人体基本活动能力和提高人体基本素质的手段之一，它在各级学校体育课和《国家体育锻炼标准》中都占有很大比重，经常利用田径项目锻炼身体，能提高人体走、跑、跳跃、投掷等基本活动能力，能促进人体正常的生长发育和各器官的新陈代谢，改善神经系统的调节功能和内脏器官的机能，提高人体健康水平与工作能力。田径运动可以培养人们勇敢、顽强、坚忍、果断的意志品质。

二、田径运动的特点

（一）广泛的群众性

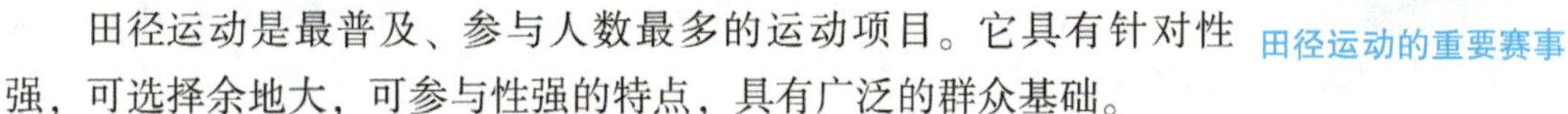

田径运动的重要赛事

田径运动是最普及、参与人数最多的运动项目。它具有针对性强，可选择余地大，可参与性强的特点，具有广泛的群众基础。

（二）激烈的竞争性

田径运动的竞赛项目是能力、技术和心理的较量。田赛项目的成败取决于运动员瞬间发挥的水平，而径赛项目运动员则同在一条起跑线开始，进行全程的拼搏。因此，田径运动竞赛非常紧张而激烈，运动员不仅要注意力高度集中，还要不畏强手，充分表现出自己的最高水平。

（三）严格的技术性

田径运动的项目有周期性和非周期性两种，就各项技术动作而言，不同于技巧性项目，也不同于其他一些直接对抗性的项目，比赛中的田径技术相对稳定，动作结构也不是非常复杂，但是它对技术要求却特别高。

（四）能力的多样性

田径运动的基本动作形式为走、跑、跳、投，有个人和集体项目，他们反映了人的速度、力量、耐力等方面的能力。每个项目都有本身的特点，突出地反映某一方面的能力。较全面地参加田径项目，可使人的运动能力普遍得到提高。

三、田径运动体能练习

（一）力量素质和平衡能力训练

1. 力量素质训练

力量素质是人体最基本的身体素质，是进行一切体育活动的基础，各种体育活动都是由肌肉收缩和舒张而产生的力量牵拉骨骼进行运动，如跑、跳、投等运动均离不开力量素质。力量素质好，则身体控制能力强、关节的稳定性好、在运动过程中疲劳出现得较晚，可以大量减少损伤的发生。因此，它在预防运动损伤中起着关键作用。

短跑、跳远及跨栏运动中易发生股后肌群拉伤，这主要是由于股后肌群力量本身就很弱而在训练中常常又得不到重视造成的。因此，在平时的训练中，加大股后肌群的力量训练，能在很大程度上减少股后肌群损伤。在其他运动项目中，也应加强易伤部位的力量训练。例如，为了预防髌骨劳损，可采用站桩的方法以增强股四头肌力量；为了预防腰部损伤，除了加强背肌力量训练，还应加强腹肌力量训练，有助于防止脊柱过伸而造成腰部损伤。

2. 平衡能力训练

机体的平衡主要是由前庭分析器来控制，如机体的位移、起伏、旋转、加速及空间位置变化等。而肢体的平衡则主要由本体感受器来控制，如在完成动作过程中对肢体位置的控制；跑步时虽然路不平整，但也不会摔倒，也不会扭伤踝关节，这正是由于本体感受器的精确控制。但是在受伤特别是关节或肌腱受伤后，由于一些解剖关系发生改变，如组织的撕裂，破坏本体感受器装置，其功能也会被破坏，从而失去了对肢体位置的精确控制，极易造成再次损伤，而这一环节易被忽视，在症状消失后，在感受器控制能力尚未恢复之前训练，会造成再次损伤和习惯性损伤。这样一来，对运动员的运动寿命会有很大危害。因此，在训练过程中，一定要注重对平衡能力的训练，一旦出现损伤，除了进行功能性恢复训练，还要进行平衡能力恢复的训练。

（二）耐力素质训练

田径运动损伤中慢性损伤和劳损最为多见，从事中长距离项目锻炼的人群更要注意。有的损伤虽然不至于让运动员停止训练，但正由于大多数运动员都在此种情况下坚持训练，所以在长期训练积累后会出现难以痊愈的慢性损伤和劳损。中长跑时，因膝关节长时间反复屈伸，髂胫束因此来回地前后滑动，与股骨外侧髁之间反复摩擦，易导致膝外侧疼痛综合征等，还会引起胫、腓骨疲劳性骨膜炎甚至骨折。马拉松运动员常发生膝外侧疼痛综合征、胫前肌腱鞘炎及足趾挤压伤。现代研究表明，系统地进行关节和肌肉力量耐力训练对减少这些损伤非常有效。在耐力训练的结束期还会出现肌肉酸痛、僵硬现象，这可能是由于疲劳提高了肌肉感受系统（肌梭）兴奋性，从而使被劳损的肌群处于较长时间酸痛或僵硬状态，这种僵硬如不能及时消除，就可逐渐积累发展成为慢性软组织损伤。因此，在每次耐力训练的结束期应做一些调整活动以放松肌肉。例如，提踵、转体走、放松摆臂、踢腿等活动可使心跳、呼吸趋于平静，使血液向全身分散，这对预防慢性运动损伤大有裨益。

优秀耐力运动员安静心率可低至40次/分，心血管耐力强的人，比体弱者能持续运动更长的时间。加强心血管耐力训练，可使机体长期工作的耐受力增强并延缓疲劳，从而减少运动损伤出现的概率。

（三）灵敏和协调性训练

灵敏、协调素质都是较复杂的运动素质，是运动技能和各种素质在运动活动中的综合表现。大脑皮层运动动力定型的完善和神经过程灵活性体现在完成运动技能中。动作协调、稳定而且高度自动化，在活动中表现为灵活而省力。在环境条件突然发生变化时，还需要创造出新的动作来适应新的条件。这就要求神经中枢的机能活动性和综合分析能力高度发展，能迅速对面临的情况作出判断，当机立断地完成新的动作。在田径运动中，上肢和下肢的不协调、主动肌和被动肌的不协调、呼吸和用力不协调及人体和器械不协调等都是造成肌肉拉伤的重要原因。灵敏和协调性的改善可提高应激和自我保护能力，从而有效地减少运动损伤。例如，运动员在跳远、跳高、撑竿跳等项目落地过程中，虽出现不正常的落地姿势，但如果灵敏、协调性较好，可以很快地从不正确的姿势中调整过来，尽量以安全的姿势落地。

（四）柔韧素质训练

柔韧素质是预防田径运动损伤的重要素质。柔韧性包括关节活动的幅度及关节的肌肉、韧带、肌腱、皮肤的伸展性。关节活动幅度小，肌肉伸展性差是导致运动损伤的一个重要原因。加强柔韧性练习，可以提高关节肌肉的灵活性，提高中枢神经系统调节对抗肌的协调性及紧张和放松的能力，从而减少运动损伤。

柔韧素质训练一定要动静结合，如果静力练习时间过长，被拉长的韧带、肌肉恢复时间又不足，不仅不能达到练习的目的，而且还可能引起关节松脱或肌肉松弛。因此，在柔韧练习中必须要辅以摆腿、踢腿等动力性练习。此外，在平时训练中，柔韧和力量训练一定要结合进行，尤其是在力量训练之后更应采用专门的牵拉练习来帮助消除肌肉疲劳。

第二节 跑的基本技术和练习方法

跑，是人体水平位移的一种基本运动形式，是单脚支撑与腾空相交替、蹬与摆相配合的周期性运动。

一、短跑

短跑是径赛中距离最短、速度最快、属于最大强度的周期性项目，是人体在大量缺氧状况下持续高速度的极限强度运动。

（一）短跑技术

短跑技术一般分为起跑、起跑后的加速跑、途中跑和终点跑四部分，四个过程有机结合，不可分割。

1. 起跑

起跑是为了获得最大的向前冲力，使身体摆脱静止状态，尽可能产生最大的启动加速度，为起跑后的加速创造有利条件。

（1）起跑的技术：起跑的动作包括“各就位”“预备”“跑”（鸣枪）三个阶段（图11－1）。采用蹲踞式起跑须使用起跑器。

图11－1　起跑的过程

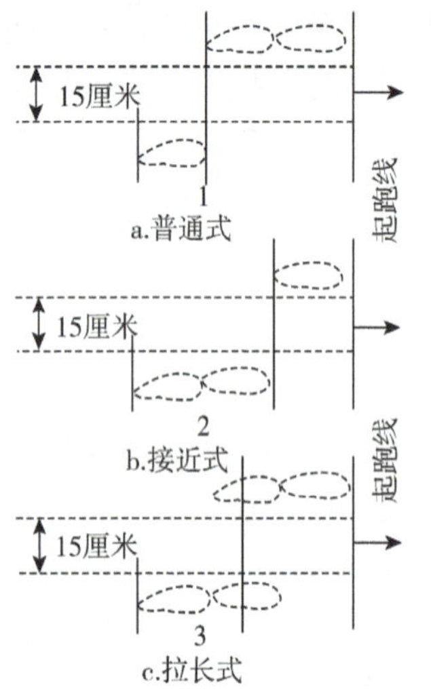

图 11－2　起跑器的安装方法

（2）起跑器的安装：安装起跑器的目的是使两脚有稳定的支撑点，可形成正确的预备姿势，为加速创造有利条件。起跑器安装有“普通式”“拉长式”和“接近式”三种方法（图 11－2）。

①“普通式”：前起跑器安装在起跑线后一脚半（40～50 厘米）处，后起跑器距离前起跑器一脚半，前、后起跑器的支撑面与地面分别成 40°～45°角和 70°～80°角，两个起跑器的中轴线间隔约 15 厘米。

②“接近式”：该种安装方法要求腿部力量非常强，一般比较少用。

③“拉长式”：起跑器的安装是前起跑器在起跑线后两脚长，后起跑器距离前起跑器为一脚长（约 30 厘米），起跑器的支撑面与地面的夹角和两个起跑器的间隔，与“普通式”基本相同。

2. 起跑后的加速跑

起跑后的加速跑是起跑后到途中跑过渡的一个阶段，它的任务是充分利用向前的冲力，在最短时间内，尽快达到最快速度。起跑后进入加速跑阶段要求身体前倾，前倾角度适宜，蹬腿摆臂有力（图 11－3）。

图 11－3　起跑后的加速跑

3. 途中跑

途中跑是短跑全程中速度最快、距离最长的一段。其任务是尽可能发挥和保持最高速度，从而跑向终点（图 11－4）。

图 11－4　途中跑基本技术

4. 终点跑

终点跑是全程跑的结束阶段。它的任务是保持途中跑得最快速度并完成冲刺。终点跑技术与途中跑技术基本相似。要求在离终点线 5 ~ 8 步时，克服身体疲劳，保持正确的奔跑技术，保持跑速，加快两臂摆动。在距终点线 1 ~ 2 步时，上体急速前倾，用有效部位（胸部或肩部）撞终点线，撞线后随惯性逐渐减速（图 11 – 5）。

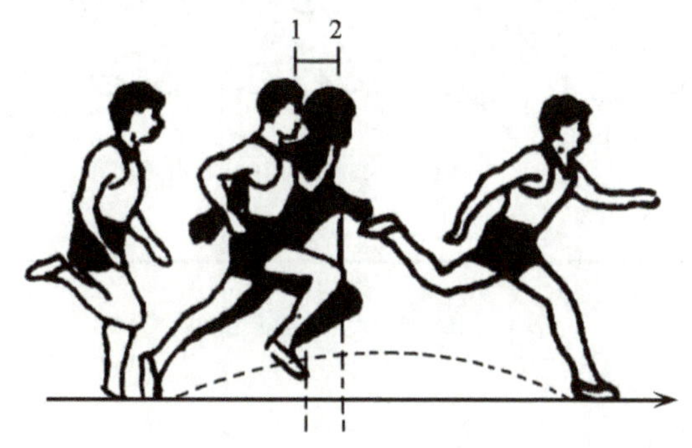

图 11 – 5　冲刺跑动作

（二）短跑练习方法

1. 小步跑（图 11 – 6）

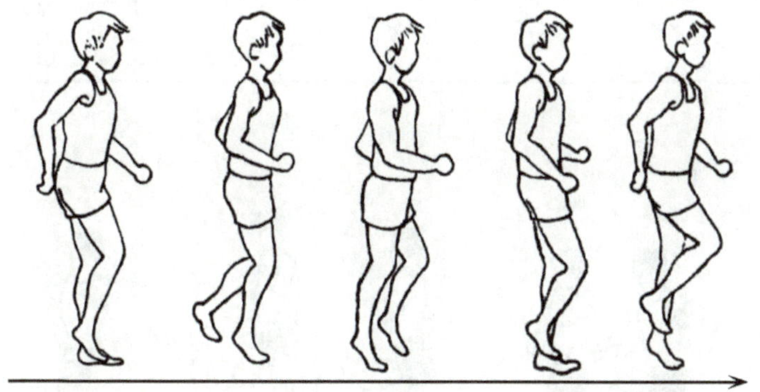

图 11 – 6　小步跑

2. 高抬腿（图 11 – 7）

图 11 – 7　高抬腿

3. 后蹬跑（图 11 –8）

图 11 –8　后蹬跑

4. 车轮跑（图 11 –9）

图 11 –9　车轮跑

5. 单足跑（图 11 –10）

图 11 –10　单足跑

6. 反应跑练习

可采取坐、蹲、侧对和背对跑道等方式进行练习，可以变换起跑口令，比如击掌、吹口哨等。

（三）参照《国家学生体质健康标准》进行自我评价（表 11 –1）

表 11 –1　锻炼效果自我评价

短跑	学期初	学期末
50 米 自我评价		

二、接力跑

（一）4×100 米接力跑技术

接力跑是由短跑和传棒、接棒组成集体配合的团队项目。接力跑的基本技术和短跑相同，但接力棒必须在规定的接力区（20 米）内完成交接。因此，在快速跑动中完成交接棒以及队员之间的配合技巧是接力跑中的关键。

1. 起跑

第一棒队员必须手持接力棒采用蹲踞式起跑。按照规则，接力棒的前端不可接触起跑线和起跑线前面的地面。持棒队员起跑技术和短跑相同，持棒方法一般以右手的拇指和食指分开呈八字撑地，其他三指握住棒的后端（图 11－11）。

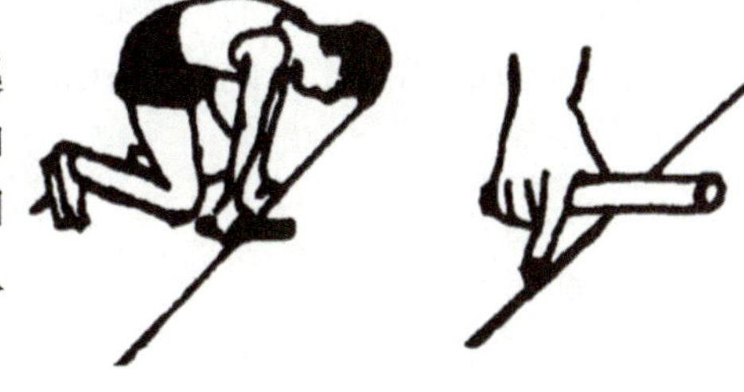

图 11－11　接力跑起跑技术

2. 接棒人的起跑

第二棒至第四棒的起跑，可采用站立式或半蹲踞式起跑。接棒人站在接力区后端或预跑线内的起跑位置上，两脚前后开立，两腿呈半蹲或稍微弯曲，上体前倾。

3. 传接棒的方法

根据传棒路线和接棒手掌方式，传接棒方法可以分为“上挑式”和“下压式”。

（1）上挑式：接棒人向后自然伸臂，与身体成 40°～45°角，手心向后，虎口向下，传棒人自下而上将棒送入接棒人手中，接棒人握棒，传棒人立即松手。上挑式动作自然，但是接棒人手握在了棒的中间，向下传递困难，容易掉棒（图 11－12）。

（2）下压式：接棒人向后自然伸臂，与身体成 50°～60°角，手腕内旋，手心向上，虎口向后，传棒人自上而下，将棒放入接棒人手中，接棒人握棒，传棒人立即松手。下压式可保持每个接棒人都能握在棒的一端，但接棒人手腕内旋动作紧张，不自然（图11－13）。

图 11－12　上挑式

图 11－13　下压式

接力跑分为 4×100 米接力和 4×400 米接力两种。4×400 米接力技术与 4×100 米接力技术基本相同，不同的是 4×400 米接力前三个弯道分道跑，余下的部分不分道跑。

（二）练习方法

（1）原地传接棒：传接棒人前后相距 1.5 米左右，做原地摆臂动作，当听到传棒人发出信号后，完成交接。

（2）慢跑传接棒：在画有分道线的跑道上进行练习。

（3）中速跑传接棒练习。

(4) 在接力区内进行传接棒练习：先直道，后弯道。

(5) 全程接力跑练习：将练习者分成若干组，进行全程对抗性练习。

(6) 站立式和半蹲踞式起跑练习：先直道，后弯道。

三、中长跑

(一) 中长跑

中长跑的项目很多，跑的基本技术大体相同，只是根据跑的距离长短和强度不同，跑的技术稍有差别。所谓中长跑就是中距离跑和长距离跑的合称，中长跑测试见表 11－2。

表 11－2 中长跑测试

800 米（女）		
1000 米（男）		
自我评价		

(二) 中长跑技术

中长跑要求运动员在全程跑时能维持一定的跑速，尽可能减少体力的消耗，合理地分配体力。技术上要求跑得轻松协调，身体重心平稳，有良好的节奏。其完整技术与短跑基本一样，也是由起跑、起跑后的加速跑、途中跑和终点跑四部分组成。

1. 起跑和起跑后的加速跑

中距离（800 米、1500 米）跑可以采用站立式（图 11－14）或半蹲踞式（图 11－15）起跑。长距离跑一般采用站立式起跑。

图 11－14 站立式起跑

图 11－15 半蹲踞式起跑

在起跑后的加速跑过程中，运动员上体要保持一定前倾，摆臂、蹬腿应快速有力，逐渐加速，上体逐渐抬起，根据战术安排占据有利位置。加速跑跑距和速度，应根据比赛项目、个人特点、比赛情况以及战术要求而定。

2. 途中跑

中长跑的途中跑与短跑的途中跑基本相同，只是动作幅度和用力程度较小（图 11－16）。

3. 终点跑

终点加速的距离根据自己训练水平、比赛情况以及比赛项目决定。终点撞线的技术与短跑撞线技术相同。

(三) 中长跑练习方法

(1) 匀速跑。

图 11－16 途中跑

（2）变速跑。

（3）越野跑或利用自然地形跑 2000～3500 米，注意安全。

四、障碍跑

障碍跑是在田径场地上跨越一定障碍的比赛项目，是长跑和跨越障碍相结合的运动项目。障碍跑作为田径项目，最早出现在英国。障碍跑和越野跑是一对“孪生兄弟”。越野跑是由儿童游戏演变而来的。人们设想把越野跑搬到运动场上来，于是在运动场上就出现了篱笆、栅栏、水坑等人工障碍。1837 年，在英国乐格比高等学校的比赛中，首创了一种叫作“障碍跑”的比赛项目。从此，这项活动便在英国普遍开展起来，随后又相继传到其他国家，逐渐被人们接受。

跨越障碍方法有以下几种。

（1）直接跨越法：采用近似 400 米栏的技术动作，起跨点约距栏架 1.5 米，起跨角略大，重心腾起稍高（图 11－17）。

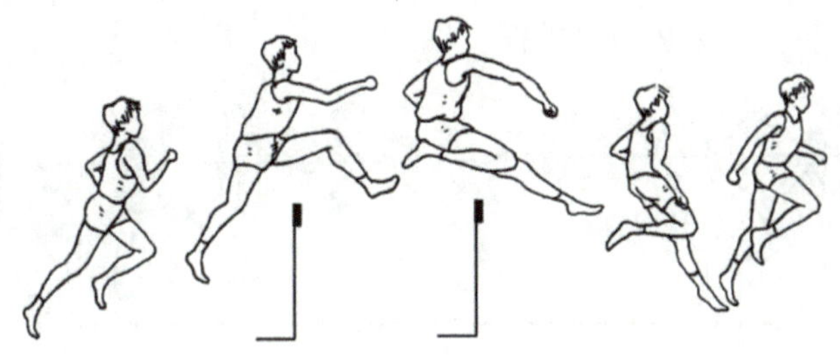

图 11－17 直接跨越法

（2）踏上跳下法：单腿用力蹬地起跳，摆动腿屈膝以脚跟踏上横木上沿，随之身体前移，待重心移过障碍架后，支撑腿蹬离横木，使身体向前落下，用起跨腿落地。跨过水池障碍也大多采用踏上跳下法（图 11－18）。

（3）手脚支撑法：跨越障碍时，用一只手和一只脚作为支撑，身体腾空越过障碍。注意不要腾空过高，以节省体力。控制好重心，以免摔倒（图 11－19）。

图 11－18　踏上跳下法

图 11－19　手脚支撑法

第三节　跳的基本技术和练习方法

一、跳高

跳高是人体通过快速的助跑和有力的起跳，采用合理的过杆姿势，使身体腾跃尽可能高的垂直障碍的运动项目。跳高的姿势经历了跨越式、剪式、滚式、俯卧式和背越式的演变过程。这里我们主要介绍跨越式跳高和背越式跳高。

（一）跨越式跳高

跨越式技术简单，易于掌握，且对场地条件要求不高，因而易于推广。它表现为人体经过助跑、起跳后，呈骑跨姿势越过横杆（图 11－20）。

图 11－20　跨越式跳高技术

1. 助跑

助跑的任务是使人体获得向前运动的水平速度，为起跳创造有利条件。全程助跑距离一般在 10～15 米，步数在 6～8 步，斜线助跑由慢到快，最后三步步幅为中、大、小，倒数第二步最长，重心最低，摆动脚落地时柔和屈膝前移，蹬脚送髋为起跳脚的前伸放脚做好准备。最后一步稍小，使上体迅速前移向前送髋，为从水平速度过渡到垂直速度做好准备。

2. 起跳

要根据运动者的水平确定起跳点的位置，用远离横杆的脚侧对横杆起跳，起跳点距横杆投影点 50～80 厘米。助跑倒数第二步时摆动腿要屈膝压紧，用力蹬地，积极送髋，当腿摆至最高点，上臂摆至与肩膀持平时，要同时制动。起跳腿迅速蹬伸，髋、膝、踝三关节充分蹬直呈一直线，起跳腾空后上体开始前倾，摆动腿摆过横杆后向杆下内转下压，两臂下垂。

3. 过杆与落地

过杆时，躯干向横杆方向侧倒并向起跳腿方向扭转，两臂举起，同时起跳腿迅速向上高抬，起跳腾空后，摆动腿积极上摆，当脚跟越过横杆时，向横杆一方侧摆，使摆动腿的脚、小腿、大腿依次过杆。

（二）背越式跳高

背越式跳高是现在大多数运动员都采用的技术。背越式跳高是人体经过助跑、起跳后，以背对横杆的姿势依次越过横杆（图 11－21）。

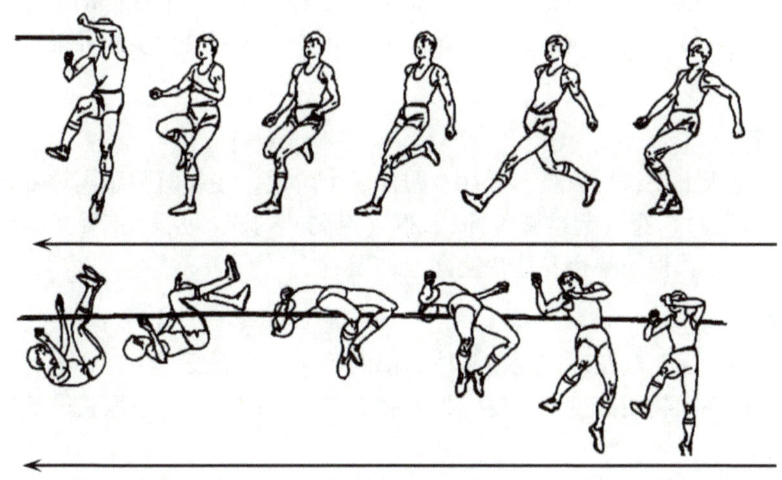

图 11－21 背越式跳高技术

1. 助跑

背越式跳高助跑采用弧线助跑，助跑技术类似短跑中的途中跑，但要求身体重心高而平稳，上体略有前倾，后蹬充分有力。背越式跳高助跑步点可采用走步丈量法，走步丈量法是：同立柱平行站立，离横杆约一臂，沿横杆平行方向向前迈一步，确定此处为起跳点；然后向前方立柱外迈 5 步，再转 90°角向助跑开始的方向迈 6 步，此点是直、弧线段助跑的标记点；继续向前迈 7 步，落脚点即为助跑的起点。由弧线段标记到起跳点连接起来的弧线为助跑的弧线段（图 11－22）。

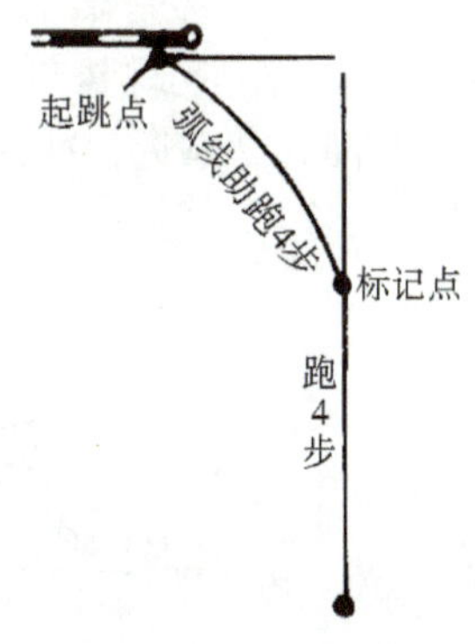

图 11－22 走步丈量法

2. 起跳

起跳时，起跳脚向前放脚，以脚跟和脚掌外侧先着地，迅速滚动至前脚掌，摆动腿以膝盖领先，屈膝折叠，向跳高架远端支柱上方用力上摆。为了加快起跳速度应控制摆动腿屈膝程度和尽量减小起跳腿屈膝幅度。双臂的摆动与摆动腿的摆动同时进行，后者在放脚起跳时有摆动动作，摆动腿的同侧臂随起跳动作快速上摆。

3. 过杆与落地

人体腾空后，逐渐转为背对横杆的姿势，摆动腿自然下放。头、肩部过杆后，及时仰头、倒肩、展体，两臂放于体侧，提臀挺髋，弯曲的两膝稍向外分开，小腿下垂，身体呈反弓形。然后肩部继续下沉，髋部上挺，使两膝上升。臀部过杆后，及时低头含胸，小腿上踢，使整个身体依次越过横杆。过杆后，用肩、背部着垫。

二、跳远

跳远不仅是一项竞技项目，也是一种锻炼身体的方法。经常参加这项运动的锻炼，能够有效地发展速度、力量素质以及身体协调性。本书只介绍常用的蹲踞式和挺身式两种动作。跳远的技术由助跑、起跳、腾空、落地四个技术部分组成。

（一）助跑

开始跳远助跑时，身体前倾较大，两腿蹬、摆积极有力，着地点离身体重心投影点较近，两臂前后用力摆动。到助跑中段时，躯干接近垂直，上、下肢摆动速度加大，后蹬动作充分有力，使身体快速向前推进。助跑的最后几步要达到最大步长和最高步频，形成最后几步加速的状态。

（二）起跳

起跳腿在踏板上要经历放脚、缓冲、蹬伸 3 个阶段。在起跳腿蹬离地面的同时，要做到摆（摆臂和摆腿）、蹬（起跳腿蹬伸）、挺（挺胸）、拔（拔腰）、顶（顶头）诸方面协调一致，用力集中，促使整个身体快速向上伸展。

（三）腾空

起跳离地后，由于起跳时产生使身体向前的旋转力，需要空中动作保持平衡，最大限度地利用身体重心抛物线高度和远度，把两腿充分地向前伸出，争取获得最远的远度。

1. 蹲踞式

蹲踞式跳远的动作比较简单，易于掌握，适合初学跳远者采用。蹲踞式空中姿势，是在“腾空步”的基础上形成的，摆动腿的大腿继续高抬，两臂向前摆动；在跳跃距离 1/3～1/2 时，起跳腿向前上方提举并与摆动腿靠拢，形成空中蹲踞姿势。然后两腿屈膝并进一步向胸部靠近，准备下落着地（图 11－23）。

图 11－23　蹲踞式跳远

2. 挺身式

挺身式空中姿势所保持的“腾空步”时间比蹲踞式稍短。“腾空步”后，展髋放下摆动腿，起跳腿屈膝前带向摆动腿靠拢。两臂开始跳跃时呈一前一后位置，当摆动腿继续向后运动，两臂外展，挺胸送髋使躯干微呈反弓形。继而收腹举腿，两臂上举，准备做落地动作（图 11－24）。

图 11－24　挺身式跳远

（四）落地

落地前，双臂快速向后方摆动，这有利于双腿向上抬起并向前方伸出，以便于脚的落地点更靠近腾空后身体重心轨迹与水平面的交点，达到理想的跳跃距离。双脚接触沙面的瞬间，两腿应及时屈膝缓冲，髋部迅速向前移动，双臂快速前摆，使身体重心迅速移过落点，避免后倒坐于沙坑。

（五）跳远的练习方法

（1）原地模仿起跳。要求起跳脚快落、摆动腿向前上方摆出，随着加大摆动的速度和幅度，由不离地起跳过渡到起跳后蹬离地面。

（2）在 20～30 米距离行走中连续完成起跳技术模仿练习，注意力集中在上下肢的配合和蹬摆动作的配合上。

（3）在 40～50 米距离内连续三步助跑起跳成腾空步练习。

（4）短、中距离助跑起跳成腾空步练习。

（5）利用俯角跳板或斜坡跑道进行短、中距离助跑、起跳练习。

第四节　投掷的基本技术和练习方法

一、推铅球

推铅球是在 2.135 米直径的投掷圈内进行的，运动员握好球，把球持于锁骨窝上贴紧颈部，经过直线助跑（滑步）或曲线助跑（旋转），在两脚支持的情况下，用全身的力量，把球从肩上推出，球落到 40°扇形投掷区内，是以远度决定成绩的田赛投掷项目。推铅球技术一般分为侧向滑步推铅球、背向滑步推铅球和旋转推铅球三种。本书重点介绍侧向滑步推铅球。

（一）侧向滑步推铅球

完整的推铅球技术可分为握球与持球、预备姿势、滑步、最后用力、铅球出手后维持身体平衡等几部分。

1. 握球（以左手为例）与持球（以右手为例）

握球时，五指自然分开，将球放在食指、中指、无名指的指根上，拇指和小指自然扶助球的两侧，手腕背屈（图 11－25）。握好球后，手臂放松弯曲，把球放在右侧锁骨窝处，并贴着颈部和下颚，掌心向前，指根顶紧球，持球臂肘关节抬起自然外展略低于肩，投掷臂放松（图 11－26）。

图 11－25　铅球的握法

图 11－26　铅球的持法

2. 预备姿势

预备姿势是滑步的准备动作，为协调而平稳地进入滑步创造条件。上体正直放松，左臂自然上举，体重落在伸直的右腿上（图 11－27）。

图 11－27　预备姿势

3. 滑步

预备姿势做好后，左腿向投掷方向预摆 1～2 次，待身体平衡后，左脚迅速有力地向投掷方向摆动，带动身体，同时右脚用力蹬地，迅速向前滑步，使身体重心向投掷方向移动。当滑步到投掷圈附近时，左脚迅速落地。完成滑步动作时，右膝要保持弯曲，上体要保持向投掷相反方向倾斜，体重大部分落在右腿上，形成良好的超越器械姿势，为最后用力创造条件（图 11－28）。

图 11－28　侧向滑步推铅球

4. 最后用力

最后用力是推铅球技术的重要环节，动作是否正确直接影响投掷质量。当滑步结束后，左脚一着地就开始进入最后用力阶段。右腿用力蹬转，左臂由体前向投掷方向引摆，当形成身体左支撑时，右腿迅速蹬直，抬头挺胸，上体向投掷方向快速转动，右臂快速伸直做推球动作。铅球即将离手时，应做屈腕和手指拨球的动作，使力量集中作用在铅球的重心上。

5. 铅球出手后维持身体平衡

由于推铅球时向前上方用力，铅球出手后身体仍然有向前的惯性冲力，可能使身体接触圈外而造成犯规。因此，当球推出后应迅速交换右、左脚位置，屈膝、屈髋降低身体重心或改变身体重心的运动方向，减缓前冲，从而维持铅球出手后的身体平衡。

（二）侧向滑步推铅球的练习方法

1. 两脚前后开立稍屈，躯干伸直。双手持球于胸前，肘部抬起稍低于肩，将球向前上方推出，推出时，屈腕和手指用力拨球。

2. 两脚左右开立，双膝微屈，右手持球于肩上，左手扶球，两腿蹬伸将球向前上方推出。做此练习时主要体会下肢用力的动作。

3. 不持球做侧向滑步推铅球练习，体会左摆腿和右蹬腿协调配合的动作。

4. 在模仿性练习的基础上做收拉右小腿的练习，做此练习时，注意收拉后用前脚掌着地。

5. 不持球连续做滑步练习，体会重心落在右腿、左腿摆动后快速下压，做明显的超越器械的动作；持球做滑步练习。

6. 侧向滑步推铅球的完整技术练习。

二、掷标枪

掷标枪的基本技术。

（一）握法

将标枪斜放在掌心上，大拇指和中指握在标枪把手末端第一圈上沿，食指自然弯曲斜握在标枪上，无名指和小指握在把手上（图 11－29）。

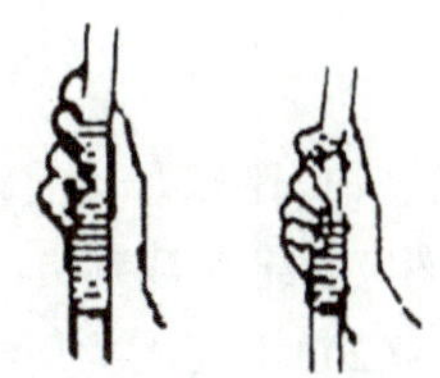

图 11－29 握法

（二）持枪

屈臂举枪于肩上，大小臂约成 90°角，稍高于头，枪尖稍低于枪尾，持枪臂要保持放松（图 11－30）。

图 11－30 持枪

（三）助跑

助跑的距离应是由投掷者发挥速度的快慢决定的，一般在 25～35 米，助跑分为预跑和投掷步两阶段。

预跑阶段主要是加速，在跑进中上体稍前倾，用前脚掌着地，大腿抬得较高，后蹬力量强，动作轻快而富有弹性，持枪臂随着跑的节奏与左臂配合，自然前后摆动。投掷步阶段，左脚踏上第二标志线，开始投掷步。第一步和第二步时，应逐渐完成引枪动作。第二步结束时，右臂应充分伸展，躯干稍向右转和向右倾斜。左臂处于身体左侧，右臂与肩轴在一条直线上，身体左侧面对投掷方向，眼看前方。投掷步的第三步是交叉步，左脚一落地，右腿膝关节自然弯曲，大腿带动小腿积极有力地向前摆出，当右腿靠近左腿时，左腿快速有力地蹬伸，促使右腿加快前迈。右脚尖外转用脚跟外侧先落地，然后过渡到全脚掌，与投掷方向约成 45°角。躯干和右腿呈一条直线，整个身体向后倾斜，与地面形成一定的夹角。

（四）最后用力

投掷步的第三步右脚着地后，体重压在右腿上，左腿前摆伸出小腿，左脚用足跟或足内侧先着地，落在投掷方向线左侧 20～30 厘米处，并用力支撑。右腿用力的同时，右臂转肩翻肘正对投掷方向，形成满弓姿势。然后，右脚继续用力，胸部向前牵引，投掷臂大臂带动小臂，形成“鞭打”动作。标枪离手瞬间，手腕和手指的积极动作，能使标枪沿着纵轴按顺时针方向自转，这可以保持标枪在空中飞行的稳定性，增强标枪的滑翔效果。标枪出手的适宜角度为 30°～35°（图 11－31）。

图 11－31　最后用力

（五）缓冲

标枪出手后，人体由于向前惯性而继续向前运动，应及时向前跨出一两步，以防止越线犯规，身体稍向左转或上体稍前倾，使身体重心降低，维持平衡，以防冲出线外。

第五节　田径规则简介

一、田赛基本规则

（1）比赛开始前，每名运动员均可在比赛区域内做热身练习，但是，投掷项目的练习试掷应始终在裁判员的监督下按抽签排定的顺序进行。

（2）不管因为何种原因，运动员在试跳（掷）时受阻或试跳（掷）不能正确记录，裁判长应有权予以再一次试跳（掷）的机会。根据具体情况，运动员补跳（掷）的时间应得到合理安排。

（3）每个运动员的成绩，取其所有试跳（掷）中的最优的，包括在撑竿跳高和跳高比赛中因运动员成绩相等而需要决定第一名的成绩。

（4）运动员可以在主裁判事先宣布的横杆升高计划中的任何一个高度上开始试跳，也可在以后任何一个高度上根据自己的愿望决定是否试跳。只要运动员连续 3 次试跳失败，即失去继续比赛的资格，但第一名成绩相等时进行决名次跳的情况除外。允许运动员在某一高度上第一次或第二次试跳失败后，在其第二次或第三次试跳时请求免跳，并在后续的高度上继续试跳。运动员在某一高度上请求免跳后，不准在该高度上恢复试跳，除非出现与第一名成绩相等的决名次跳的情况。

（5）所有高度项目的测量均应以厘米为单位，从地面垂直量至横杆上沿最低点。

（6）每次升高横杆后，在运动员试跳之前，均应测量横杆高度。当横杆放置在纪录高度时，有关裁判员必须进行审核测量。如果自上一次测量纪录高度后，横杆又被触及，在后续的纪录高度的试跳之前，裁判员必须再次测量横杆高度。

（7）跳高运动员必须用单脚起跳。

（8）当运动员离开落地区时，其脚在落地区边线或边线外地面的第一触地点，应比在沙坑内的最近触地点离起跳线更远（该最近触地点可能为因失去平衡而留下的完全在落地区内的痕迹，或运动员向回走时留下的距起跳线较落地点近的痕迹）。

（9）推铅球、掷铁饼或掷链球的器械应在圈内掷出。而掷标枪在助跑道内完成。在圈内进行试掷时，运动员应从静止姿势开始。

（10）铅球运动员只能用单手从肩部将铅球推出。当运动员进入圈内开始试掷时，铅球要抵住或靠近颈部或下颌，在推球过程中持球手不得降到此部位以下。不得将铅球置于肩轴线后方。

二、径赛基本规则

（1）400 米及 400 米以下（包括 4×200 米、异程接力和 4×400 米接力的第一棒）各项径赛的起跑必须使用起跑器。其他径赛项目的起跑不应使用起跑器。在跑道上安放起跑器时，起跑器的任何部分不得触及起跑线或延伸至其他分道。

（2）运动员在做好最后预备姿势之后，只能在接收到发令枪发出的信号之后开始起跑。如果发令员或召回发令员认为有任何在发令枪发出的信号之前开始起跑的情况，都将判为起跑犯规。

（3）除全能项目之外，任何对起跑犯规负责的运动员将被取消该项目的比赛资格。

（4）运动员自愿离开跑道后将不得继续参加该项目比赛，并将记录为中途退出。如果该运动员试图重新进入比赛，裁判长应取消其资格。

（5）判定运动员的终点名次，应以其躯干（不包括头、颈和四肢）任何部位抵达终点线后沿垂直面的顺序为准。

（6）不得在非本人名下的组别或道次内比赛，除非有关裁判长同意这种更换是合理的。

（7）障碍跑标准距离应为 2000 米和 3000 米。

（8）3000 米障碍跑，应越过 28 次栏架和 7 次水池；2000 米障碍跑，应越过 18 次栏架和 5 次水池。

（9）所有接力跑，都必须在接力区内交接接力棒。接力棒的交接从接力棒初次触及接棒运动员开始到接棒运动员完成手持才算完成传递。仅以接力棒的位置决定是否在接力区内完成接力。在接力区外传接棒将被取消比赛资格。

（10）接力队的每位成员只能参加接力比赛的其中一棒，4 名运动员可以是报名参加其他项目比赛的运动员。然而，一旦开始比赛，每队只允许有两名替补队员参加比赛。如果违反此款规定，将取消该队比赛资格。

知识拓展

短跑发展的趋势

经历了几百年的运动实践，短跑运动从生活劳动、休闲健身，发展成为展现人类极限能力的竞技项目，百米短跑的顶尖级人物都被冠以“飞人”的美誉。短跑运动是以个人的技术和快跑能力决定胜负的，当前短跑运动技术的发展趋势是向着自然、协调、快节奏的方向演化，以充分挖掘最快速度为基础、培养保持高速度跑的能力为目的，建立起相关肌肉的力量水平、合理的个人技术和快速有效的能量供应系统之间的平衡。

名人故事

从小就怀揣冠军梦的刘翔7岁开始练习田径，训练的辛苦与劳累并没有让小刘翔退缩，他刻苦训练，慢慢地成绩不断提高。后来教练根据他的身体状况让他练习跨栏，对于这样一个不熟悉的项目，他依然选择坚持下去，正所谓功夫不负有心人，他的表现让孙海平把他招入了国家队。

当时15岁的刘翔在孙海平的栽培下，进步神速。通过5年的艰苦训练，刘翔一步一步从全国冠军到亚运会冠军再到国际比赛冠军，刘翔步入了世界顶尖高手的行列，随后他用自己出色的表现征服了世人。

他是中国田径史上也是亚洲田径史上第一个集奥运会、室内室外世锦赛、国际田联大奖赛总决赛冠军于一身的运动员。让我们看看刘翔出色的成绩吧：

1. 2004年雅典奥运会男子110米栏，刘翔以12秒91的成绩追平了由英国选手科林·杰克逊创造的世界纪录夺冠。

2. 2006年瑞士洛桑田径超级大奖赛男子110米栏，刘翔以12秒88的成绩打破了沉寂13年的世界纪录夺冠。

3. 2007年世界田径锦标赛刘翔获得男子110米栏冠军。

4. 2012年国际田联钻石联赛尤金站男子110米栏，刘翔以12秒87的成绩夺冠。

5. 2012年6月，世界110米栏排名第一，刘翔时隔五年后重登榜首。

出色的成绩让刘翔的知名度和影响力飙升，一个黄种人能在直道上获得无数冠军，并打破世界纪录，这一前无古人的表现震惊世界。

思考训练

1. 田径运动由哪些部分组成?
2. 田径运动分为哪几个阶段?
3. 短跑的训练方法有哪些?
4. 简述跳跃的运动技术组成。
5. 简述投掷运动的基本技术。

第十二章 游泳

学习目标

1. 了解游泳运动对人体的作用。
2. 了解游泳运动的准备工作。
3. 掌握游泳运动的基本技术。
4. 掌握游泳运动的安全知识与急救方法。

素质目标

1. 通过学练游泳，提高心肺功能和体能，增强身体抵抗力，塑造良好体形，将游泳作为终身体育的一种手段，培养健康文明的生活方式。

2. 体验游泳的乐趣，培养勇敢顽强、力争上游、不畏强手、敢于争先的精神。

情境导入

“扑通!”随着一阵水花溅起，我跳入了水中，迸溅的水花宛如跳舞的小精灵飞上了天空，我像鱼儿一样在水中快乐地游着。学会了游泳，躺在水的怀抱中，惬意地慢慢游动着，那种感觉棒极了!

第一节 游泳运动概述

一、现代游泳运动的起源

游泳是深受男女老幼广泛欢迎的体育项目之一。英国是现代游泳运动的起源地。早在17世纪60年代，英国很多地区就已广泛开展游泳活动（图12－1）。

图12－1 游泳运动

第一个室内游泳池在1828年由英国修建于利物浦乔治码头。英国于1837年在伦敦成立了第一个游泳组织，英国最早的游泳比赛也同时举办。1869年1月，大城市游泳俱乐部联合会（现英国业余游泳协会前身）在伦敦成立，从此游泳被作为一项专门的运动项目正式固定下来。

从1896年雅典第1届奥运会开始，就把男子游泳列入了奥运会正式项目。国际业余游泳联合会在1908年伦敦第4届奥运会上成立，并制定了国际游泳规则。1912年第5届奥运会的时候，女子比赛项目正式设立。1952 年，蛙泳和蝶泳正式被国际规则分成两个姿势进行比赛，从此竞技游泳形成了蝶泳、仰泳、蛙泳和自由泳 4 种姿势。现在，游泳运动已发展为奥运会上最令人瞩目的大项之一。

二、我国游泳运动的发展

我国古代各个时期均有游泳活动的记载，许多游泳方法、游泳技术，至今还流传在民间。

19 世纪末期，我国沿海城市开始兴起游泳运动，广州、上海、青岛、大连等地凭借着得天独厚的环境优势，游泳运动开展得有声有色。1887 年广州沙面修建了我国第一个 22.8 米的游泳馆，竞技游泳运动就此开展起来。

自 1910 年 10 月至 1948 年 5 月，旧中国共举办了七届全国运动会，从 1924 年第 3 届全运会上开始设有游泳项目。

中华人民共和国成立以后，国家开始重视游泳项目，投入大量资金修建游泳场馆，同时，各级游泳训练制度也逐渐完善起来，在此期间，我国聘请了多名外国游泳专家前来执教国家游泳队。1957 年成立了“中国游泳运动协会”，由于国家的重视，先进游泳技术和经验的及时获得，使得我国的游泳水平得以快速上升。

目前，我国竞技游泳已经取得了长足的发展，在 2012 年伦敦奥运会上，中国游泳队共获得了 5 金 2 银 3 铜的成绩，孙杨和叶诗文在夺冠的同时分别打破了男子 1500 米和女子 400 米混合泳的世界纪录。中国游泳军团已经成为世界泳坛上的一支劲旅。

第二节　游泳运动的准备

游泳

一、下水的准备运动

准备活动对任何一项运动来说都是非常重要的，主要目的在于提高人体神经系统的兴奋性，增加肌肉力量和弹性，提高身体灵活性，有利于身体更好更快地适应游泳运动的需要。此外，还可以有效地防止抽筋、拉伤。

针对练习：

（1）头部向前后左右 4 个方向拉伸颈部肌肉，重复此动作 10 次。

（2）单臂轮流向后绕肩，然后双臂同时绕肩。

（3）双手分别从肩上和腰部向中间移动直到在后背部互握，然后用力向两边拉伸。

（4）双腿并脚向前伸直坐于地面，双手向前伸以触到脚趾，保持，然后重复。

（5）一腿向前伸直，一腿向后伸直（大腿外侧向上）坐于地上，尽量向前伸展躯干，然后向后躺倒。重复几次，然后换另一条腿。同时按顺时针和逆时针两个方向绕转脚踝。

二、熟悉水性

初学者下水后的第一个练习便是熟悉水性，目的是体会水的阻力、压力和浮力，并初步学会如何在水中保持身体平衡。

（一）水中行走

一般情况下水中行走都是在齐腰深的水中进行。开始走时步子不宜太大，速度不宜太快，身体重心的移动要与腿的动作相协调。

水中行走的针对练习：

（1）侧对池壁，手扶池边，向前、向后迈步行走；或面向池壁，手扶池边，向左、向右迈步行走。

（2）一手扶住池（岸）边或同伴的手，一手在体前侧做向外、向后划水，同时在水中行走。

（3）在不借助任何支撑物的情况下，两臂在胸前左向外、向后对称划水，双脚在水里做向前、向侧、向后的行走。

（二）学会呼吸

不会呼吸的游泳不能叫作游泳，只能称为“憋气”。正确的游泳呼吸是用嘴吸气、用嘴或嘴鼻呼气。

游泳时，要用口在水面上吸气；吸气后脸浸入水中略微闭气；然后用口和鼻在水中缓慢呼气，直到浮出水面为止；立即把气吐尽，然后快速吸气。呼气要尽，吸气要深，呼与吸之间不能停顿。

呼吸的针对练习：

（1）站在齐肩深的水里，两手抓住池（岸）边；或者抓住同伴的手，用嘴深吸一口气，然后把头埋入水中，慢慢地用鼻呼气，直至将体内的废气呼尽，迅速抬头用嘴吸气。

（2）能够连续、连贯、自然地完成多个呼气、吸气的技术后，开始试着独立完成慢呼快吸的动作技术。

（三）水中漂浮

学习水中的漂浮技术，目的在于体会水对人体的浮力，并初步掌握人体在水中的平衡能力，克服对水的恐惧心理。

进行水中漂浮练习时，要吸足气使胸腔充分扩张，并保持屏息；身体放松，保持伸展，俯卧在水面上。

漂浮的针对练习：

1. 抱膝漂浮

两脚立于水底，深吸气后，下蹲低头抱膝，两膝尽量靠近胸部，前脚掌蹬离水底，呈低头抱膝团身姿势。身体要尽量放松，自然地漂浮于水中。站立时，两臂前伸，向下压水并抬头，同时两腿伸直，以脚触水底站立，两臂自然放于体侧。要求全身放松，充分展开身体，站立时，收腹、收腿，两臂向下压水，然后抬头，两腿伸直，脚触水底站立。

2. 滑行漂浮

蹬池壁滑行漂浮：背向池壁站立，一手扶住池壁边缘，一臂前伸并上举手臂至贴住耳朵，同时，单脚站立，一脚贴近池壁。深吸气后低头，上体在水中前倾呈俯卧姿势，大小腿尽量收紧，臀部靠近池壁，两脚掌贴住池壁。与此同时，扶池壁的手臂向前摆出与前臂并拢，头夹于两臂之间，此时两脚用力蹬出，身体呈流线型向前滑行（图 12－2）。

蹬池底滑行漂浮：两脚前后开立，两臂前上举。深吸气后上体前倒，当头、肩浸入水中时，前脚掌用力蹬池底，随后两脚并拢，使身体呈流线型向前滑行（图 12 -3）。

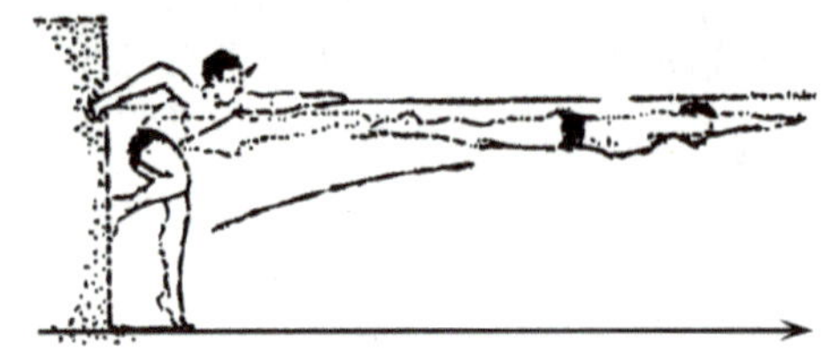

图 12 -2　蹬池壁滑行漂浮

图 12 -3　蹬池底滑行漂浮

第三节　游泳基本技术

这里主要介绍 4 种游泳技术当中的蛙泳和爬泳两项。

一、蛙泳

蛙泳是最基本的游泳姿势之一，因俯卧在水面上，划水和蹬腿酷似青蛙在水中游进，所以称为蛙泳。蛙泳动作省力，呼吸方便，容易观察和判断游动方向，适用于长时间、远距离游泳。

（一）动作结构与技术要点

1. 身体姿势

蛙泳时身体水平地俯卧在水面上，两臂向前伸直并拢。掌心向下，头置于两臂之间，两腿并拢。头略低，水齐前额，脸下部浸入水中。稍收腹，微塌腰，身体纵轴与前进方向成 5°～15°，保持身体的流线型［图 12 -4（a）］。

当吸气时下颌露出水面，肩部上升，身体与水平面的角度增大到 15°。吸气后头没入水中，提臀蹬夹腿，此时臀部高于肩膀。蛙泳动作的分解（图 12 -4）。

2. 腿部动作

腿部动作是推动身体前进的主要动力，分为收腿、翻脚、蹬夹水、滑行四个动作阶段。

（1）收腿：收腿是接滑行开始的，腿由于本身的重量而开始下沉，这时两腿稍内旋，使脚跟分开，小腿和脚尽量靠近臀部，膝关节随腿的下沉向前边收边分。收腿结束时，大腿和躯干之间成 130°～140°［图 12 -4（f）和图 12 -4（g）］。要求收腿路线要短，阻力要小，又要为蹬夹水创造有利条件。

（2）翻脚：翻脚是收腿的继续、蹬夹水的开始。随着收腿的结束，两脚继续向臀部收紧，大腿内旋使膝内压的同时，小腿向外翻，脚尖也同时向两侧外翻，使脚掌内侧正对蹬夹水方向（图 12 -5）。

（3）蹬夹水：蹬夹水是由翻脚后髋部发力，带动膝、踝相继伸直，以大腿、小腿内侧和脚掌向后做急速有力的蹬夹动作［图 12 -4（g）和图 12 -4（h）］。在蹬夹过程中，当两腿逐渐并拢时略向下压，以形成最后鞭打动作。

（4）滑行：蹬夹水结束后，身体借助惯性力向前滑行，两腿（包括脚尖）并拢向后伸直，臀肌、大腿股四头肌和腓肠肌稍紧张，身体呈水平姿势，以减少迎面阻力，为做下一个循环动作做好准备［图 12－4（h）］。

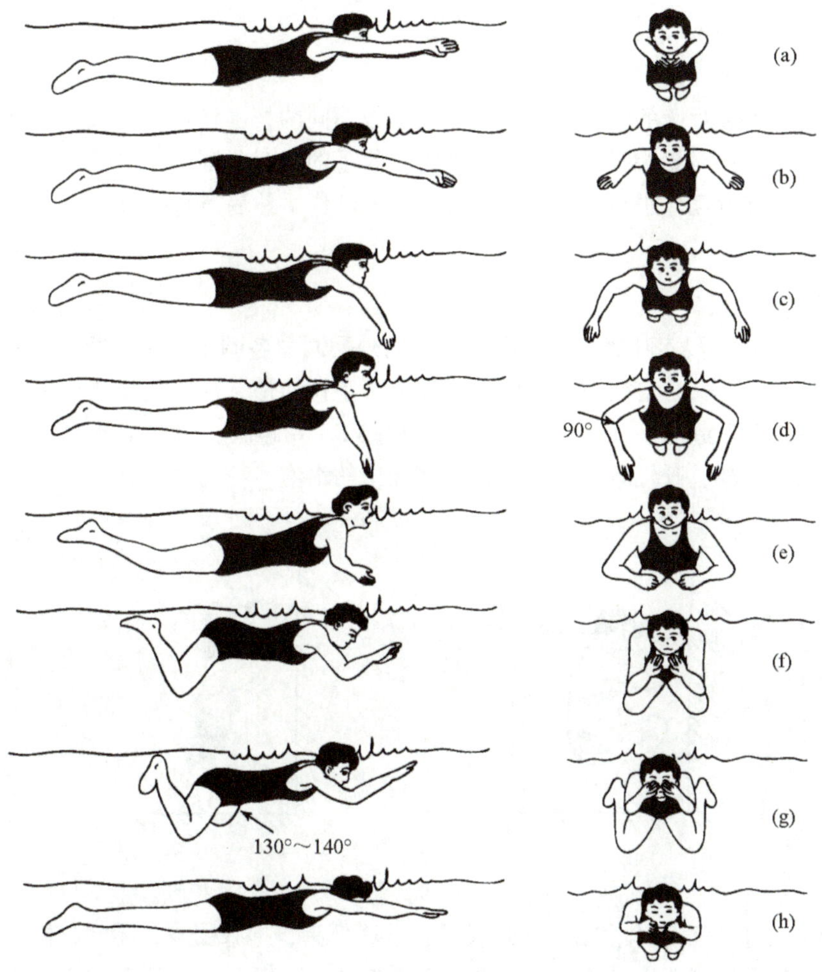

图 12－4　蛙泳动作分解

3. 臂部动作

蛙泳臂部动作可分为抓水、划水、收手和伸臂四个不可分割的动作阶段。

（1）抓水：紧接滑行，肩保持前伸，两臂内旋，使两臂和掌心转向外斜下方屈腕，两手分开向侧斜下方压水［图12－4（a）和图 12－4（b）］。当手掌和前臂感到有压力时，就开始划水。

（2）划水：紧接抓水后就开始加速划水，划水的方向是向侧、下、后、内。划水时肘部保持较高的部位，前臂和上臂屈的角度在整个划水过程中是不断变化的，划水主要阶段肘关节弯曲度接近 90°［图 12－4（c）和图 12－4（d）］。

（3）收手：收手是划水的继续，能产生上升力和前进力。两臂向里、向上快速收到下颌的下前方，掌心由后转向内。肘低于手，上臂不超过两肩的延长线，尽量把臂收在身体的投影之中，使其发挥划水造成的推进惯性作用，减少水对伸臂时的阻力［图 12－4

(d)、图 12－4（e）和图 12－4（f）]。

（4）伸臂：紧接收手，继续推肘伸臂。掌心转向下，两臂放松，先伸肩后伸肘，两臂先向前上再向前伸，身体保持流线型，伸臂结束时，两臂恢复滑行姿势［图 12－4（f）、图 12－4（g）和图 12－4（h）］。

4. 臂、腿和呼吸的配合技术

蛙泳的腿、臂和呼吸的配合时机不同，会形成不同的技术特征。一般的配合技术是两臂做抓水和划水动作时抬头吸气，腿自然伸直，收手的同时收腿，手开始向前伸。收腿结束翻好脚掌，当伸臂动作进行到 2/3 时，做蹬夹腿动作，然后滑行吐气。

（二）练习方法

1. 熟悉水性

（1）水中行走和浸水呼吸。①转圈：分成内外两圈，各圈手拉手，两圈反方向走或跑动旋转，听信号后，又各自反方向旋转。②浸水：手扶池槽，深吸气后闭气下蹲，将头浸入水中，停留片刻后起立，在水中换气（图 12－5）。③睁眼：手扶池槽，或两人相互扶肩，吸气后闭气下蹲，呼气睁眼看自己或同伴吐出的水泡，呼完气后起立。如此反复练习（图 12－6）。

图 12－5　浸水

图 12－6　睁眼

（2）浮体。①抱膝浮体：站立深呼吸后，下蹲低头，抱膝团身，闭气放松，使身体自然漂浮起来。然后松开双手，使双脚下垂，双手前伸向下轻压水，抬头站起（图 12－7）。②漂浮展体：抱膝浮体后，臂、腿伸直呈俯卧姿势，然后站立，站立方法同上（图12－8）。

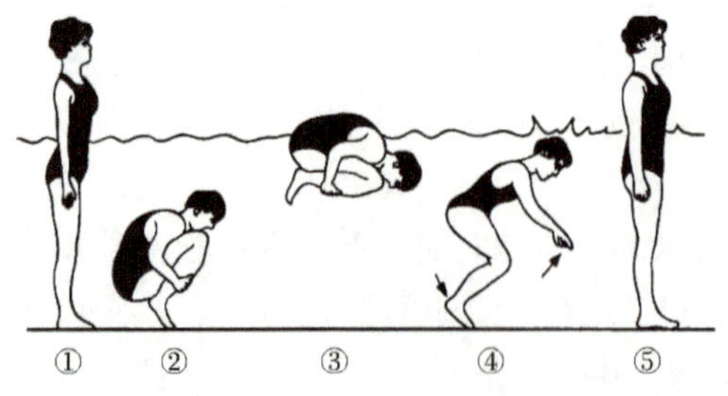

图 12－7　抱膝浮体

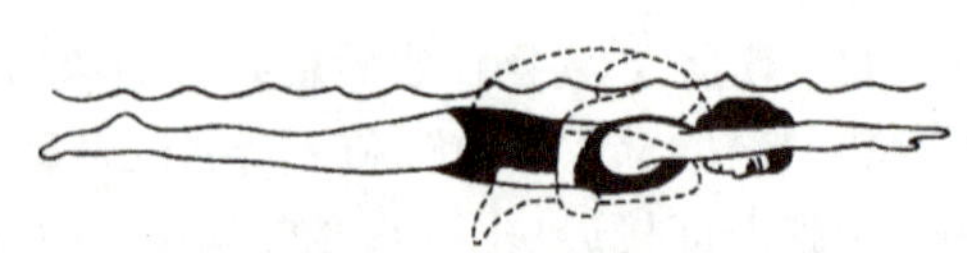

图 12－8　漂浮展体

（3）蹬边滑行。背向池壁，肩浸水中，左臂前平举，右臂拉住池壁。右脚蹬住池壁，左脚屈膝站立，深吸气低头，收左脚呈两腿屈膝，臀部靠近池壁，右臂前冲。同时头浸入水中，两脚蹬池壁向前滑行（图 12－9）。

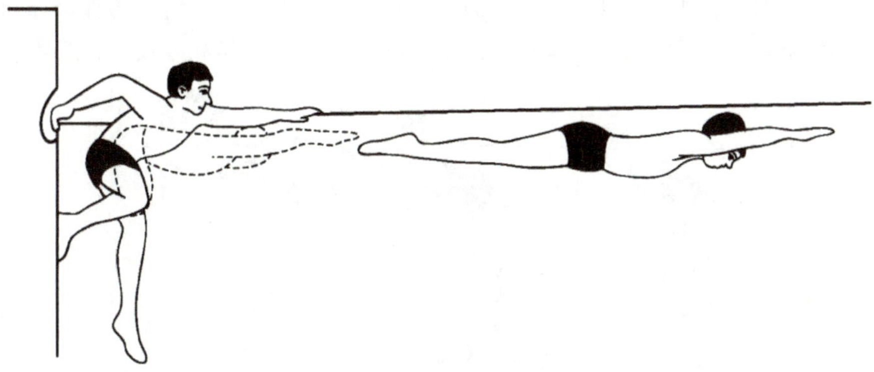

图 12－9　蹬边滑行

2. 腿部动作练习

（1）陆上模仿练习。①坐姿蹬水：坐在池边或凳子上，上体稍后仰，两手后撑，做收腿、翻脚、蹬夹、停等动作练习（图 12－10）。②卧姿蹬水：俯卧在凳上，做同上练习（图 12－11）。

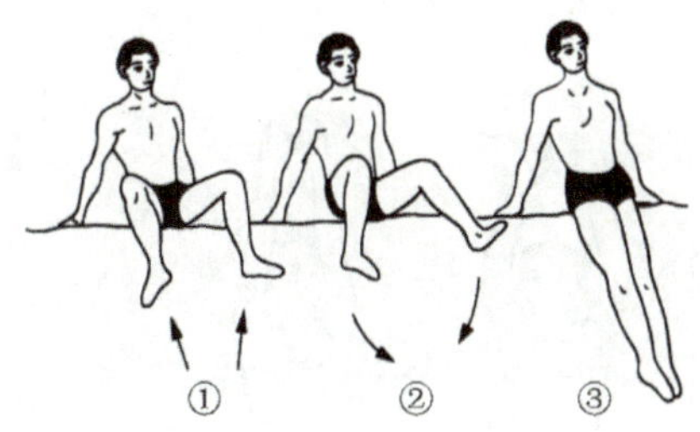

图 12－10　坐姿蹬水练习

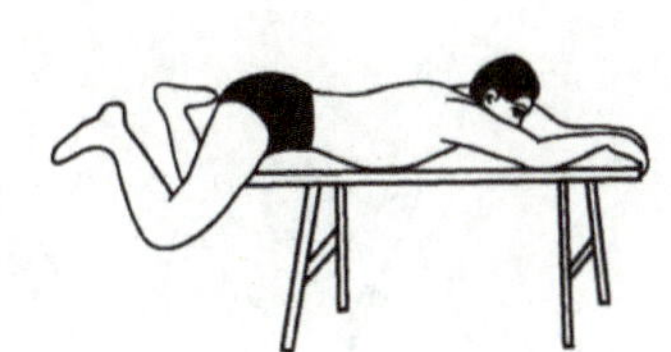

图 12－11　卧姿蹬水练习

（2）水中练习。①手扶池槽仰卧和俯卧，自己做腿部动作或由同伴抓其脚，帮助其体会翻脚、蹬腿动作（图 12－12）。②蹬池壁滑行做腿部动作。③手扶打水板做腿部动作。

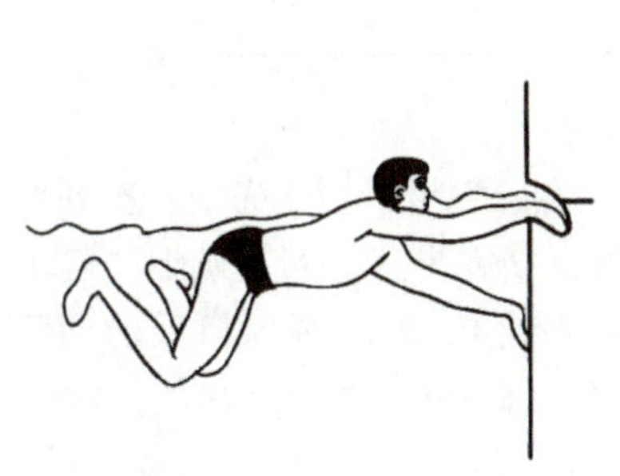

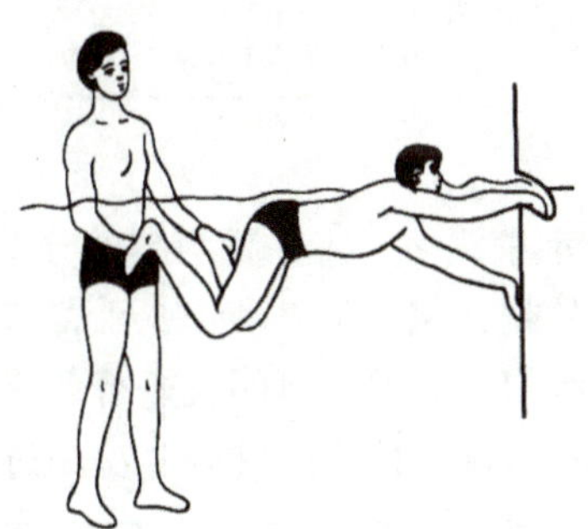

图 12－12　蹬腿动作练习

3. 手臂和呼吸配合练习

（1）陆上模仿练习。站立姿势，上体前倾并低头，两臂前伸，做抓水、划水、收手伸臂动作。划水时抬头吸气，伸臂时低头呼气，体会臂部动作与呼吸的配合。

（2）水中练习。①两脚开立站在齐胸深的水里，上体前倾，两臂前伸，做臂部划水动作（图 12－13）。②同上练习，配合呼吸，臂划下时抬头吸气，收手时低头闭气，臂前伸时吐气。借助划水前进力，两脚可在水中向前走动。③双人练习，练习者俯卧水面上，同伴站在练习者两腿之间，抱住练习者的腰部或大腿，做臂部动作和呼吸配合练习。

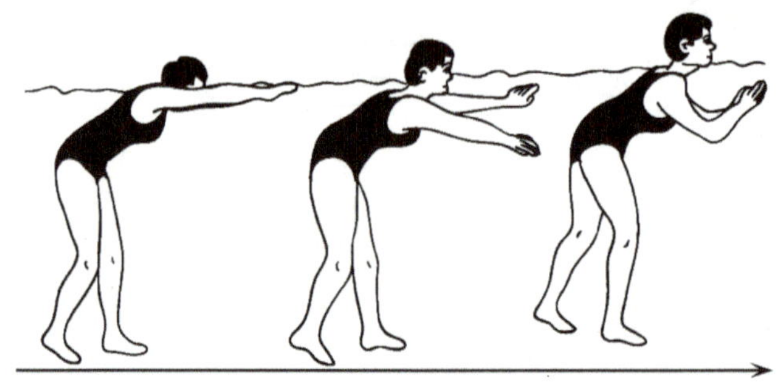

图 12－13　划水动作练习

4. 手臂、腿和呼吸的完整配合练习

（1）陆上模仿练习。①原地站立，两臂上举并拢伸直，按口令做。两臂划水分向两侧，两臂划水时收手，同时以单腿站立，另一腿做收腿动作，收腿结束时立即翻脚；臂向上伸直时，翻脚的一腿向下做弧形蹬夹动作，还原成预备姿势（图 12－14）。②同上练习，配合抬头呼吸。

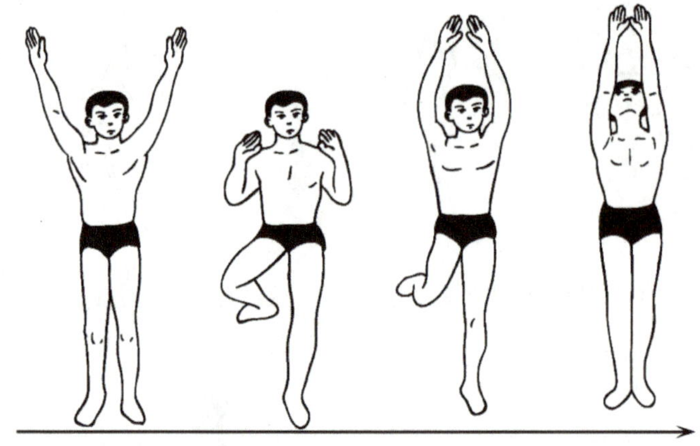

图 12－14　陆上模仿练习

（2）水中练习。①手臂与腿的分解配合练习。在蹬壁滑行中，先做一次划臂动作，再做一次腿的收、翻、蹬夹动作，手臂和腿交替进行。②在上述练习基础上，逐步过渡到连贯的配合练习，练习时可闭气进行。③在上述练习基础上，加上抬头呼吸的动作，呼吸次数可由腿和臂配合两次、呼吸一次，过渡到腿和臂配合一次、呼吸一次的完整练习。

（三）蛙泳常见错误动作及纠正方法

（1）错误动作：收腿之后没翻脚。

纠正方法：在陆上进行练习时收腿之后着重体会翻脚的感觉，在水中练习时强制性地做翻脚动作。

（2）错误动作：蹬腿时两膝距离变大，蹬得过宽。

纠正方法：在做水中的腿部练习时，由同伴帮助自己保持两膝间距离，矫正不良姿势。

（3）错误动作：做蹬夹腿动作时只蹬不夹。

纠正方法：在脚蹬出去、两膝未伸直之前，就应积极向内夹水。

（4）错误动作：划水时手摸水，拖肘。

纠正方法：注意划水的动作要领，开始划水时臂内旋并勾手腕；划水时肘应高于手，形成屈臂高肘。

（5）错误动作：吸不到气或吸气时呛水。如果在水中未吐气或气未吐尽，在抬头出水后还会有吐气动作，导致吸气时间不够，会吸不到气或吸气时呛水。

纠正方法：可加强水中原地的臂与呼吸配合练习，要在出水瞬间将气吐尽。

二、爬泳

爬泳通称为自由泳，其特点是动作结构合理、省力、阻力小，是速度最快的游泳姿势之一。

（一）动作结构与技术要点

1. 身体姿势

爬泳时身体俯卧在水面呈流线型，背部和臀部的肌肉保持适当的紧张度，在游进中保持头部平稳，躯干围绕身体纵轴有节奏地自然转动 35°～45°（图 12－15）。

2. 腿部动作

爬泳时腿主要起平衡作用，腿部动作可以帮助保持身体的稳定和协调双臂做有力的划水。要求两腿自然并拢，脚稍内旋，踝关节放松，以髋关节为轴，由大腿带动小腿和脚掌，两腿交替做鞭打动作，两脚尖上下最大幅度为 30～40 厘米，膝关节最大屈度约 160°（图 12－16）。

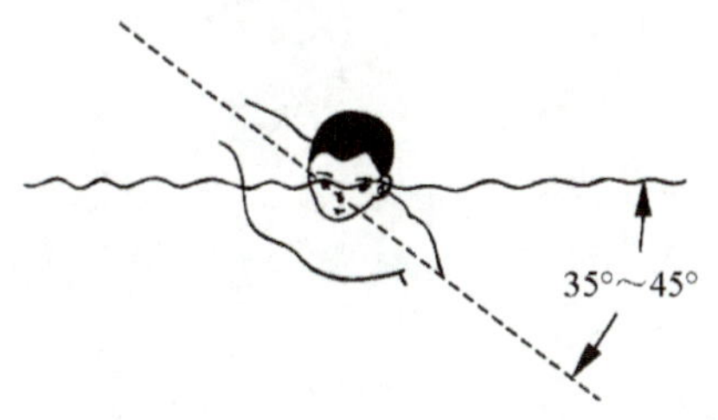

图 12－15　身体姿势

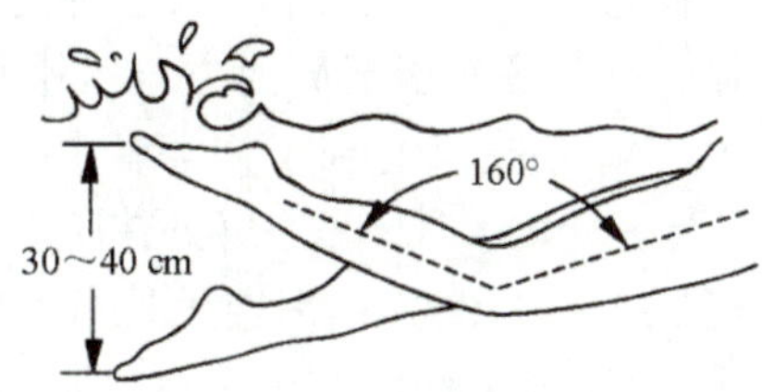

图 12－16　腿部动作

3. 臂部动作

臂部动作能产生推动身体前进的动力。其分为入水、抱水、划水、出水和空中移臂五个不可分割的阶段。

（1）入水：完成空中移臂后，手在控制下自然放松入水。手的入水点一般在身体纵轴和肩关节的前方延长线之间。入水时手指自然伸直并拢，臂内旋使肘关节抬高处于最高点，掌心斜向外下方，使手指首先触水，然后是小臂，最后是大臂自然插入水中。

（2）抱水：臂入水后，在积极向下方插入的过程中，手掌从向斜外下方转向斜内后方并开始屈腕、屈肘，肘高于手，以便能迅速过渡到较好的划水位置。抱水结束，手掌已经接近垂直于水，肘关节屈至 150°左右，整个手臂像抱着一个大圆球似的，为划水作准备。

（3）划水：划水是发挥最大推进作用的主要阶段，其动作过程可分为拉水和推水两个部分。紧接抱水阶段进入拉水阶段，这时要保持抬肘，并使大臂内旋。同时继续屈肘，使手的动作迅速赶上身体的前进速度，使划水动作形成合理的动作方向和路线，同时，也使主要肌肉群在良好的工作条件下进入推水动作。拉水至肩的垂直平面后，即进入推水部分，这时肘的屈度约为100°。大臂要保持内旋姿势，带动小臂，用力向后推水。同时，使肩部后移，以加长有效的划水路线。向后推水有一个从屈臂到伸臂的加速过程，手掌从内向外、从下向上的动作路线加速划至大腿旁。在整个划水动作过程中，手的轨迹始于肩前，继而到腹下，最后到大腿旁，呈“S”形（图12－17）。

图12－17　划水

（4）出水：划水结束时，掌心转向大腿，出水时小指向上，手臂放松，微屈肘。由上臂带动，肘部向外上方提拉将前臂和手带出水面，掌心转向后上方。出水动作必须迅速、连贯、柔和、自然。

（5）空中移臂：紧接出水进入空中移臂阶段，移臂时，肘高于手，由肘带动前臂和手向上、向前移动，准备入水，动作应柔和、连贯（图12－18）。

图12－18　空中移臂

爬泳当中必须注意两臂配合。爬泳时两臂划水发生的交叉位置有前交叉、中交叉和后交叉三种类型。前交叉是指一臂入水时，另一臂前摆至肩前方与水平面成30°左右［图12－19（a）］。前交叉有利于初学者掌握爬泳动作和呼吸。中交叉是指一臂入水时，另一臂处在向内划水阶段与水平面成90°［图12－19（b）］。后交叉是指一臂入水时，另一臂划至腹下，手与水平面成150°左右［图12－19（c）］。

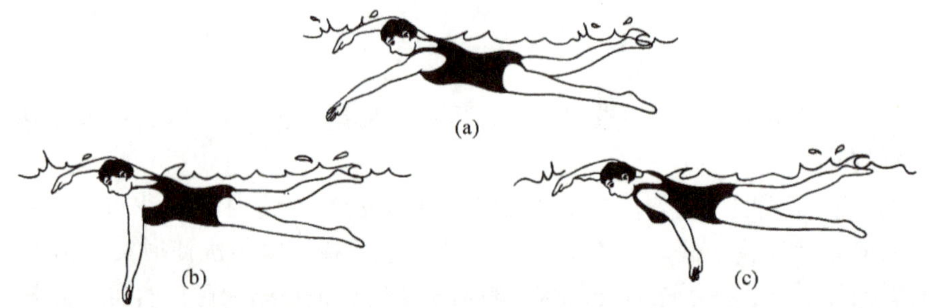

图12－19　爬泳两臂配合

4. 臂、腿和呼吸的配合技术

爬泳时，一般是在两臂各划水一次的过程中进行一次呼吸，以向右边吸气为例，右手入水后，嘴和鼻开始慢慢呼气［图 12－20（a）］。右臂划水至肩下，开始向右侧转头和增大呼气量［图 12－20（d）］。右臂推水即将结束，则用力呼气［图 12－20（f）］。右臂出水时，张嘴吸气［图 12－20（g）］，至空中移臂的前半部为止，并开始转头还原［图 2－20（h）］。然后，直至臂入水结束，有一个短暂的闭气过程，脸部转向前下。头部稳定时，右臂入水，再开始下一慢慢呼气的过程［图 12－20（a）］。

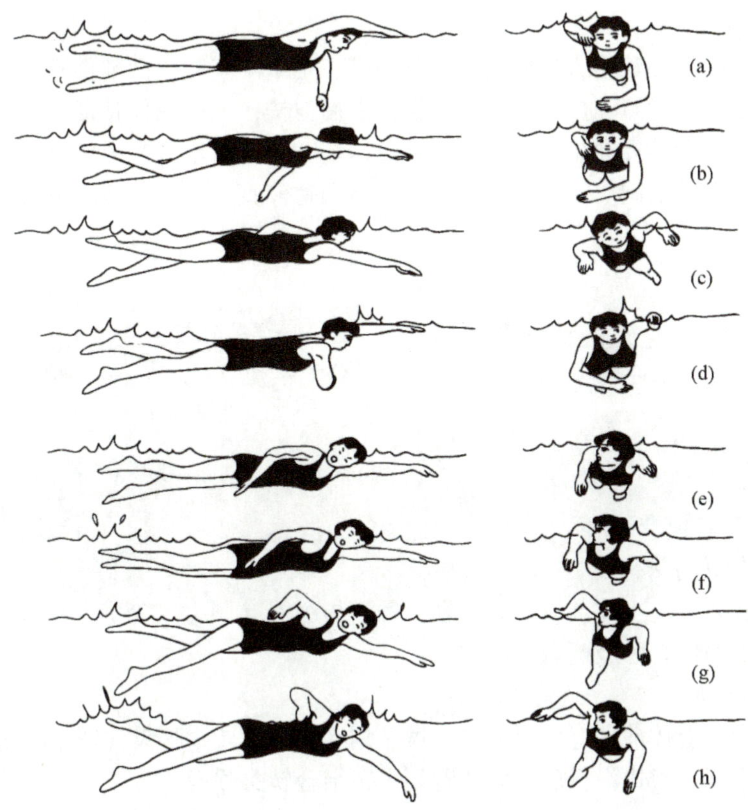

图 12－20　爬泳臂、腿和呼吸的配合

爬泳的呼吸与臂、腿配合，初学者一般都采用“6∶2∶1”的方法，即呼吸 1 次，划臂 2 次，打腿 6 次，这种配合方法易保持平衡和协调掌握爬泳技术。

（二）练习方法

1. 腿部动作练习

（1）陆地模仿练习。

①坐姿打水：坐在池边或地上，两手后撑，两腿伸直，腿内旋使脚尖相对，脚跟分开呈八字。两腿放松，以髋为轴，大腿带动小腿，上下交替打水（图 12－21）。②卧姿打水：俯卧在凳上，做两腿上下交替打水，要求同上（图 12－22）。

图 12－21　坐姿打水

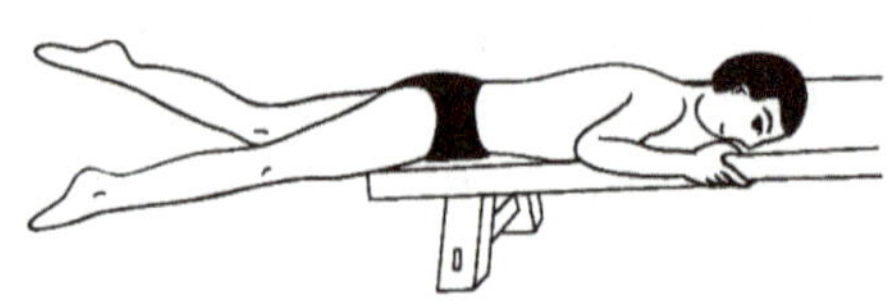

图 12－22　卧姿打水

（2）水中练习。

①俯卧打水：手握池槽，或由同伴托其腹部，呈水平姿势，两腿伸直，做直腿或屈腿打水（图 12－23）。②仰卧打水：仰卧姿势，手握池槽，或由同伴帮助托其背部，做两腿交替打水，注意膝盖不要露出水面（图 12－24）。③滑行打水：练习时要求闭气，两臂伸直并拢，头夹于两臂之间。④扶板打水：练习时两臂伸直，放松扶板，肩浸水中，手不要用力压板，呼吸自然。

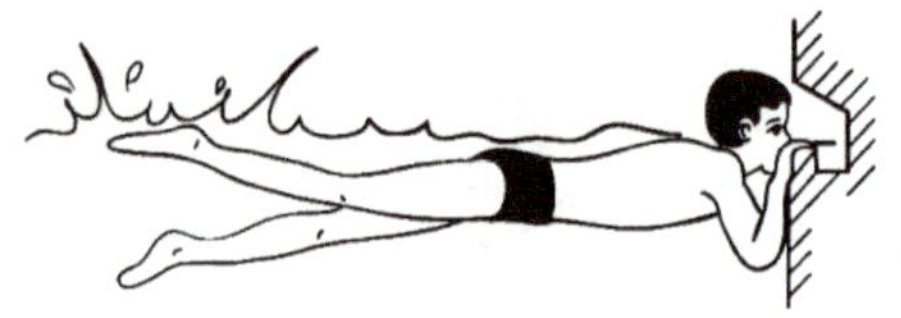

图 12－23　俯卧打水

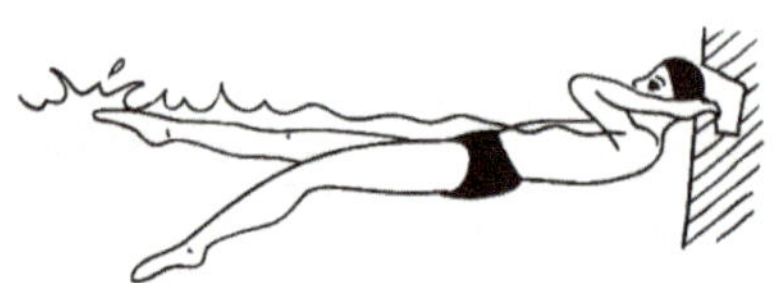

图 12－24　仰卧打水

2. 手臂与呼吸配合练习

（1）陆上模仿练习。

①原地两脚开立，上体前屈，做臂划水的模仿练习（图 12－25）。

②同上练习，结合呼吸配合。

（2）水中练习。

①站立水中，上体前倾，肩浸入水，做臂划水，同时转头呼吸（图 12－26）。

②腿夹打水板，蹬边滑行后，做两臂划水，结合转头呼吸。

图 12－25　陆上模仿练习

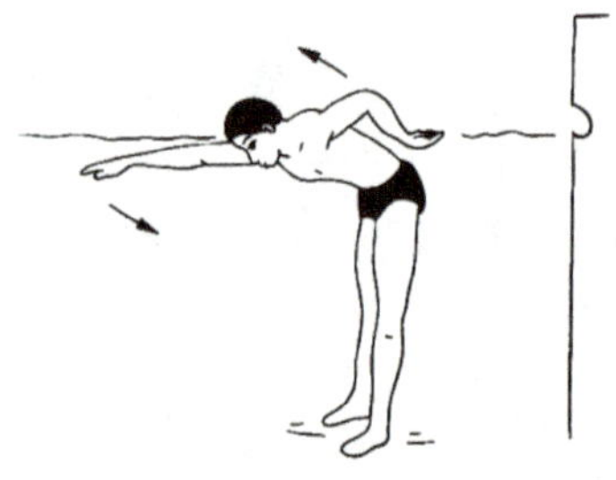

图 12－26　水中练习

3. 手臂、腿和呼吸的配合练习

①站立水中，上体前倾做划臂与呼吸配合练习，借助用力划水向前移动，然后蹬离池底，两腿打水形成完整配合。

②蹬边滑行打水漂浮 5～10 米，做爬泳臂划水与呼吸配合练习。

（三）爬泳常见错误动作及纠正方法

1. 错误动作：因为害怕呛水将头抬得很高，身体没有展平。

纠正方法：身体自然平直地仰卧水中，将下颌抬高，两耳没入水中。

2. 错误动作：大腿动作过大，膝关节露出水面，将踢水动作做成挑水动作。

纠正方法：在做腿部练习时控制大腿动作的幅度。

3. 错误动作：打腿频率较低，导致划水时身体下沉。

纠正方法：练习者应在划水时积极打腿。

4. 错误动作：移臂时肘关节弯曲。

纠正方法：当划水结束时将手紧靠大腿。

第四节 游泳安全

一、游泳安全知识

（1）需要经过体格检查后才能进行游泳运动。患有心脏病、高血压、肺结核、中耳炎、皮肤病、严重沙眼以及各种传染病的人不宜游泳。处在月经期的女同学也不宜去游泳。

（2）游泳场所必须慎重选择。尤其到江河湖海去游泳，必须事先了解水情，有暗流、旋涡、淤泥、乱石和水草较多的水域不宜作为游泳场所。来往船只较多，受到污染和血吸虫等病流行地区的水域也不宜作为游泳场所。

（3）下水之前应进行准备活动。可以通过跑步、做操等活动活动开身体，还应用少量冷水冲洗一下躯干和四肢，这样可以使身体尽快适应水温，对头晕、心慌、抽筋现象有一定的预防作用。

（4）饱食或者饥饿时，剧烈运动和繁重劳动以后不适合游泳。

（5）不了解水下情况时，不要跳水。

二、游泳救护知识

（一）抽筋的防护知识

1. 抽筋的预防

（1）游泳前一定要做好暖身运动。

（2）游泳前应考虑身体状况，如果太饱、太饿或过度疲劳时，不要游泳。

（3）游泳前先往四肢撩些水，让身体适应水温后再跳入水中，不要立刻跳入水中。

（4）游泳时，如有胸痛的感觉，可用力压胸口，等到稍好时再上岸。

（5）腹部疼痛时，应立即上岸，最好喝一些热的饮料或热汤，以保持身体温度。

2. 抽筋的急救

（1）若是手指抽筋，则可将手握拳，然后用力张开，迅速反复多做几次，直到抽筋消除为止。

（2）若是小腿或脚趾抽筋，先吸一口气仰浮水上，用抽筋肢体对侧的手握住抽筋肢体的脚趾，并用力拉向身体方向，同时用同侧的手掌压在抽筋肢体的膝盖上，帮助抽筋腿伸直。

（3）如果大腿抽筋的话，可通过拉长抽筋肌肉的办法解决。

（二）溺水急救

（1）将伤员抬出水面后，应立即清除其口、鼻腔内的水、泥及污物，用纱布（手帕）包住手指将伤员舌头拉出口外，解开衣扣、领口，从而保持伤员呼吸道通畅，然后抱起伤员的腰腹部，使其背朝上、头下垂进行倒水。或者抱起伤员双腿，将其腹部放在急救者肩上，快步奔跑以倒出积水。或急救者取半跪位，将伤员的腹部放在急救者腿上，使其头部下垂，并用手平压伤员背部进行倒水。

（2）呼吸停止者应立即进行人工呼吸，一般以口对口吹气为最佳。急救者位于伤员一侧，托起伤员下颌，捏住伤员鼻孔，深吸一口气后，往伤员嘴里缓缓吹气，待其胸廓稍有抬起时，放松其鼻孔，并用一手压其胸部以助呼气。反复并有节律地（每分钟吹 16 ~ 20 次）进行，到恢复呼吸为止。

（3）心跳停止者应先进行胸外心脏按压。让伤员仰卧，背部垫一块硬板，头低稍后仰，急救者位于伤员一侧，面对伤员，右手掌平放在其胸骨下段，左手放在右手背上，借急救者身体重量缓缓用力，如果用力太猛会有骨折危险，将胸骨压下 4 厘米左右，然后松手腕（手不离开胸骨）使胸骨复原，反复有节律地（每分钟 60 ~ 80 次）进行，直到心跳恢复为止。

知识拓展

游泳竞赛项目

1. 奥运会游泳项目（共 32 项）

自由泳：50 米、100 米、200 米、400 米、800 米（女）、1500 米（男）。

仰泳：100 米、200 米。

蝶泳：100 米、200 米。

蛙泳：100 米、200 米。

个人混合泳：200 米、400 米。

自由泳接力：4 × 100 米、4 × 200 米。

混合泳接力：4 × 100 米。

2. 世界游泳锦标赛项目（共 40 项）

仰泳：50 米（非奥项目）、100 米、200 米。

蛙泳：50 米（非奥项目）、100 米、200 米。

蝶泳：50 米（非奥项目）、100 米、200 米。

自由泳：50 米、100 米、200 米、400 米、800 米（男子非奥项目）、1500 米（女子非奥项目）。

个人混合泳：200 米、400 米。

自由泳接力：4 × 100 米、4 × 200 米。

混合泳接力：4 × 100 米。

名人故事

21 岁的孙杨在伦敦奥运会上拿到了两块游泳金牌，迅速成为全民偶像。但偶像并不像大家想象得那么高高在上，在奥运会上，孙杨再一次现场流泪，有人因此称他为“水做的大男孩”。的确，喜欢动画片《名侦探柯南》，喜欢毛绒玩具——这个世界冠军就是一个充满阳光力量的大男孩。

男儿泪真性情

“男儿有泪不轻弹”，这几乎是每个中国男孩从小就受到的教育。所以，尽管憋着的滋味很难受，但很多男人不敢哭，也不愿意哭。但是孙杨多次在公开场合流下泪水，他不喜欢掩饰自己的感情。

2012 年 7 月 29 日凌晨，孙杨获得了伦敦奥运会男子 400 米自由泳的金牌。当孙杨走进混合采访区后，心情激动的他先后两次流下了眼泪，特别是当听到记者问他“怎么哭啦”的时候，孙杨哭得更凶了。

这是孙杨第 3 次在公开场合流泪。第一次是在 2008 年绍兴举行的全国游泳锦标赛上，当时只有 17 岁的孙杨以预赛第一的成绩进入男子 400 米自由泳决赛，最终仅获得银牌，孙杨当时就难过得泪流满面。第二次流泪是在 2011 年的上海游泳世锦赛上，孙杨在 1500 米自由泳比赛中战胜了朴泰桓和张琳两大对手，并且打破了尘封 10 年之久的世界纪录后喜极而泣。

这一次，孙杨不仅在 2005 年后第一次让中国人在这个项目上战胜了韩国选手，而且还为中国游泳队获得了奥运会历史上第一枚男子游泳的金牌，他可以“放肆”地流泪。

孙杨为这枚金牌付出了很多。“大清早，那么冷的水，他就要跳下去。有时候受伤，打了封闭也要游。”谈到孙杨的付出，妈妈显得很心疼。在很多时候，孙杨 4 点半就要起来去训练，这个时候大多数人正在睡觉。感冒生病了，为了怕尿检出问题，只能靠喝水来恢复。

作为运动员，孙杨承受着常人不能承受的精神压力，所以无论在失败还是成功的时候，他总喜欢用哭泣来释放自己的压力。也许随着他成为奥运冠军和世界冠军，让他喜极而泣的时刻会减少，但他的这份真性情不会消失。

坚持走过迷茫

其实孙杨对自己的游泳事业也动摇过。孙杨说：“我一度都怀疑自己能不能坚持住了。时间应该是 2005 年到 2007 年吧，那时候自己年龄还小，有时候教练一凶、一骂，我就害怕了，心里特别不好受，觉得自己已经很认真了，怎么还是得不到认可?”

那时候孙杨认为自己有些坚持不住了，因为“觉得自己和世界最好成绩相差这么大，没机会赶上了，所以就很迷茫，不知道自己前面的路该怎么走”。好在一切有了改变，孙杨回忆说：“北京奥运会我拿到了 1500 米自由泳第 8，世锦赛我拿到了铜牌，这让我的信心提升了。那时候我想，我拿了铜牌，是不是也有希望去拿金牌呢?这样想着，我训练的劲头就大了起来，后来再也没有什么放弃的想法了，一直就游到了现在。”

有时候一个人如果不坚持，可能就会丢掉成功。孙杨小的时候，爸爸妈妈是抱着暑期让孩子去玩玩的想法送孙杨参加游泳培训班的。孙杨爸爸回忆说：“开始学的时候，孙杨一点都不会，叫他到大池，水深有1.8米，浮力大，站不稳，感觉就像在水里漂，所以孙杨一边抱着游泳浮板学打腿，一边哇哇大哭。我们看了后心里真有说不出的感觉。”

对于深水池的恐惧让小孙杨一听说要去泳池游泳就哭。看孙杨那么怕游泳，孙杨父母一度打起了退堂鼓。但后来孙杨喜欢上了游泳，无论训练多艰苦，他都能够坚持训练，而且总会超过教练布置的训练量。

思考训练

1. 游泳运动的准备工作有哪些?
2. 简述蛙泳与爬泳的技术要领。
3. 游泳时发生溺水，如何救护?

第十三章　武　术

学习目标

1. 了解武术运动的起源与发展。
2. 掌握武术的基本套路。
3. 掌握简化太极拳的24式。
4. 掌握八段锦的功法与练习要领。
5. 了解五禽戏的起源与发展，掌握五禽戏的基本动作与技法。

素质目标

1. 通过学练武术，增强体质，修身养性。
2. 深入了解中华民族优秀传统体育文化的内容，具有发扬民族灿烂文化的意识，培养自强不息、“止戈为武”等武德。

情境导入

动作如行云流水，身形如若水蛟龙。有诗云：大道太极显神功，腾挪闪展俱轻灵。八面支撑守法度，四方戏水舞游龙。天人合一万事空，松静自然养终生。星垂天幕无穷阔，月涌波光入禅境。

健壮的老人往场地中间一站，整个地方仿佛都多了一股威严的气势，他似乎在摸着一个无形的球，仿佛与这风融为一体，变得轻柔温软，但又让人感觉里面潜藏着无限的力量，随时都有可能冲出来，轰出一声巨响。

他把双手往上提，整个人的精气神仿佛也因此升华，嘴角微微扬起，有些得意，却没有扬得太高。

老人的一只脚在地面画出一道清逸出尘的弧线，虽然看似很轻，但若是有人被踢到，必然要摔个大跟头。

第一节　武术概说

中华武术历史悠久，源远流长。她是以中国传统文化为理论基础，以内外兼修、术道并重为鲜明特点的运动。在长期生活与斗争实践中，武术摄养生之精髓，集技击之大成，玄机秘法，深邃莫测，形成了较为系统的技术体系和众多门派，而且她植根于中华传统文化之沃土，蕴含中国传统

武术运动概述

哲理之奥妙，形成了内涵丰富、层次纷杂的庞大理论体系，二者交相辉映，得以使独具中国特色的武术在华夏百花园中焕发异彩。

一、武术的概念

武术的概念是人们认识、研究武术的基本依据。在武术漫长的历史进程中，不同的时期对武术概念的表述不尽相同。

（一）武术概念的内涵

武术概念的内涵，是指概念所反映事物的本质属性。武术是属于中国传统的技术。她的内涵离不开“自卫技能”“技击”“以踢、打、摔、拿、击刺等格斗动作为素材的技击动作”。通过徒手或借助于器械的身体运动来表现攻防格斗的能力，表述武术固有的攻防技击特点。

（二）武术概念的外延

武术概念的外延，是指概念所运用的范围。通过揭示概念的外延来说明这个概念，在逻辑上叫作外延定义。要明确概念的外延，就要按照武术的主要目的和特点来划分。

武术的内容和形式千姿百态，在运动形式上，既有套路的，也有对抗的；既是结合的，又是分离的。

从广义上认识，武术不仅是一项运动项目，而且是一项民族体育，是中国人民长期积累起来的一宗宝贵文化遗产。

（三）武术的概念

通过以上分析，我们已经明确了武术的内涵和外延，并结合中国武术独特的内外兼修的传统文化特征，按照形式逻辑学所说的以内涵定义为主、外延定义为辅的方法，将武术概念表述为：

武术是以技击动作为主要内容，以套路和搏斗为运动形式，注重内外兼修的中国传统体育项目。

二、武术的作用

（一）壮内强外的健身作用

千百年来的习武实践和多年的科学研究，都表明武术由于注重内外兼修，对身体有着多方面的良好影响，经常练习能收到壮内强外的健身效果。

（二）提高防身自卫能力

“防身自卫”在武术产生之初就是其最根本的目的。在冷兵器时代，武术的攻防格斗更是征战杀敌的直接手段。现今的搏斗运动虽然属于体育范畴，但其技术方法却与实用技击术十分接近，绝大多数技术动作在实际搏斗中可以直接运用。

（三）培养道德情操的教育作用

武术在长期的发展中，继承和发扬了中华民族重礼仪、讲道德的优秀传统。“习武以德为先”，说明武术练习历来十分重视武德教育，培养民族自豪感，弘扬民族精神。可以培养青少年尊师重道、讲礼守信、宽以待人、严以律己等良好的心理素质和高尚的道德情

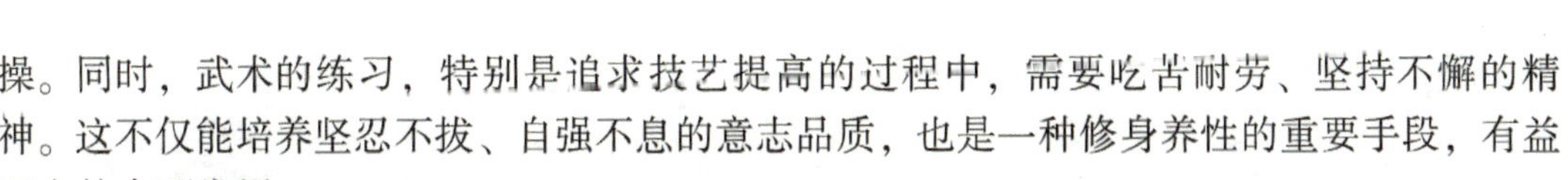

操。同时，武术的练习，特别是追求技艺提高的过程中，需要吃苦耐劳、坚持不懈的精神。这不仅能培养坚忍不拔、自强不息的意志品质，也是一种修身养性的重要手段，有益于人的全面发展。

（四）娱乐观赏，丰富文化生活

武术运动具有很高的观赏价值。套路运动动迅静定的节奏美；踢、打、摔、拿、跌巧妙结合的方法美；内外合一、形神兼备的和谐美引人入胜。搏斗对抗中双方激烈的争夺、精湛的攻防技巧、敢打敢拼的斗志，都可以给人一种美的享受和精神上的激励。将武术运动的技术动作和除恶扬善的侠义精神紧密结合的武侠文化，更是给人们带来了强烈的视觉震撼和精神冲击，极大地丰富了人们的文化生活。

（五）交流技艺，增进友谊

群众性的武术活动讲究“以武会友”，即通过习武的共同爱好，可以切磋技艺、扩大交往、交流思想、增进友谊。随着武术在世界上的广泛传播，还可促进与国外武术爱好者的交流，使他们通过练习武术，了解认识中国文化。通过武术的竞技比赛、演武大会等，还可以促进经贸往来，为经济的繁荣作出一定的贡献。

第二节　武术基本套路

一、基本手形与准备姿势

（一）基本手形

1. 掌

四指并拢伸直，向后伸张，拇指第1指节紧扣虎口处（图13－1）。

2. 拳

五指先并拢伸直，然后将食指、中指、无名指和小指的第2、3节指骨向内作，再将第1节指骨向内作，最后，使大拇指的第2节指骨紧压在食指和中指的第2节指骨上(图13－2)。

3. 钩

五指撮在一起，腕关节叫作钩（图13－3）。

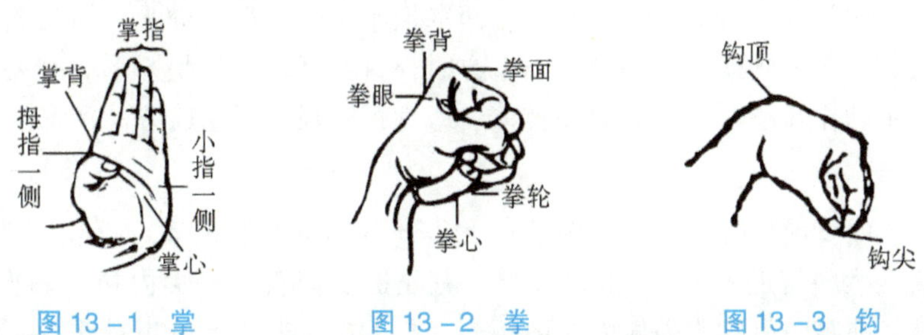

图13－1　掌　　图13－2　拳　　图13－3　钩

（二）准备姿势

抱拳，两脚左右平行站立，与肩同宽。两手握拳抱贴于腰侧，拳心向上；双眼平视前方（图 13－4）。

二、基本套路

图 13－4　准备姿势

（一）冲拳

动作要领：（以左为例）两脚左右平行站立，双腿半蹲，膝盖同脚尖方向一致，双臂夹肘握拳紧贴身体，两手握拳于胸前，拳心向上，收腹、立腰，两眼平视。冲拳时，左脚蹬地，左拳从腰侧向前快速冲出，转腰、顺肩，在左肘过腰时，左臂快速内旋，将力传到腿，平拳拳心向下，立拳拳眼向上，臀部、腹部收紧（图 13－5）。

（二）架拳

动作要领：两脚左右开立，与肩同宽，两拳抱于腰间，拳心向上，肘尖向后。右拳向下、向左、向上、经头前向右上方画弧，小臂急速内旋，在头右上方架起，拳眼向前下。眼随拳走，上架同时向左甩头，眼看左方（图 13－6）。

图 13－5　冲拳

图 13－6　架拳

（三）推掌

动作要领：两脚左右开立，与肩同宽，两拳抱于腰间，拳心向上，肘尖向后。右拳变掌、前臂内旋，以掌根向前发力推击，推击时要转腰，顺肩，高与肩平，左肘向后牵拉，眼前平视（图 13－7）。

（四）亮掌

动作要领：两脚左右开立，与肩同宽，两拳抱于腰间，拳心向上，肘尖向后。右拳变掌，经体侧向右、向上画弧，至头部右前上方时，抖腕亮掌，臂呈弧形。掌心向前，虎口朝下，眼随右手动作转动，亮掌同时左转体、甩头，两眼平视左前方（图 13－8）。

（五）弓步

动作要领：两脚前后开立，左脚向前一大步（为本人脚长的 4～5 倍），脚尖微内扣，左脚屈膝半蹲（大腿接近水平），小腿垂直。右腿挺膝伸直，脚尖内扣（斜向前方）。两脚全脚掌着地，前脚与后脚跟内侧的横向距离为 5～10 厘米；上体正对前方，两眼平视前方，两手抱拳于腰间（图 13－9）。

图 13－7　推掌

图 13－8　亮掌

图 13－9　弓步

（六）马步

动作要领：两脚平行开立（约为本人脚长的 3 倍），脚尖正对前方，屈膝半蹲，两膝内扣，膝部不超过脚尖，大腿略高于水平，全脚着地。身体重心落于两腿之间，两拳抱贴腰侧，两眼向前平视（图 13－10）。

（七）仆步

动作要领：两脚左右开立，左腿屈膝全蹲，大小腿靠紧，膝部和膝关节外展 3°～45°，右脚挺直平仆，脚尖里扣，全脚掌着地，两手抱拳于腰间，眼向左方平视（图 13－11）。

（八）虚步

动作要领：两脚前后开立，右脚外展 45°，屈膝半蹲，左脚跟离地，脚面绷平，脚尖稍内扣；虚点地面，膝微屈，重心落于后腿上，两拳抱贴腰侧或两手叉腰，两眼平视前方（图 13－12）。

（九）歇步

动作要领：两腿左右交叉，左脚全脚掌着地，脚尖外展，右脚前脚掌着地，左膝外侧与右小腿外侧贴紧，臀部坐于右腿接近脚跟处，上体稍前倾并向前腿方向拧转，两手抱拳于腰间，两眼平视左前方（图 13－13）。

图 13－10　马步

图 13－11　仆步

图 13－12　虚步

图 13－13　歇步

（十）五步拳

五步拳是由弓步、马步、仆步、虚步、歇步五种步型结合搂手、冲拳、按掌、穿掌、挑掌、架打、盖打等手法进行的组合练习。其按顺序分别为：预备姿势、拗弓步冲拳、弹腿冲拳、马步架打、歇步盖打、歇步冲拳、提膝仆步穿掌、仆步挑掌、虚步挑掌、收势。

1. 预备姿势

并步抱拳。

2. 拗弓步冲拳

动作要领：呈左弓步，左手向左平搂收回腰间抱拳；右拳向前冲拳呈平拳，目视前方（图 13－14）。

3. 弹腿冲拳

动作要领：重心前移，右腿向前弹踢，同时左拳向前冲拳呈平拳，收右拳，眼向前方平视（图 13－15）。

图 13－14　拗弓步冲拳

图 13－15　弹腿冲拳

4. 马步架打

动作要领：右脚落地，向左转体 90°，下蹲呈马步，同时左拳变掌，屈臂上架，冲右拳；目视右前方（图 13－16）。

5. 歇步盖打

动作要领：左脚向右脚后插一步，同时右拳变掌向左下盖，掌外沿向前，身体左转 90°，收左拳；目视右掌（图 13－17）。

6. 歇步冲拳

动作要领：上动不停，两腿屈膝下蹲呈歇步，同时冲左拳，右拳收回腰间，目视左拳（图 13－18）。

图 13－16　马步架打

图 13－17　歇步盖打

图 13－18　歇步冲拳

7. 提膝仆步穿掌

动作要领：两腿起立，身体左转。随即左拳变掌，顺势收至右腋下；右拳变掌，由左手背上穿出，掌心向上。同时左腿提膝，左手收至右腋下，目视右手（图 13－19）。

8. 仆步挑掌

动作要领：上动不停，左脚落地呈仆步；左手掌指朝前，沿左腿内侧穿至左脚面。目

视左掌（图 13－20）。

9. 虚步挑掌

动作要领：左腿屈膝前弓，右脚前上呈右虚步。同时左手向后画弧呈钩手，略比肩高，右手顺右腿外侧向上挑掌。眼向前方平视（图 13－21）。

图 13－19　提膝仆步穿掌

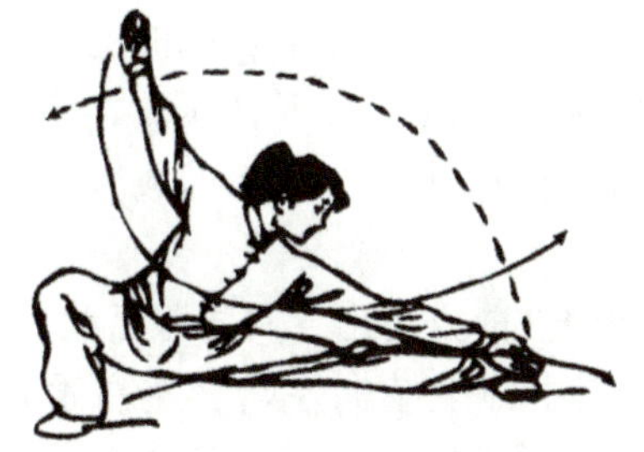
图 13－20　仆步挑掌

图 13－21　虚步挑掌

10. 收势

并步抱拳，收势。

第三节　简化太极拳

太极拳

太极拳是中国武术的优秀拳种之一，中华民族宝贵的文化遗产，民族的瑰宝，是历史悠久的一种健身武术，作为强身健体、防病治病的运动方式在民间广为流传。它既可调和人体之阴阳，又能疏通人体之经络；既能扶正祛邪，又能健体强身。它是集防身、养身、修身、娱身功能于一体的最直接、最基本、最重要的基础，也是延年益寿的最佳运动方式之一。

太极拳不仅外形独特，其在内功上也有独特的要求。练太极拳时，要用意而不用力，在内是意气运动，在外则是神气鼓荡运动，即用意与行气相结合。这种意气运动的特点是太极拳的精华所在。在体育保健上，太极拳不仅能增强运动器官与内脏器官的功能，还可以锻炼和增强意识的运作能力，并通过意念运作使气活跃于全身。意气相互增长并表现旺盛，这种情况下，身体自然强壮。

太极拳是一种柔和、缓慢的拳术。动作圆活并处处带有弧形，运动前后贯串。练习太极拳，对中枢神经系统、呼吸和心脏血管系统、消化系统、骨骼肌肉等运动器官都有良好作用。再加上它要求意识引导动作，配合均匀深沉的呼吸，练习之后，周身血脉流通而又不气喘，身心舒适，精神焕发。因此，它也适合于一些慢性病患者作为医疗体育的手段，有较大的医疗保健价值。

下面介绍简化太极拳（24 式）动作要点。

一、起势

（1）身体自然直立，两脚开立，与肩同宽，脚尖向前；两臂自然下垂，两手放在大腿外侧；眼向前平看。

（2）两臂慢慢向前平举，两手高与肩平，与肩同宽，手心向下。

(3) 上体保持正直，两腿屈膝下蹲；同时两掌轻轻下按，两肘下垂与两膝相对；眼平视前方。

起势动作见图 13－22。

图 13－22　起势

二、野马分鬃

(1) 上体微向右转，身体重心移至右腿上；同时右臂收在胸前平屈，手心向下，左手经体前向右下画弧放在右手下，手心向上，两手心相对呈抱球状；左脚随即收到右脚内侧，脚尖点地；眼看右手。

(2) 上体微向左传，左脚向左前方迈出，右脚跟后蹬，右腿自然伸直，呈左弓步；同时上体继续向左转，左右手随转体慢慢分别向左上右下分开，左手高与眼平，肘微屈；右手落在右胯旁，肘也微屈，手心向下，指尖向前；眼看左手。

(3) 上体慢慢后坐，身体重心移至右腿，左脚尖翘起，微向外撇（45°～60°），随后脚掌慢慢踏实，左腿慢慢前弓，身体左转，身体重心再移至左腿；同时左手翻转向下，左臂收在胸前平屈，右手向左上画弧放在左手下，两手心相对呈抱球状；右脚随即收到左脚内侧，脚尖点地；眼看左手。

(4) 右腿向右前方迈出，左腿自然伸直，呈右弓步；同时上体右转，左右手随转体分别慢慢向左下右上分开，右手高与眼平（手心斜向上），肘微屈；左手落在左胯旁，肘也微屈，手心向下，指尖向上；眼看右手。

左右野马分鬃动作见图13－23。

图 13－23　野马分鬃

三、白鹤亮翅

(1) 上体微向左转，左手翻掌向下，左臂平屈胸前，右手向左上画弧，手心转向上，与左手呈抱球状；眼看左手。

(2) 右脚跟进半步，上体后坐，身体重心移至右腿，上体先向右转，面向左前方，眼看右手；然后左脚稍向前移，脚尖点地，呈左虚步，同时上体再微向左转，面向前方，两手随转体慢慢向右上左下分开，右手上提停于右额前，手心向左后方，左手落于左胯前，手心向下，指尖向前；眼平看前方。

白鹤亮翅动作见图 13－24。

图 13－24　白鹤亮翅

四、搂膝拗步

(1) 右手从体前下落，由下向后上方画弧至右肩外侧，肘微屈，手与耳同高，手心斜向上；左手由左下向上，向右下方画弧至右胸前，手心斜向下；同时上体先微向左再向右转；左脚收至右脚内侧，脚尖点地，眼看右手。

（2）上体左转，右脚向前（偏左）迈出呈左弓步；同时右手屈回由耳侧向前推出，高与鼻尖平，左手向下由左膝前搂过落于左胯旁，指尖向前；眼看右手手指。

（3）右腿慢慢屈膝，上体后坐，身体重心移至右腿，左脚尖翘起微向外撇，随后脚掌慢慢踏实，左腿前弓，身体左转，身体重心移至左腿，右脚收到左脚内侧，脚尖点地；同时左手向外翻掌由左后向上画弧至左肩外侧，肘微屈，手与耳同高，手心斜向上；右手随转体向上、向左下画弧落于左胸前，手心斜向下；眼看左手。

搂膝拗步动作见图 13－25。

图 13－25 搂膝拗步

五、手挥琵琶

右脚跟进半步，上体后坐，身体重心转至右腿上，上体半面向右转，左脚略提起稍向前移，变成左虚步，脚跟着地，脚尖翘起，膝部微屈；同时左手由左下向上挑举，高与鼻尖平，掌心向右，臂微屈；右手收回放在左臂肘部里侧，掌心向左；眼看左手食指。

手挥琵琶动作见图 13－26。

六、倒卷肱

（1）上体右转，右手翻掌（手心向上）经腹前由下向后上方画弧平举，臂微屈，左手随即翻掌向上；眼的视线随着向右转体先向右看，再转向前方看左手。

（2）右臂屈肘折向前，右手由耳侧向前推出，手心向前，左臂屈肘后撤，手心向上，撤至左肋外侧；同时左腿轻轻提起向后（偏左）退一步，脚掌先着地，然后全脚慢慢踏实，身体重心移到左腿上，呈右虚步，右脚随转体以脚掌为轴扭正；眼看右手。

（3）上体微向左转，同时左手随转体向后上方画弧平举，手心向上，右手随即翻掌，掌心向上；眼随转体先向左看，再转向前方看右手。

左右倒卷肱动作见图 13－27。

图 13－26 手挥琵琶

图 13－27 倒卷肱

七、左揽雀尾

（1）上体微向右转，同时右手随转体向后上方画弧平举，手心向上；眼看左手。

（2）身体继续向右转，左手自然下落逐渐翻掌经腹前画弧至右肋前，手心向上；右臂屈肘，手心转向下，收至右胸前，两手相对呈抱球状；同时身体重心落在右腿上，左脚收到右脚内侧，脚尖点地；眼看右手。

（3）上体微向左转，左脚向左前方迈出，上体继续向左转，右腿自然蹬直，左腿屈膝，呈左弓步；同时左臂向左前方送出（左臂平屈呈弓形，用前臂外侧和手背向前方推出），高与肩平，手心向后；右手向右下落放于右胯旁，手心向下，指尖向前；眼看左前臂。

（4）身体微向左转，左手随即前伸翻掌向下，右手翻掌向上，经腹前向上、向前伸至前臂下方；然后两手下捋，即上体向右转，两手经腹前向右后上方画弧，直至右手手心向上，高与肩齐，左臂平屈于胸前，手心向后；同时身体重心移至右腿；眼看右手。

（5）上体微向左转，右臂屈肘折回，右手附于左手腕里侧（相距约 5 厘米），上体继续向左转，双手同时向前慢慢挤出，左手心向后，右手心向前，左前臂要保持半圆；同时身体重心逐渐前移变成左弓步；眼看左手腕部。

（6）左手翻掌，手心向下，右手经左腕上方向前、向右伸出，高与左手齐，手心向下，两手左右分开，宽与肩同；然后右腿屈膝，上体慢慢后坐，身体重心移至右腿上，左脚尖翘起；同时两手屈肘回收至腹前，手心均向前下方；眼向前平看。

（7）上式不停，身体重心慢慢前移，同时两手向前，向上按出，掌心向前；左腿前弓呈左弓步；眼平看前方。

左揽雀尾动作见图 13－28。

图 13－28　左揽雀尾

八、右揽雀尾

上体后坐并向右转，身体重心移至右腿，左脚尖里扣；右手向右平行画弧至右侧，然后由右下经腹前向左上画弧至左肋前，手心向上；左臂平屈胸前，左手掌向下与右手呈抱

图 13－29 右揽雀尾

球状；同时身体重心再移至左腿上，右腿收至左脚内侧，脚尖点地；眼看左手。

右揽雀尾动作见图 13－29。

九、单鞭

（1）上体后坐，身体重心逐渐移至左腿上，右脚尖里扣；同时上体左传，两手（左高右低）向左弧形运转，直至左臂平举，伸于身体左侧，手心向左，右手经腹前运至左肋前，手心向后上方；眼看左手。

（2）身体重心再渐渐移至右腿上，上体右转，左脚向右脚靠拢。脚尖点地；同时右手向右上方画弧（手心由里转向外），至右侧方时变钩手，臂与肩平；左手向下经腹前向右上画弧停于右肩前，手心向里；眼看左手。

（3）上体微向左转，左脚向左前侧方迈出，右脚跟后蹬，呈左弓步；在身体重心移向左腿的同时，左掌随上体的继续左转慢慢翻转向前推出，手心向前，手指与眼齐平，臂微屈；眼看左手。

单鞭动作见图 13－30。

图 13－30 单鞭

十、云手

（1）身体重心移至右腿上，身体渐向右转，左脚尖里扣；左手经腹前向右上画弧至右肩前，手心斜向后，同时右手变掌，手心向右前；眼看左手。

（2）上体慢慢左转，身体重心随之逐渐左移；左手由脸前向左侧运转，手心渐渐转向左方；右手由右下经腹前向左上画弧，至左肩前，手心斜向后；同时右脚靠近左脚，呈小开立步（两脚距离 10～20 厘米）；眼看右手。

（3）上体再向右转，同时左手经腹前向右上画弧至右肩前，手心斜向后；右手向右侧运转，手心翻转向右；随之左腿向左横跨一步；眼看左手。

云手动作见图 13－31。

十一、单鞭

（1）上体向右转，右手随之向右运转，至右侧方时变成钩手；左手经腹前向右上画弧至右肩前，手心向内；身体重心落在右腿上，左脚尖点地；眼看左手。

（2）上体微向左转，左脚向左前侧方迈出，右脚跟后蹬，呈左弓步；在身体重心移向

图 13－31　云手

图 13－32　单鞭

左腿的同时，上体继续左转，左掌慢慢翻转向前推出，呈单鞭式。

单鞭动作见图 13－32。

十二、高探马

（1）右脚跟进半步，身体重心逐渐后移至右腿上；右钩手变成掌，两手心翻转向上，两肘微屈；同时身体微向右转，左脚跟渐渐离地；眼看左前方。

（2）上体微向左转，面向前方；右掌经右耳旁向前推出，手心向前，手指与眼同高；左手收至左侧腰前，手心向上；同时左脚微向前移，脚尖点地，呈左虚步；眼看右手。

高探马动作见图 13－33。

图 13－33　高探马

十三、右蹬脚

（1）左手手心向上，前伸至右手腕背面，两手相互交叉，随即向两侧分开并向下画弧，手心斜向下；同时左脚提起向左前侧方进步（脚尖略外撇）；身体重心前移，右腿自然蹬直，呈左弓步；眼看前方。

（2）两手由外圈向里圈画弧，两手交叉合抱于胸前，右手在外，手心均向后；同时右脚向左脚靠拢，脚尖点地；眼平看右前方。

（3）两臂左右画弧分开平举，肘部微屈，手心均向外；同时右腿屈膝提起，右脚向右前方慢慢蹬出；眼看右手。

右蹬脚动作见图 13－34。

图 13－34　右蹬脚

十四、双峰贯耳

(1) 右腿收回，屈膝平举，左手由后向上、向前下落至体前，两手心均翻转向上，两手同时向下画弧分落于右膝盖两侧；眼看前方。

(2) 右脚向右前方落下，身体重心渐渐前移，呈右弓步，面向右前方；同时两手下落，慢慢变拳，分别从两侧向上、向前画弧至面部前方，呈钳形状，两拳相对，高与耳齐，拳眼都斜向内下（两拳中间距离 10～20 厘米）；眼看右拳。

双峰贯耳动作见图 13－35。

图 13－35　双峰贯耳

十五、转身左蹬脚

(1) 左腿屈膝后坐，身体重心移至左腿，上体左转，由脚尖里扣；同时两拳变掌，由上向左右画弧分开平举，手心向前；眼看左手。

(2) 身体重心再移至右腿，左脚收到右脚内侧，脚尖点地；同时两手由外圈向里圈画弧合抱于胸前，左手在外，手心均向后；眼平看左方。

(3) 两臂左右画弧分开平举，肘部微屈，手心均向外；同时左腿屈膝提起，左脚向左前方慢慢蹬出；眼看左手。

转身左蹬脚动作见图 13－36。

图 13－36　转身左蹬脚

十六、左下势独立

(1) 左腿收回平屈，上体右转；右掌变成钩手，左掌向上、向右画弧下落，立于右肩前，掌心斜向后；眼看右手。

（2）右腿慢慢屈膝下蹲，左腿由内向左侧（偏后）伸出，呈左仆步；左手下落（掌心向外）向左下顺左腿内侧向前穿出；眼看左手。

（3）身体重心前移，左脚跟为轴，脚尖尽量向外撇，左腿前弓，右腿后蹬，右脚尖里扣，上体微向左转并向前起身；同时左臂继续向前伸出（立掌），掌心向右，右钩手下落，钩尖向后；眼看左手。

（4）右腿慢慢提起平屈，呈左独立式；同时右钩手变掌，并由后下方顺右腿外侧向前弧形摆出，屈臂立于右腿上方，肘与膝相对，手心向左；左手落于左胯旁，手心向下，指尖向前；眼看右手。

左下势独立动作见图 13－37。

图 13－37　左下势独立

十七、右下势独立

右脚下落于左脚前，脚掌着地，然后左脚前掌为轴脚跟转动，身体随之左转；同时左手向后平举变成钩手，右掌随着转体向左侧画弧，立于左肩前，掌心斜向后；眼看左手。

右下势独立动作见图 13－38。

图 13－38　右下势独立

十八、左右穿梭

（1）身体微向左转，左脚向前落地，脚尖外撇，右脚跟离地，两腿屈膝呈半坐盘式；同时两手在左胸前呈抱球状（左上右下）；然后右脚收到左脚的内侧，脚尖点地；眼看左前臂。

（2）身体右转，右脚向右前方迈出，屈膝弓腿，呈右弓步；同时右手由脸前向上举并翻掌停在右额前，手心斜向上；左手先向左下再经体前向前推出，高与鼻尖平，手心向前；眼看左手。

（3）身体重心略向后移，右脚尖稍向外撇，随即身体重心再移至右腿，左脚跟进，停于右脚内侧，脚尖点地；同时两手在右胸前呈抱球状（右上左下）；眼看右前臂。

左右穿梭动作见图 13－39。

十九、海底针

右脚向前跟进半步，身体重心移至右腿，左脚稍向前移，脚尖点地，呈左虚步；同时身体稍向右转，右手下落经体前向后、向上提抽至肩上耳旁，再随身体左转，由右耳旁斜

图 13－39 左右穿梭

向前下方插出，掌心向左，指尖斜向下；与此同时，左手向前，向下画弧落于左胯旁，手心向下，指尖向前；眼看前下方。

海底针动作见图 13－40。

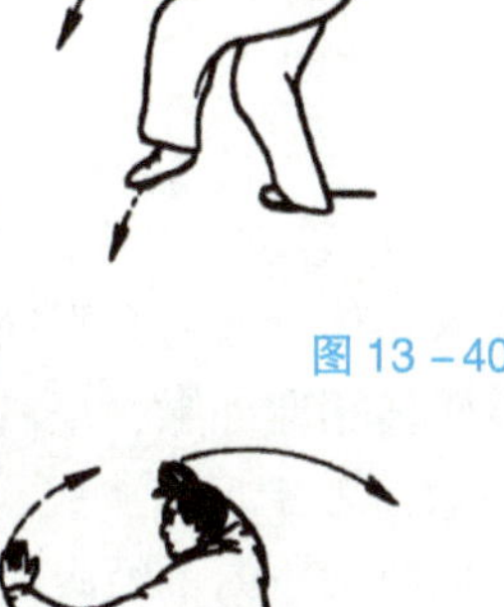

图 13－40 海底针

二十、闪通臂

上体稍向右转，左脚向前迈出，屈膝弓腿呈左弓步；同时右手由体前上提，屈臂上举，停于右额前上方，掌心翻转斜向上，拇指朝下；左手上起经胸前向前推出，高与鼻尖平，手心向前；眼看左手。

闪通臂动作见图 13－41。

图 13－41 闪通臂

二十一、转身搬拦捶

（1）上体后坐，身体重心移至右腿上，左脚尖里扣，身体向右后转，然后身体重心再移至左腿上；与此同时，右手随着转体向右、向下（变拳）经腹前画弧至左肋旁，拳心向下；左掌上举于头前，掌心斜向上；眼看前方。

（2）向右转体，右拳经胸前向前翻转撇出，拳心向上；左手落于左胯旁，掌心向下，指尖向前；同时右脚收回后（不要停顿或脚尖点地）即向前迈出，脚尖外撇；眼看右拳。

（3）身体重心移至右腿上，左脚向前迈一步；左手上起经左侧向前上画弧拦出，掌心向前下方；同时右拳向右画弧收到右腰旁，拳心向上；眼看左手。

（4）左腿前弓呈左弓步，同时右拳向前打出，拳眼向上，高与胸平，左手附于右前臂里侧；眼看右拳。

转身搬拦捶动作见图 13－42。

二十二、如封似闭

（1）左手由右腕下向前伸出，右拳变掌，两手手心逐渐翻转向上并慢慢分开回收；同

图 13－42　转身搬拦捶

时身体后坐，左脚尖翘起，身体重心移至右腿；眼看前方。

（2）两手在胸前翻掌，向下经腹前再向上、向前推出，腕部与肩平，手心向前；同时左腿前弓呈左弓步；眼看前方。

如封似闭动作见图 13－43。

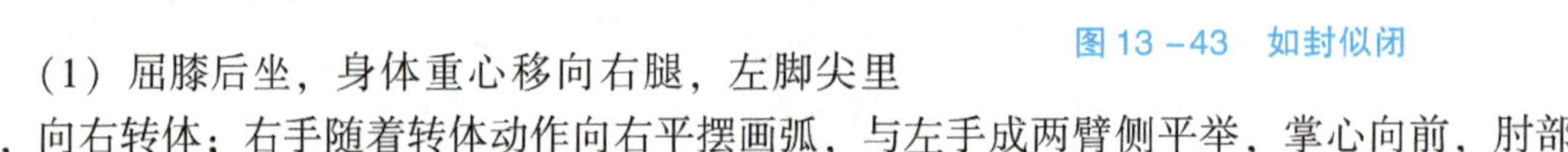

图 13－43　如封似闭

二十三、十字手

（1）屈膝后坐，身体重心移向右腿，左脚尖里扣，向右转体；右手随着转体动作向右平摆画弧，与左手成两臂侧平举，掌心向前，肘部微屈；同时右脚尖随着转体稍向外撇，呈右侧弓步；眼看右手。

（2）身体重心慢慢移至左腿，右脚尖里扣，随即向左收回，两脚距离与肩同宽，两腿逐渐蹬直，呈开立步；同时两手向下经腹前向上画弧交叉合抱于胸前，两臂撑圆，腕高与肩平，右手在外，呈十字手，手心均向后；眼看前方。

十字手动作见图 13－44。

图 13－44　十字手

二十四、收势

两手向外翻掌，手心向下，两臂慢慢下落，停于身体两侧；眼看前方。

收势动作见图 13－45。

图 13-45 收势

第四节 八 段 锦

八段锦

八段锦功法是一套独立而完整的健身功法，起源于北宋，至今共800多年的历史。古人把这套动作比喻为“锦”，意为五颜六色，美而华贵。体现其动作舒展优美，视其为“祛病健身，效果极好；编排精致；动作完美”。现代的八段锦在内容与名称上均有所改变，此功法分为八段，每段一个动作，故名为“八段锦”。该功法简单易学，功效却极其显著，适合于男女老少，可使瘦者健壮，肥者减肥。八段锦的体式有坐式和站式两种：坐式练法恬静，运动量较小；站式运动量较大，适于各种年龄、各种身体状况的人锻炼。本节介绍站式八段锦。

一、站式八段锦功法动作分解

（一）预备势

左脚开步，与肩同宽，屈膝下蹲，掌抱腹前，中正安舒，呼吸自然，心神宁静，意守丹田（图13-46）。

1. 第一段：两手托天理三焦

（1）两手体前十指交叉，上举，托天（图13-47）。

图 13-46 预备势

图 13-47 两手托天理三焦（1）

（2）两手打开经体侧下落，还原（图 13－48）。

图 13－48　两手托天理三焦（2）

2. 第二段：左右开弓似射雕

（1）左脚开步，两臂胸前交叉（图 13－49）。

（2）下蹲拉弓（图 13－50）。

（3）按右掌收左脚，起身。

（4）右脚开步，两臂胸前交叉。

（5）下蹲拉弓。

（6）按左掌收右脚，起身。

图 13－49　左右开弓似射雕（1）

图 13－50　左右开弓似射雕（2）

3. 第三段：调理脾胃须单举

（1）两腿慢慢挺膝伸直，左掌随之上托，左臂经面前外旋上穿，随之内旋上举到头左上方，肘微屈，掌指向右，掌心向上，力达掌根；同时右掌微微上托，右臂随之内旋下按至右髋旁，肘微屈，掌指向前，掌心向下，力达掌根，稍停；目视前方（图 13－51、图 13－52）。

图 13－51　调理脾胃须单举（1）　　图 13－52　调理脾胃须单举（2）

（2）松腰沉髋，重心缓缓下移，两腿微屈；同时右臂屈肘外旋，随之经面前下落于腹前，掌心向上；左臂外旋，并向上捧于腹前，两掌掌心向上，指尖相对，距离约为 10 厘米；目视前方（图 13－53）。

（3）头转正还原，屈膝按掌（15－54）。

图 13－53　调理脾胃须单举（3）　　图 13－54　调理脾胃须单举（4）

4. 第四段：五劳七伤往后瞧

（1）两腿缓缓挺膝伸直，同时双臂向两侧伸展，掌心向后，指尖向下；目视前方（图 13－55）。

（2）接着，两臂充分外旋，掌心向外，头向左后转，稍停；目视左斜后方（图13－56）。

（3）头转正还原，屈膝按掌（图 13－57）。

5. 第五段：摇头摆尾去心火

（1）开步上举（图 13－58）。

（2）下蹲按掌（图 13－59）。

（3）起身右倾（图 13－60）。

（4）俯身左旋（图 13－61）。

（5）身体重心从左移向右，同时，身体由左向前、向右旋转；目视左脚（图13－62）。

图 13-55　五劳七伤往后瞧（1）

图 13-56　五劳七伤往后瞧（2）

图 13-57　五劳七伤往后瞧（3）

图 13-58　摇头摆尾去心火（1）

图 13-59　摇头摆尾去心火（2）

图 13-60　摇头摆尾去心火(3)　图 13-61　摇头摆尾去心火(4)　图 13-62　摇头摆尾去心火(5)

（6）身体重心从右移向左，蹲成马步；同时，上体直立，头向后摇，下颌微收；目视前方（图 13－63）。

（7）本式左右共做 3 遍，做完第 3 遍后，身体重心再向左移，右脚收回，双脚呈开立步，距离约与肩同宽；同时，两掌向外经两侧上举，掌心相对；目视前方（图 13－64）。

（8）松腰沉髋，重心缓慢下移，两腿微屈，两掌经面前下按至腹前，掌心向下，指尖相对；目视前方（图 13－65）。

图 13－63 摇头摆尾去心火（6）

图 13－64 摇头摆尾去心火（7）

图 13－65 摇头摆尾去心火（8）

6. 第六段：两手攀足固肾腰

（1）两腿挺膝站立，同时两掌指尖向前，手臂向前上方举起，掌心向前，肘关节伸直；目视前方（图 13－66）。

（2）两臂外旋，掌心相对，屈肘，两掌下按至胸前，指尖相对，掌心向下；目视前方（图 13－67）。

（3）两臂外旋至两掌心朝上，然后两手顺腋下往后插；目视前方（图 13－68）。

（4）两掌由内沿脊柱两侧朝下摩运至臀部，上体随之前俯，两掌继续沿腿后向下摩运，过脚两侧置于脚面，抬头，稍停；目视前下方（图 13－69）。

图 13－66 两手攀足固肾腰（1）

图 13－67 两手攀足固肾腰（2）

（5）两掌沿地面前伸，手臂随之带动上体起立，两臂伸直向上举，掌心向前；目视前方（图 13－70）。

（6）本式共做 6 遍，做完第 6 遍后，松腰沉髋，重心下移，两腿膝关节微微前屈；同时，两掌向前向下按至腹前，掌心向下，指尖向前；目视前方（图 4－71）。

图 13－68　两手攀足固肾腰（3）

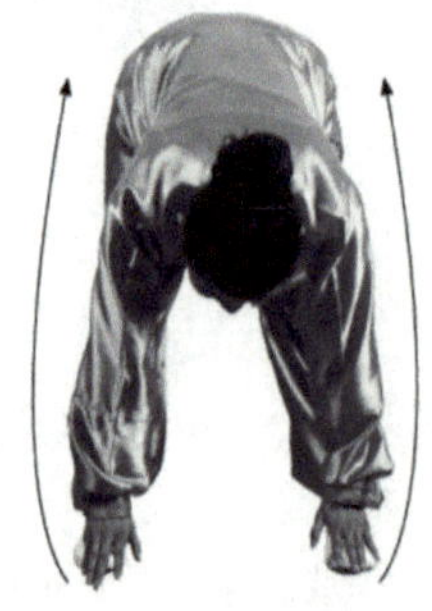

图 13－69　两手攀足固肾腰（4）

图 13－70　两手攀足固肾腰（5）

图 13－71　两手攀足固肾腰（6）

7. 第七段：攒拳怒目增气力

（1）开步下蹲，两手握拳（图 13－72）。

（2）左拳缓缓用力向前方击出，约与肩同高，拳眼朝上；瞪目，目视左拳击出方向（图 13－73）。

（3）左臂内旋，左拳随之变为掌，虎口朝下；目视左掌（图 13－74）。

（4）左臂外旋，屈肘，同时左掌向左缠绕，变掌心向上后握拳；目视左拳（图 13－75）。

（5）屈肘，左拳内旋、回收至腰际，拳眼朝上；目视前方（图 13－76）。

（6）右拳缓缓用力向前方击出，约与肩同高，拳眼朝上；瞪目，目视右拳击出方向（图 13－77）。

图 13－72　攒拳怒目增气力（1）

图 13－73　攒拳怒目增气力（2）

图 13－74　攒拳怒目增气力（3）

图 13－75　攒拳怒目增气力（4）

图 13－76　攒拳怒目增气力（5）

图 13－77　攒拳怒目增气力（6）

8. 第八段：背后七颠百病消

（1）两脚提踵（图 13－78）。

（2）双脚脚跟向下落地，轻震地面；目视前方（图 13－79）。

图 13－78　背后七颠百病消（1）

图 13－79　背后七颠百病消（2）

（二）收势

两掌合于腹前，体态安详，周身放松，呼吸均匀，气沉丹田。

二、站式八段锦练习要领

（一）松静自然

松静自然，是练功的基本要领，也是最根本的法则。松，是指精神与形体两方面的放松。精神的放松，主要是解除心理和生理上的紧张状态；形体上的放松，是指关节、肌肉及脏腑的放松。静，是指思想和情绪要平稳安宁，排除一切杂念。自然，是指形体、呼吸、意念都要顺其自然。

（二）准确灵活

准确，主要是指练功时的姿势与方法要正确，合乎规格。在学习初始阶段，基本身形的锻炼最为重要。在学习各式动作时，要对动作的路线、方位、角度、虚实、松紧分辨清楚，做到姿势工整，方法准确。灵活，是指习练时对动作幅度的大小、姿势的高低、用力的大小、习练的数量、意念的运用、呼吸的调整等，都要根据自身情况灵活掌握。

（三）练养相兼

练，是指形体运动、呼吸调整与心理调节有机结合的锻炼过程。养，是通过上述练习，身体出现的轻松舒适、呼吸柔和、意守绵绵的静养状态。练习者应做到“练中有养”“养中有练”。特别要合理安排练习的时间、数量，把握好强度，处理好“意”“气”“形”三者的关系。

（四）循序渐进

在初学阶段，习练者首先要克服动作僵硬、手脚配合不协调、顾此失彼等问题。经过一段时间和数量的习练，姿势逐渐工整，方法逐步准确，动作的连贯性与控制能力得到提高，对动作要领的体会不断加深。待动作熟练后，习练者可采用练功时的常用方法——腹式呼吸，并持之以恒，循序渐进，合理安排好运动量，最后达到动作、呼吸、意念的有机结合。

第五节 五 禽 戏

五禽戏

一、五禽戏的起源和发展

（一）五禽戏的起源

五禽戏又称“五禽操”“五禽气功”“百步汗戏”等，据说是东汉名医华佗根据古代导引、吐纳之术，研究了虎、鹿、熊、猿、鸟五种动物的基本习性和生活特点，并结合人体的经络、脏腑、气血、穴位等的原理编创的一套民族健身功法，也是古代体育锻炼的一种重要方法，具有疏通筋骨、防病治病、延年益寿的功效。

五禽戏的起源可以追溯到远古时代。在《吕氏春秋·古乐篇》中曾记载，当时有不少百姓得了关节病，为此，就有了“乃制为舞”“以利导之”的治病方法，而具有“利导”作用的“舞”便成了中华气功的一种萌芽。另外，《庄子》中说：“吹呼吸，吐故纳新，熊经鸟申（伸），为寿而已矣。”而“熊经鸟申”就是对古代养生之士模仿动物姿势习练气功的生动而形象的描绘。

对五禽戏是华佗编创的最早记录见于西晋陈寿的《三国志·华佗传》：“吾有一术，名五禽之戏，一曰虎，二曰鹿，三曰熊，四曰猿，五曰鸟。亦以除疾，并利蹄足，以当导引。”南北朝时期的范晔在《后汉书·华佗传》中也有对此的记载，这更证明了华佗编创五禽戏确有其事，不过可惜的是，有文无图。

此后，南北朝时期的陶弘景、明代的周履靖、清代的曹无极和曹锡蕃对五禽戏做了更为全面的记载，除了文字，还配了图，并对习练法进行了详细描述。这些记载对“五禽”动作、神态、习练顺序及与气血等的关系描述，与华佗所创五禽最为接近，这也成为后人研究五禽戏起源的重要文献资料。

（二）五禽戏的发展

虽然五禽戏的“戏”是嬉戏、游戏的意思，但它不是一套简单的导引术或体操，而是一套高级的保健养身功法，是中国最早的、最完整的医疗保健操，对后世的气功、武术等具有重大影响。

1982 年，五禽戏等中国传统健身法成为医学类大学推广的“保健体育课”的内容之一。2003 年，中国国家体育总局把重新编排后的五禽戏等健身法作为“健身气功”的内容之一推广到全国。五禽戏发展到现在，已经形成了许多流派，每个流派都有各自不同的特色和风格，有些甚至冠以华佗之名。但无论哪一派，外功型还是内功型、锻炼身体还是意念，都是在模仿“五禽”动作的基础上，以强身健体、防病治病、健身延年等为目的的功法。

二、五禽戏的基本动作与技法

（一）基本手形

1. 虎爪

五指张开，虎口尽量撑圆，手指的第 1、2 弯曲内扣，像虎爪一样充满力道（图13－80）。

2. 鹿掌

中指、无名指弯曲内扣，其余三指伸直（图 13－81）。

3. 熊掌

除拇指外的其余四指并拢弯曲，不需要握紧，虎口撑圆，大拇指压于食指指端（图 13－82）。

图 13－80　虎爪

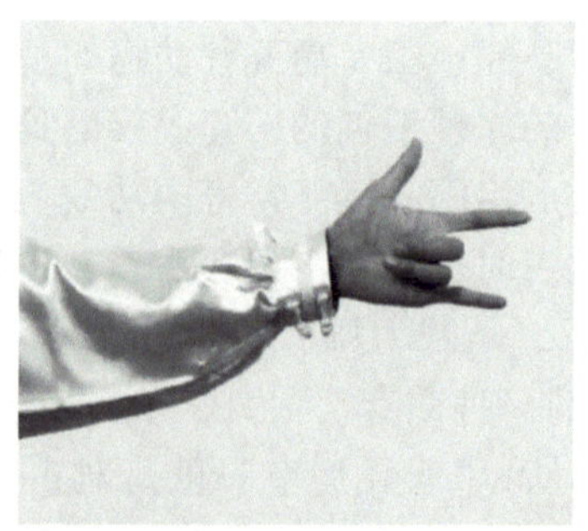

图 13－81　鹿掌

图 13－82　熊掌

4. 猿钩

五指指腹捏拢，屈腕（图 13－83）。

5. 鸟翅

五指并拢伸直，中指、无名指弯曲内扣（图 13－84）。

6. 握固

拇指抵掐无名指指根内侧，其余四指屈拢收于手心（图 13－85）。

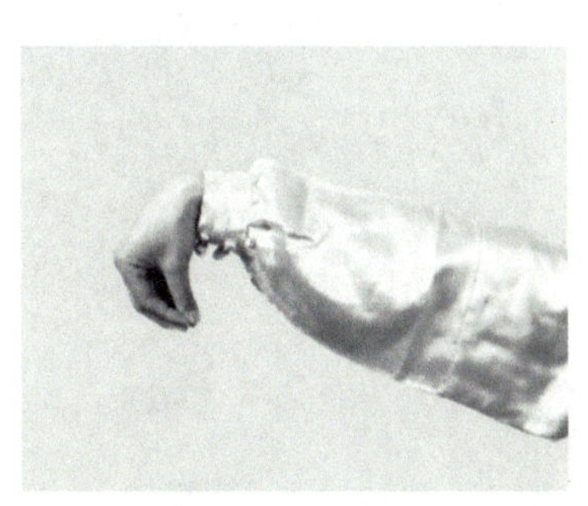

图 13－83 猿钩

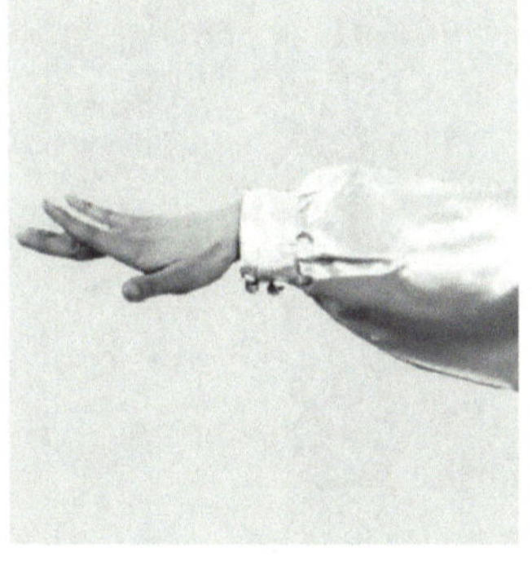

图 13－84 鸟翅

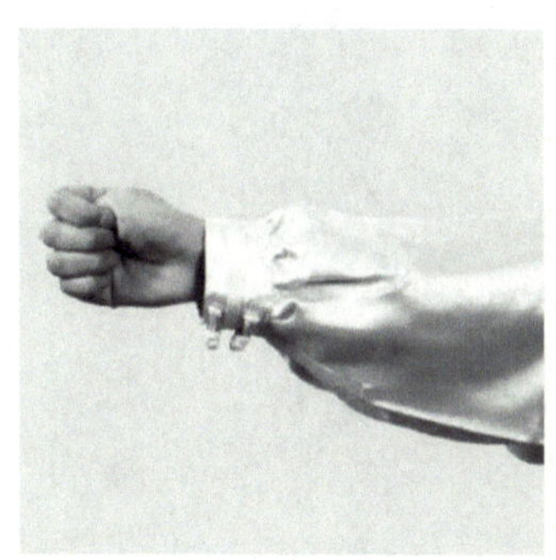

图 13－85 握固

（二）基本步型

1. 弓步

一腿向任何方向迈出一大步，同时膝关节弯曲成 90°左右，膝关节与脚尖上下相对，脚尖稍内扣；另一腿自然伸直，全脚掌着地，脚尖稍内扣，且上体与地面垂直。按动作的方向有侧弓步、前弓步、后弓步等（图 13－86）。

2. 虚步

一脚向前迈出一步，脚跟着地，与臀部上下相对，脚尖上翘，膝盖微屈；另一条腿屈膝下蹲，全脚掌着地，脚尖斜向前方；身体重心七分落于支撑腿，三分落于虚步腿（图 13－87）。

3. 丁步

左腿支撑，右腿屈膝上提，右脚绷脚面内扣于左腿前（图 13－88）。

图 13－86 弓步

图 13－87 虚步

图 13－88 丁步

4. 提踵

双脚脚跟提起，头部百会穴牵动身体垂直向上，同时收腹、提肛（图 13－89）。

5. 提膝

右腿支撑，左腿提起，小腿垂直于地面（图 13－90）。

6. 后举腿

单脚支撑，另一脚向后悬起或扣摆于支撑腿上（图 13－91）。

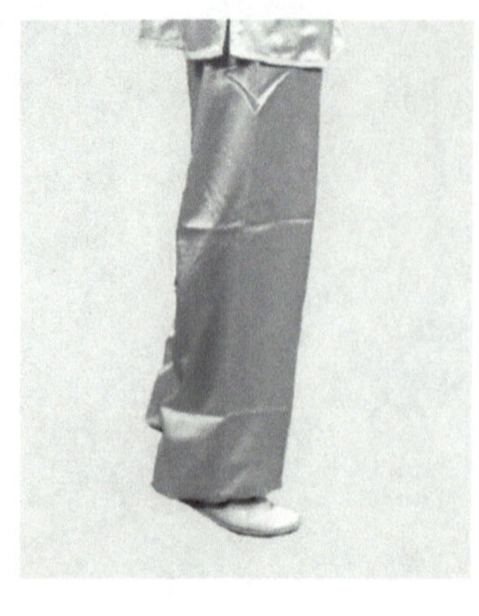

图 13－89　提踵

图 13－90　提膝

图 13－91　后举腿

三、虎戏

（一）第一式：虎举

1. 动作口诀

双手伸展变爪状，外旋下按至腹前。

（1）双手掌心向下，十指展开，再弯曲呈虎爪状，头自然低下；目视双掌（图13－92）。

（2）小指先弯曲，其余四指依次弯曲握拳，然后，双拳沿体前慢慢上提（图13－93）。

（3）等双拳移至肩前时，十指打开，上举至头上方，手指再弯曲呈虎爪状；目视双掌（图 13－94）。

图 13－92　虎举（1）

图 13－93　虎举（2）

图 13－94　虎举（3）

（4）双掌外旋握拳，拳心相对；目视双拳（图 13－95）。

（5）双拳下拉至肩前时，松拳变掌（图 13－96）。

（6）双掌下按，顺着体前落至腹前，十指打开，掌心向下；目视双掌（图 13－97）。

（7）重复此套动作 3 遍后，双手自然垂于体侧；目视前方（图 13－98）。

图 13－95　虎举（4）

图 13－96　虎举（5）

图 13－97　虎举（6）

图 13－98　虎举（7）

2. 动作要领

整套动作中，要做到眼随手动，眼睛时刻注意着双手。

配合呼吸法，即双掌上举时吸气，下落时呼气。

双掌上举时，要提胸收腹，抻筋拔骨，身体与地面保持垂直；手臂伸展，就像托着重物一样。

3. 健身功效

安神静心，调理气息，升清降浊，吐故纳新，引导入境。

（二）第二式：虎扑

1. 动作口诀

双爪画弧线体前倾，屈膝成虚猛虎扑。

（1）身体呈后弓形，双手握空拳，沿身体两侧向上提至肩前上方（图 13－99）。

（2）双手空拳从肩上方向上、向前扑出，双手十指弯曲呈虎爪状，掌心向下，挺胸塌腰，头略抬；目视前方（图 13－100）。

（3）双腿屈膝下蹲，收腹含胸；同时双手回拉至双膝侧，掌心向下；目视前下方（图 13－101）。

（4）两膝伸直，髋部前挺，向前挺腹，后仰；同时虎爪变空拳，拳心向下，提拉至胸侧，目视前上方（图 13－102）。

图 13－99　虎扑（1）

图 13－100　虎扑（2）

图 13－101　虎扑（3）

图 13－102　虎扑（4）

（5）左腿屈膝提起，双拳上举（图 13－103）。

（6）左脚落下时，往前迈出一步，脚跟着地，右腿随之微屈膝下蹲，呈左虚步；同时上体前倾，双拳变虎爪向前、向下扑至膝前两侧，掌心向下；目视前下方（图 13－104）。

（7）稍停，上半身抬起，左脚收回，双脚开步站立，双手随之收回，自然下落垂于体侧；目视前方（图 13－105）。

图 13－103　虎扑（5）

图 13－104　虎扑（6）

图 13－105　虎扑（7）

（8）身体呈后弓形，双手握空拳，沿身体两侧向上提至肩前上方（图 13－106）。

（9）双手空拳从肩上方向上、向前扑出，双手十指弯曲呈虎爪状，掌心向下，挺胸塌腰，头略抬；目视前方（图 13－107）。

（10）双腿屈膝下蹲，收腹含胸；同时双手回拉，至双膝侧，掌心向下；目视前下方（图 13－108）。

图 13－106　虎扑（8）

图 13－107　虎扑（9）

图 13－108　虎扑（10）

（11）两膝伸直，髋部前挺，向前挺腹，后仰；同时虎爪变空拳，拳心向下，提拉至胸侧，目视前上方（图 13－109）。

（12）右腿屈膝提起，双拳上举（图 13－110）。

（13）右脚落下时，往前迈出一步，脚跟着地，左腿随之微屈膝下蹲，呈右虚步；同时上体前倾，双拳变虎爪向前、向下扑至膝前两侧，掌心向下；目视前下方（图13－111）。

图 13－109　虎扑（11）

图 13－110　虎扑（12）

图 13－111　虎扑（13）

（14）稍停，上半身抬起，右脚收回，双脚开步站立，双手随之收回，自然下落垂于体侧；目视前方（图 13－112）。

（15）重复一遍此套动作后，双掌向身体前侧方举起，约与肩同高，掌心向上；目视前方（图 13－113）。

（16）双臂屈肘，双掌内含、下按，自然垂于体侧；目视前方（图 13－114）。

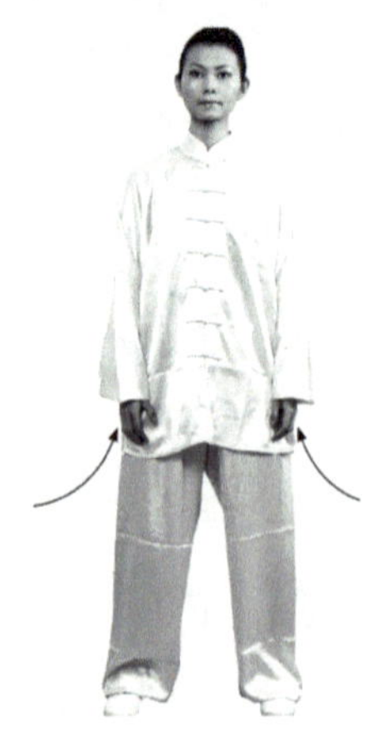

图 13－112　虎扑（14）

图 13－113　虎扑（15）

图 13－114　虎扑（16）

2. 动作要领

上体前俯时，双手应尽量前伸，臀部应尽量后拉，形成“拔河”之势，这样可以充分伸展脊柱，打开身体。

屈膝、下蹲、收腹、含胸、伸膝、凸髋、挺腹、后仰，整个动作要协调连贯，使脊柱处于一个由“折叠”到“拉展”的蠕动过程。

中老年及体质较弱或患有疾病的习练者，动作幅度可根据自身的情况进行调整。

配合呼吸法，当双手顺体前上提时，吸气；前伸引腰时，呼气；双手收回再顺体前上提时，吸气；虚步下扑时，快速深呼气，再由丹田发出，以气催力，力达指尖，表现出虎的威猛。

3. 健身功效

虎扑的动作，锻炼了脊柱各关节的柔韧性和伸展性，从而带动了腰部运动，增强了腰部肌肉力量，也对腰肌劳损、习惯性腰扭伤等疾病具有显著的治疗和预防作用。另外，脊柱的伸展活动，还起到疏通经络、活跃气血的作用。

四、鹿戏

鹿，是人们所熟知的一种动物，它轻盈灵活，优雅可爱，和仙鹤一样都象征着吉祥、长寿。鹤为仙禽，鹿为瑞兽。鹿作为长寿仙兽，在古籍《抱朴子》中便有记载：“鹿寿千岁，满五百岁则其色白。”鹿之所以长寿，就在于它好用角抵，擅长奔跑，尤其是在休息时，蜷曲静卧，首尾相连，打通了任、督二脉。所以，五禽戏中的鹿戏模仿鹿的特点练功，不仅可强腰壮脊，还可延年益寿。

（一）第一式：鹿抵

1. 动作口诀

迈步转体握空拳，一撇一蹬变鹿角。左肘抵腰右臂抬，转体开步弧形落。

（1）双腿微屈，身体重心移至右腿，左脚经右脚内侧向左前方迈步，脚跟着地；同时身体右转，双手握空拳，双臂向右侧摆起，约与肩平，拳心向下；目随手动，视右拳（图13－115）。

（2）身体重心向前移，左腿屈膝，左脚尖外撇、蹬实，右腿随之蹬直；同时身体左转，双掌变成“鹿角”状，向上、向左画弧，掌心向外，指尖朝后；左臂屈肘、外展平伸，肘抵靠左腰侧；右臂举至头前；目视右脚跟（图 13－116）。

图 13－115　鹿抵（1）

图 13－116　鹿抵（2）

（3）稍停，身体右转，左脚收回，开步站立；同时双手向上、向下画弧，双掌握空拳下落于体前；目视前下方（图 13－117）。

图 13－117　鹿抵（3）

（4）双腿微屈，身体重心移至左腿，右脚经左脚内侧向右前方迈步，脚跟着地；同时身体左转，双手握空拳，双臂向左侧摆起，约与肩平，拳心向下；目随手动，视左拳（图 13－118）。

（5）身体重心向前移，右腿屈膝，右脚尖外撇、蹬实，左腿随之蹬直；同时身体右转，双掌变成“鹿角”状，向上、向右画弧，掌心向外，指尖朝后；右臂屈肘、外展平伸，肘抵靠右腰侧；左臂举至头前；目视左脚跟（图 13－119）。

（6）稍停，身体左转，右脚收回，开步站立；同时双手向上、向下画弧，双掌握空拳下落于体前；目视前下方（图 13－120）。

（7）重复动作 3 遍后，双手自然垂于体侧，目视前方（图 13－121）。

图 13－118　鹿抵（4）　　图 13－119　鹿抵（5）

图 13－120　鹿抵（6）　　图 13－121　鹿抵（7）

2. 动作要领

配合呼吸法，即双掌向上画弧摆动时，吸气；双手向后伸抵时，呼气。

腰部侧屈拧转，侧屈的一侧腰部要压紧，另一侧腰部则借助上举的手臂得到充分的牵拉。

后脚脚跟蹬实，可增强腰部力量，利于扭转幅度的加大。

3. 健身功效

中医认为，“腰为肾之府”。腰部的侧屈拧转，不仅可以带动脊椎的旋转，增强腰部力量，防止腰部脂肪堆积，还可强腰补肾、强筋健骨。另外，目视后脚脚跟，加大了腰部的旋转程度，从而对腰椎小关节紊乱等症起到很好的防治作用。

（二）第二式：鹿奔

1. 动作口诀

一屈一伸握空拳，画弧线屈腕与肩平。

收腹弓背变鹿角，挺身成弓臂外旋。

2. 动作要领

配合呼吸法，身体重心后移时，吸气；身体重心前移时，呼气。

身体后坐时，双臂前伸，胸部内含，背部形成“横弓”状；头前伸，臂内旋，腹收缩，背后弓，形成“竖弓”状，这样可以充分拉展背腰。

3. 健身功效

双臂内旋、前伸，可牵拉肩、背肌肉，对颈、肩病症具有很好的防治作用；弓背收腹，增强腰、背肌肉力量，可起到矫正脊柱的作用；身体后坐时，打开大椎骨，可以疏通经气，振奋全身阳气。

五、熊戏

（一）第一式：熊运

1. 动作口诀

双拳成掌垂于腹，上晃下画目环视。

（1）双手握空拳成“熊掌”，拳眼相对，垂于下腹部；目视双拳（图 13－122）。

（2）以腰、腹为轴，上半身按顺时针方向做摇晃，双拳随之经右肋部、上腹部、左肋部、下腹部画圆；目随身体摇晃而环视（图 13－123）。

（3）双手握空拳成“熊掌”，拳眼相对，垂于下腹部；目视双拳（图 13－124）。

（4）以腰、腹为轴，上半身按逆时针方向做摇晃，双拳随之经左肋部、上腹部、右肋部、下腹部画圆；目随身体摇晃而环视（图 13－125）。

（5）上半身立起，双拳随之变掌下落，自然垂于体侧；目视前方（图 13－126）。

图 13－122 熊运（1）

图 13－123 熊运（2）

图 13－124 熊运(3)

图 13－125 熊运（4）

图 13－126 熊运（5）

2. 动作要领

配合呼吸法，身体上提时吸气，前俯时呼气。

双拳应在腰、腹的引导下，将意念之气运作于丹田时画圆；同时，动作要协调自然。

3. 健身功效

腰、腹转动，双拳画圆，不仅可以活动腰部关节，防治腰肌劳损等疾病，还可以引导内气运行，加强脾、胃功能；同时，对消化不良、腹胀纳呆、便秘腹泻等也有很好的治疗效果。

（二）第二式：熊晃

1. 动作口诀

重心后移拳变掌，左迈右伸体随转。

左旋至膝右体后，拧腰晃肩臂摆动。

2. 动作要领

提腿时按提髋、起腿、屈膝的先后顺序，并利用腰侧肌群收缩来牵动大腿上提。

双脚前移，横向距离约宽于肩，并随身体重心前移而全脚掌踏实，使脚底落步时的震动感传至髋关节，体现熊步的沉稳厚重。

3. 健身功效

身体左右摇晃，可以牵动两肋，起到调理肝、脾的作用；提髋行走，落步微震，增强髋关节的肌肉力量，提高平衡能力，对于老年人的下肢无力、髋关节损伤、膝痛等有很好的治疗效果。

六、猿戏

猿，生性好动、活泼敏捷，折枝攀树，善于跳跃。习练猿戏，主要针对内、外两方面练习，即外练肢体的灵活敏捷，使动作犹如疾风闪电，迅速异常；内练精神的平静安宁，即静之万籁无声，如皓月当空。最终，使身体达到外动内静、动静相宜的境界。

（一）猿戏第一式：猿提

1. 动作口诀

双手体前捏成钩，提钩耸肩脚跟抬。

头正肩沉钩变掌，下按体侧目前方。

（1）双手置于体前，手指伸直分开，然后再屈腕捏拢成“猿钩”（图 13－127）。

（2）两“猿钩”上提至胸，双肩耸起，收腹提肛；同时两脚跟提起，头向左转动；目随头动，视身体左侧（图 13－128）。

（3）转正，双肩下沉，松腹落肛，脚跟着地，“猿钩”变掌，掌心向下；目视前方（图 13－129）。

（4）双掌沿体前下按落于体侧；目视前方（图 13－130）。

（5）双手置于体前，手指伸直分开，然后再屈腕捏拢成“猿钩”（图 13－131）。

（6）两“猿钩”上提至胸，双肩耸起，收腹提肛；同时两脚跟提起，头向右转动；目随头动，视身体右侧（图 13－132）。

（7）转正，双肩下沉，松腹落肛，脚跟着地，“猿钩”变掌，掌心向下；目视前方（图 13－133）。

（8）双掌沿体前下按落于体侧；目视前方（图 13－134）。

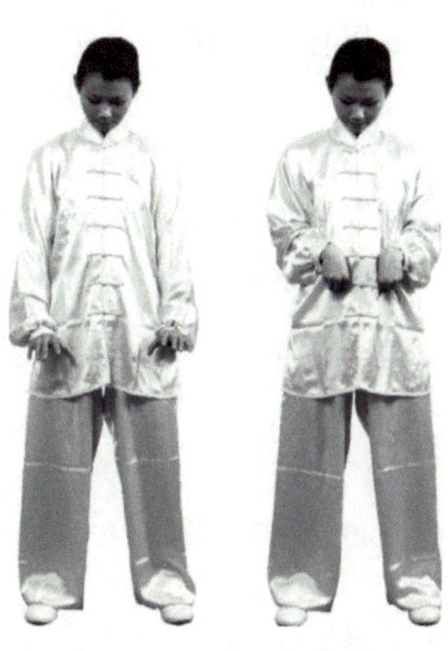

图 13－127　猿提（1）

图 13－128　猿提（2）

图 13－129　猿提（3）

图 13－130　猿提（4）

图 13－131　猿提（5）

图 13－132　猿提（6）

图 13－133　猿提（7）

图 13－134　猿提（8）

2. 动作要领

手指捏拢变“钩”时，速度稍快。

配合呼吸法，双掌上提时吸气，提起会阴部；双掌下按时呼气，放下会阴部。

上提重心时，要按耸肩、收腹、提肛、脚跟离地、转头的顺序做，且每一个动作都要充分、到位。

3. 健身功效

“猿钩”的动作可增强神经及肌肉的反应能力和灵敏性；而双掌的上提及下按，带动了颈、肩、腹的运动，可改善呼吸及脑部供血；提脚跟直立，可增强腿部力量，从而提高人体的平衡能力。

（二）第二式：猿摘

1. 动作口诀

左退右屈重心移，左掌变钩右掌摆。脚尖点地成丁步，掌举屈腕可摘桃。

2. 动作要领

眼要随上肢动作变化，做出一种左顾右盼的神态，体现猿猴眼神的灵敏；同时，当目视前上方时，要臆想发现树上有个桃子。

左掌向上伸举时，臆想自己在攀树，屈腕变“猿钩”是在摘果，变“猿钩”时，手指快速合拢在一起。

动作以神似为主，重在体会其意境，不要太夸张。

3. 健身功效

眼神的左张右望，利于颈部运动，促进脑部循环；而模拟猿猴摘桃的动作，可以减轻神经系统的紧张度，对减缓压力、精神忧郁具有很好的作用。

七、鸟戏

（一）第一式：鸟伸

1. 动作口诀

双掌交叠上下行，分离变翅自然起。

（1）双腿微屈下蹲，双掌在腹前相叠，左手、右手位置随个人习惯（图 13－135）。

（2）双掌保持交叠，向上举至头前上方，掌心向下，指尖水平向前，身体随之微微前倾，提肩、缩颈、挺腹、塌腰；目视前下方（图 13－136）。

图 13－135　鸟伸（1）

图 13－136　鸟伸（2）

（3）双腿微微弯曲、下蹲；同时双掌相叠，保持水平下按至腹前；目视双掌（图13－137）。

（4）身体重心右移，右腿蹬直，左腿伸直向后抬起；同时双掌左右分开，手掌变为“鸟翅”，并向体侧后方自然摆起，掌心向上，抬头、伸颈、挺胸、塌腰；目视前方（图13－138）。

图13－137 鸟伸（3）

图13－138 鸟伸（4）

（5）双腿微屈下蹲，双掌在腹前相叠，左手、右手位置随个人习惯（图13－139）。

（6）双掌保持交叠，向上举至头前上方，掌心向下，指尖水平向前，身体随之微微前倾，提肩、缩颈、挺腹、塌腰；目视前下方（图13－140）。

（7）双腿微微弯曲、下蹲；同时双掌相叠，保持水平下按至腹前；目视双掌（图13－141）。

图13－139 鸟伸（5）

图13－140 鸟伸（6）

图13－141 鸟伸（7）

（8）身体重心左移，左腿蹬直，右腿伸直向后抬起；同时双掌左右分开，手掌变为“鸟翅”，并向体侧后方自然摆起，掌心向上，抬头、伸颈、挺胸、塌腰；目视前方（图13－142）。

（9）将此套动作重复做1遍，右脚下落，双脚开步站立，双手自然垂于体侧；目视前方（图13－143）。

图 13－142　鸟伸（8）　　　　图 13－143　鸟伸（9）

2. 动作要领

配合呼吸法，即双手上举时吸气，双手下按时呼气。

注意动作的松紧变化，手上举时，颈、肩、臀部紧缩；下落时，双腿微屈，颈、肩、臀部松沉。双臂后摆时，身体向上伸展，并形成向后反弓状。

3. 健身功效

双手前伸后摆，可以疏通经脉之气，而上举下按，可以增加肺活量，加强肺部功能，进而缓解慢性支气管炎、肺气肿等病症。

（二）第二式：鸟飞

1. 动作口诀

鸟翅合腹脚指地，双臂平举展翅飞。

2. 动作要领

配合呼吸法，即双掌上举时吸气，双掌下落时呼气。

手、脚配合要协调一致，尽量做到同起同落。

双臂侧举时，尽量打开胸部；双臂下落时，尽量挤压胸部。

3. 健身功效

双臂的上下运动并配合呼吸，可以起到按摩心、肺的作用，增强血氧交换能力；手指的上翘紧绷，可以加强肺部经气的流通，进而提高心、肺能力；提膝独立运动，可以增强人体的平衡力。

知识拓展

八段锦功法功用

双手托天理三焦：理顺上焦（心肺）、中焦（脾胃）、下焦（肝肾）。

左右开弓似射雕：疏气通肺，增强腿部力量。

调理脾胃须单举：调理脾胃。

五劳七伤向后瞧：帮助打通任督二脉，预防疾病。

摇头摆尾去心火：降心火，益心神。

两手攀足固肾腰：健肾、舒筋。

攒拳怒目增力气：练内气，明目，增强腿部力量。

背后七颠百病消：血脉通畅，气血充足。

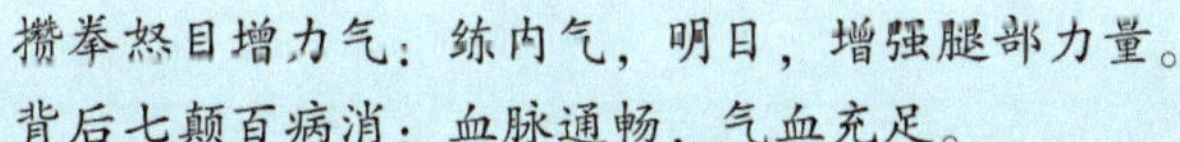

名人故事

说到“李小龙”这个名字，几乎家喻户晓。他是著名的武术明星和好莱坞演员，但他的成就不仅仅与此有关。全世界的影迷都为李小龙在电影中独特的敏捷而疯狂，伴随紧凑而惊险的情节，就像武术芭蕾。他的拳头和脚的排列成了后来动作电影的模仿对象。没有人能像李小龙那样把武术变成美妙的旋律。让我们来谈谈李小龙的一些鲜为人知的故事。

电影成就

李小龙只出演了四部电影，《猛龙过江》《精武门》《唐山大兄》《龙争虎斗》皆是经典之作。其中，《龙争虎斗》确立了李小龙在好莱坞的地位，使他成为国际电影明星。李小龙去世30年后，仍被美国《时代》杂志选为“21世纪20大偶像”之一。他对世界电影业有着非凡的影响。没有他，我国香港和台湾的动作电影仍然停留在简单的拳打脚踢。他的英年早逝让粉丝们唏嘘不已。

武术成就

第一，李小龙创立的“截拳道”将中国传统文化与国内外武术相结合，将武术转化为哲学，是创新的现代武术体系。该系统结合了各种拳击技术，包括咏春拳、跆拳道、击剑等。关注中国道家“化无形为有形”的思想。这套拳术和理论体系将武术推向了更高的层次。

第二，李小龙第一次使用双节棍。双节棍是一种由两部分组成的圆柱形硬木，通过链条或皮带连接，结合了棍子的刚性和鞭子的柔性。一部美国武术专著曾经说过，“摆动双节棍的末端在其冲击点可以产生1600磅的力量，这是非常强大的。一旦连接双节棍的链子缠绕在对方的脖子上，只需轻轻一拉就足以将对方勒死”。

第三，李小龙的无敌寸拳是由咏春拳的“寸劲拳”演变而来。李小龙的“寸拳”可以用“寸劲”击退一个体重超过75千克的人好几米。

李小龙在西方受到广泛尊重的重要原因是他不仅拥有高超的武术技巧，而且拥有武术的哲学精神。尽管李小龙的一生已经结束，但他的荣耀将永远被世人铭记，为祖国赢得了荣誉。

思考训练

1. 简述武术的基本手形与准备姿势。
2. 介绍简化太极拳（24式）动作要点。
3. 八段锦的练习要领是什么？
4. 简述五禽戏的发展。

第十四章　散打与跆拳道

学习目标

1. 了解散打与跆拳道的起源与发展。
2. 掌握散打与跆拳道的基本技术。
3. 掌握散打与跆拳道的战术配合。
4. 掌握散打与跆拳道的比赛规则。

素质目标

1. 礼义是跆拳道运动必不可少而且十分重要的组成部分，礼节是跆拳道练习过程中必须具备的行为规范。

2. 培养学生礼仪、廉耻、忍耐、克己、百折不屈的精神。

情境导入

轮到她上场了，尽管我所在的座位离得很远，但是我仍能感觉到她的心跳，也许是我自己紧张吧。她闭上了眼睛，深吸了一口气，睁眼凝神，大步流星地迈上了台，一个抱拳礼，顿时场内掌声响了起来。我看着她有些紧张却充满自信的样子，情不自禁地一边鼓掌，一边大声地叫着她的名字。渐渐地，掌声停了下来。她双脚开立，双手抬了起来，缓缓地落了下来，静如处子，身体虽然放松，却能感觉到这平静的背后蕴藏的无比的自信；忽然她大喝一声，双臂有如分水之势，虎虎生威！双拳紧握于腰间，气沉丹田。接着，她左手从腰间冲拳而出，转马步为弓步，紧接着，顺势一个照面直踢，身轻如燕，腾空再踢，落下时竖岔着地，双臂侧平举立掌。台下观众被她的动作引爆了，拍手叫好、欢呼。

第一节　散打与跆拳道概述

一、散打

散打属于中国武术的一部分，是提炼出武术中最直接、最简单的招法，以快速击倒或摔倒对手为目的的竞技体育项目。

我国于 1978 年正式启动武术散打试点工作。《全国武术散打竞赛规则》初稿在 1982

年被确定下来，并在北京举办了全国武术对抗项目邀请赛。散打在1989年被正式列为全国正式比赛项目，并于1991年成为世界锦标赛项目，截至目前，已有6届世界锦标赛成功举办，并且举办了首届散打世界杯比赛。1998年，第12届亚运会将散打列为竞赛项目（图14－1）。

散打的对抗性很强，练习散打能培养机智、顽强、勇敢、灵活、果断等意志品质。至于强身健体，只要是从事散打运动的人都能体会到，散打运动员的强健体魄是在散打训练中练就的。

图14－1　散打

二、跆拳道

“跆拳道”一词中，“跆”意为以脚踢或摔撞；“拳”意为以拳头打击；“道”指方法、技艺和道理。跆拳道古称跆跟、花郎道，起源于古代朝鲜。公元688年新罗王国统一朝鲜，建立了“花郎制度”，到真兴王就创立了“花郎道”（图14－2）。1945年以后，逐渐形成了现代跆拳道的体系。

图14－2　跆拳道

1986年，跆拳道被列为第10届亚运会的比赛项目。1987年，跆拳道被列入泛美运动会、全非运动会以及东亚运动会的正式比赛项目。1988年，跆拳道被列为奥运会的表演项目，为跆拳道的迅速发展提供了最大的机会与动力。1994年在法国巴黎召开的国际奥委会第103届会议上做出决议，将跆拳道项目列入2000年奥运会的正式比赛项目。同样，跆拳道也是世界大学生运动会、友好运动会、东南亚运动会、南美运动会、南太平洋运动会、世界军人运动会等一系列国际体育赛会的正式比赛项目。

中国的跆拳道项目起步较晚但发展很快，1992年10月7日，中国跆拳道筹备小组成立，这标志着我国跆拳道运动的正式开始。在1999年加拿大举行的世界跆拳道锦标赛上，我国女运动员王朔战胜多名世界强手，获得女子55公斤级冠军，这是我国运动员获得的第一个跆拳道世界冠军。在2000年悉尼奥运会上，陈中获得女子67公斤以上级冠军。在2004年雅典奥运会上，罗微获女子67公斤级冠军，陈中获女子67公斤以上级冠军。2007年，吴静钰获世界跆拳道锦标赛冠军。2008年，吴静钰获北京奥运会跆拳道冠军。

目前，跆拳道运动在世界各地得到了广泛开展，跆拳道的竞赛有奥运会跆拳道比赛、世界锦标赛、洲际锦标赛和亚运会等。跆拳道每两年举办一次世界锦标赛和世界杯比赛，跆拳道水平较高的国家有韩国、中国、美国等。

第二节　散　　打

一、预备姿势

散打预备姿势即进入对抗前的准备姿势，它可以用多种形式来表现，我们仅把具有普遍意义的姿势作为标准的教学范例来讲解。

（一）动作要领（以下所有技术动作均以右势为例）

两脚呈“八”字平行开立，两脚距离略比肩宽，屈膝成并肩裆。其中左脚不动，右脚以脚前掌为中心轴向左开始旋转，身体随之转动约25°，重心放在两脚的脚前掌上，右脚跟稍踮起。松胸、溜臂、收下颌，前手轻握拳，屈臂抬起，拳与下颌等高，前臂与上臂的夹角成90°～110°，后手轻轻握拳，屈臂抬起，前臂上臂的夹角小于60°，后手拳放于下颌外侧处，肘部垂轻贴右肋。

图14－3　左右的摇晃练习

（二）指导训练的方法

反复对转体动作进行练习，注意中心的分配和身体立面的统一。待转体动作熟练后再做上肢的配合动作。一系列动作基本定型后可进行前后左右的摇晃练习，达到身体协调、放松的目的（图14－3）。掌握动作之后，教练员可以根据实际情况下达相应指令改变体位方向，使其在不断变换动作时迅速调整好自身的动作，来提高运用预备姿势的能力。

二、散打步法

散打技术运用的基础是步法，步法是构成单体技术的基本要素，与“有招必有步”和“步动招随，招起步进”意思相同。散打步法的要求是“快”“灵”“变”。“快”是指步法移动要迅速；“灵”是指步法移动要轻灵、有弹性、不能僵硬；“变”是指步法在运用中可以随机应变，变换自如。

（一）滑步

滑步可分为四种，分别是向前、后、左、右，主要应用于直接配合拳的进攻。以向前滑步举例。从预备姿势开始，上体与原来姿势相同，后脚蹬地，重心向前移，前脚离地面，脚前掌向前蹭出约30厘米，后脚移动相同的距离，整个动作完成之后仍保持原来的预备姿势（图14－4）。

图14－4　滑步

（二）闪步

闪步可分为左、右闪步两种，主要用于躲闪对方的正面进攻，并对自己的迅速反击有利。

1. 左闪步

从预备姿势开始，上体与原来姿势相同，前脚向左侧快速蹭出 20～30 厘米，继而后脚以前脚为轴迅速向左滑动，角度在 45°～90°，动作完成后与预备姿势的步型一致（图 14－5）。

2. 右闪步

从预备姿势开始，后脚向右方横向蹭出，随后髋部带动前脚向右侧滑动，身体转动角度在 60°～90°，动作完成后保持预备姿势（见图 14－6）。

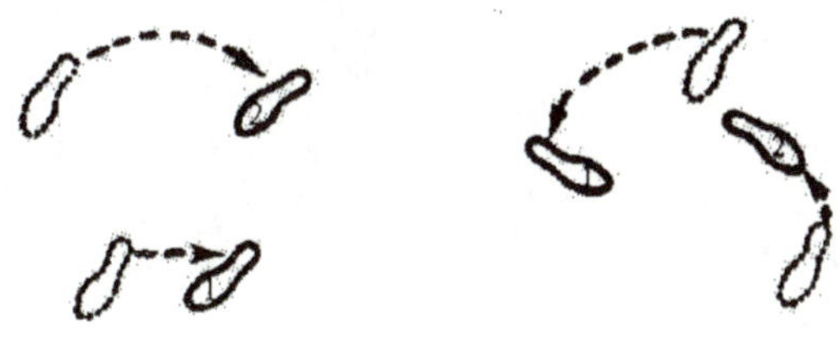

图 14－5　左闪步　　　　图 14－6　右闪步

（三）纵步

纵步分为前纵步、后纵步，主要用于远距离时迅速接近对方或在中近距离时迅速摆脱对方。以前纵步举例，从预备姿势开始，两脚同时蹬地向前纵出 30～40 厘米，在做相应动作时应始终保持预备姿势（图 14－7）。

（四）垫步

垫步大体分为垫一步、跟垫一步。垫步一般直接用于配合腿的进攻。这里只介绍跟垫一步，因为其中包括垫一步的技术。从预备姿势开始，重心向前移，后脚蹬地向前脚内侧并拢，前腿屈膝抬起，根据实际情况使用蹬、踹腿法。用腿法的同时，支撑腿随蹬（踹）腿向前再垫出一步，脚跟斜向前方（图 14－8）。

图 14－7　纵步　　　　图 14－8　垫步

（五）击步

击步是在远距离接近对手或在中近距离脱离对手时常用的一种步法。击步主要分向前击步、向后击步。

1. 向前击步

从预备姿势开始，重心向前移，后脚蹬地向前脚内侧靠拢，后脚着地的同时前脚向前方跃出，着地后两脚与预备姿势步型一致（图 14－9）。

2. 向后击步

从预备姿势开始，重心向后移，前脚蹬地向后脚内侧靠拢，着地后两脚与预备姿势步型一致（见图 14－10）。

（六）交换步

交换步是左右脚交换时所用的一种步法，左右脚交替打法的运动员使用居多。从预备姿势开始，前后脚同时蹬地离地面，在空中左右腿进行前后交换，转体约 120°，与此同时，两臂也作前后的交换，动作完成后保持与原来相反的预备姿势（图 14－11）。

图 14－9　向前击步

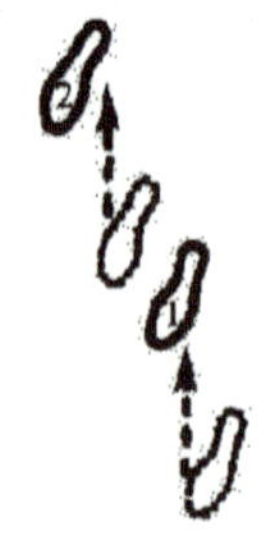

图 14－10　向后击

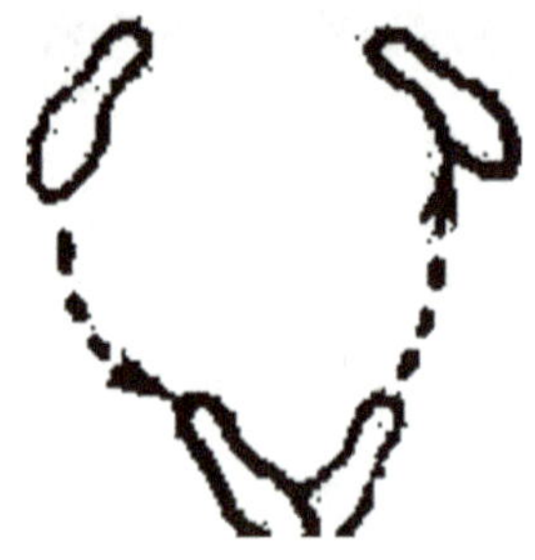

图 14－11　交换步

步

三、散打基本拳法

（一）左冲拳

实战姿势。右脚微蹬地，重心微向前脚前移。同时左拳直线向前冲出，力达拳面（图 14－12）。

左冲拳蹬地、拧腰、旋臂，出拳快，上体不前倾。出拳后迅速回收呈实战姿势。

（二）右冲拳

实战姿势。右脚微蹬地内扣，转腰送肩的同时，右拳直线冲出，力达拳面；回收左拳至右肩内侧（图 14－13）。

右冲拳要充分利用转腰蹬地来加大冲拳力量。动作完成后以腰带肘主动回收。

（三）掼拳

实战姿势。右脚微蹬地并向内扣，合胯向左转腰，同时右拳经外向前向里横掼，力达拳面或偏于拳眼侧，左拳变掌收护于左腮（图 14－14）。

掼拳发力时，肘尖微抬，使肩、肘、腕基本呈水平。要协调发力，动作幅度宜小不宜大。

图 14－12　左冲拳

图 14－13　右冲拳

图 14－14　掼拳

（四）抄拳

实战姿势。右脚蹬地，扣膝合胯，微向左转腰的同时，右拳由下、向前、向上抄起，大小臂夹角在 90°～110°之间，拳心朝里，力达拳面，左手回收至右肩内侧（图 14－15）。

右抄拳要借助蹬地、扣膝、合胯、转腰等动作，发力由下至上，协调顺达。

四、散打腿法

图 14－15　抄拳

腿法在散打中占很大比重，包括蹬、踹、扫、摆、弹等方式。腿法的特点在于它是远距离对抗的主要方法，力度大、攻击力强。但腿法在运用中也有特殊性，在教学训练中要重视，才能提高腿法的实用效果。

（一）侧踹腿

侧踹腿分前侧踹、后侧踹，在散打中运用率较高，前侧踹多于后侧踹，主要用于进攻与阻击。重点介绍前腿侧踹（图 14－16）。

从预备姿势开始，重心后移，上体保持原来姿势，前腿屈膝提起与胯同高，与上体成 90°，小腿外摆，脚尖勾起微向外翻出。身体向侧后仰，展髋伸膝向前踹出，脚尖横向，力达脚掌的后 2/3 处，此时支撑腿的脚后跟斜向前方。前手置于踹出腿的大腿上方，后手置于下颊前方。

（二）正蹬腿

正蹬腿主要分为前正蹬、后正蹬，大级别运动员通常采取此腿法。在相互抱缠阶段或在互打互踢时作为摆脱方法效果好。重点介绍前腿正蹬（图 14－17）。

图 14－16　侧踹腿

图 14－17　正蹬腿

从预备姿势开始，重心后移，后腿屈膝，上体后坐，前腿屈膝提起，脚尖勾起。上动不停，两臂下垂护住两肋，同时送胯，带动大小腿向正前方水平蹬出，脚前掌下压，力达脚全掌。

（三）摆踢

摆踢的腿法，运用范围很广，按照高度可分为高、中、低腿法，按运动形式分为侧摆踢和转身摆踢，其中侧摆踢又分为前、后腿侧摆踢，转身摆踢可分为前、后转身摆踢。前腿侧摆踢（图 14－18）。从预备姿势开始，重心后移，上体向右后转动并向后侧仰，两手臂下落，屈膝提腿，并向内扣膝翻胯，大小腿夹角约 30°。上动不停，由转体翻胯带动大小腿向外侧前上方摆踢，在击打到物体时，小腿加速甩出与大腿基本呈直线。在翻胯出腿的同时，支撑腿以脚前掌为轴跟着转体，脚跟斜向前。后转身摆踢（图 14－19）。从预备姿势开始，前臂收回，重心前移，上体向右下侧合转，以前腿脚前掌为轴，后腿蹬地向右后转身。随转体后腿展胯，大小腿伸直由下往上、由后向前横摆，脚背绷紧，力达脚掌和脚跟。摆踢腿至中心线后开始降弧，身体继续旋转至原来启动前的位置，摆踢的腿也落回原来启动前的位置。

图 14－18　前腿侧摆踢

图 14－19　后转身摆踢

（四）扫腿

扫腿分为前扫腿、后扫腿，是一种低位的攻击腿法，在对手拳势猛烈、硬打硬上时运用颇多。主要介绍后扫腿（图 14－20）。

图 14－20　扫腿

从预备姿势开始，上体拧腰下潜，前腿屈膝全蹲，以前脚掌为轴，两手在两腿之间扶地，后腿大致伸直。上动不停，后腿伸直向侧后方画弧形擦地后扫，扫腿超过正前方，回到原来启动位置后两手推地起立。

五、散打摔法

（一）抱腿前顶摔

实战姿势。当甲拳击乙头部时，乙下潜躲闪，上左步，两手抱甲双腿，屈肘用力回拉，同时用左肩顶甲腹部，将其摔倒（图 14－21）。

图 14－21　抱腿前顶摔

抱腿前顶摔时，下潜要敏捷，抱腿要紧，肩顶要有力。

（二）夹颈过背摔

甲左直拳击乙头部。乙前臂外格挡，并顺势抓过甲手腕，左臂向右拨甲颈部右侧，同时右脚在向右转体时撤步至与左脚平行，两腿屈膝，以左侧髋部紧贴甲前身，继而两腿蹬伸，向下弓腰低头背起甲并将其摔倒（图 14－22）。

图 14－22　夹颈过背摔

夹颈过背摔时，夹颈要牢，转身要快，紧贴靠，低头弓腰、蹬腿协调连贯。

六、防守技术

防守技术分为接触式防守和不接触式防守。接触式防守是指阻挡、推拍、格架、截击和抄抱等技术。不接触性防守是指闪躲、下潜、摇避等技术。

（一）接触式防守

1. 阻挡防守

阻挡防守可分为肩臂阻挡和提膝阻挡。肩臂阻挡用于对各种拳法和腿法的防守，提膝阻挡用于对各种腿法的防守。肩臂阻挡：从预备姿势开始，前手臂收回与后手臂紧贴左右两肋，两拳护在头部两侧，含胸收腹，低头收下颌。提膝阻挡：从预备姿势开始，迅速屈膝提腿，膝关节高度与胯齐。前手臂收回与后手臂紧贴两肋，上体微沉。

2. 格架防守

格架可分为向斜上、向斜下和向下的防守动作。用于防守来自正面和侧面的各种拳法和腿法。斜上格架：从预备姿势开始，前手臂稍抬肘向斜上举起，前臂微内旋，低头收下颌。下格架：从预备姿势开始，前手臂收回横于胸前，向腹部下方移动，上体下沉。

3. 抱抄防守

搂抱防守：对方用拳攻击时，迅速靠近用手搂抱对方。对方用腿法攻击时，用手抱住对方的攻击腿。能化解或破坏对方的攻击动作，也可以为自己反击做好准备。抓抄防守：当对方用腿法进攻时，在完成动作止点时，迅速用单手或双手抓住对方的踝关节部位，顺对方动作来势的方向，加力抄倒对方。

（二）不接触性防守

1. 闪躲防守

闪躲防守分为步法闪躲、身法闪躲。步法闪躲在“步法”一节中已经涉及，这里主要讲身法闪躲，包括侧闪、后闪等，主要用于防拳。侧闪：从预备姿势开始，上体以腰为轴；向左（右）微转并向左（右）微俯身，两膝微屈，此时前手臂微收与后手臂同置于下颊两侧。后闪：从预备姿势开始，以腰为轴，前脚蹬地，重心后移，上体略后仰。

2. 下潜防守

从预备姿势开始，双膝弯曲，重心下降前移，上体略前俯，拳护于下颊两侧。

3. 摇避防守

从预备姿势开始，上体以腰为轴做不规则的前后左右摇摆，双手轻贴两肋部，下颌微收。前手臂自然收回贴于肋部，两重心时有升降，两臂轻贴两肋部，下颌微收。

第三节　跆　拳　道

一、基本姿势和站位

（一）基本姿势

1. 标准姿势

左脚在前称为左势，右脚在前称为右势（以下以左势为例）。

动作要领：两脚前后开立与肩同宽，前脚尖45°斜向右前方，后脚跟抬起，膝关节微屈，重心落在两脚中间；上身自然直立，45°斜向右前方，双手握拳、拳心相对，两臂弯曲置于胸前；头部直立向前，目视正前方。

2. 侧向姿势

动作要领：身体完全侧向，前后脚在一条直线上。其他部位同标准姿势。

（二）基本站位

1. 开式站位

开式站位指和对方体前相对应的站位，即自己的体前对应对方的体前。包括左势对右势和右势对左势两种形式。

2. 闭式站位

闭式站位指和对方的体前侧不相对应的站位，即自己的体前对应对方的体后。包括左势对左势和右势对右势两种站位形式。

二、跆拳道步型

（一）马步

两脚开立，较肩宽，两脚尖平行或略内扣，挺胸直背，两腿屈膝半蹲，重心在两腿之间，收拳放于腰际，拳口朝上。

（二）弓步

弓步又称前屈立，前后脚分立，两脚相距一步半，前腿屈膝，后腿伸直，前腿膝关节与脚尖垂直，重心大部分在前脚上，左脚在前称左弓步，右脚在前称右弓步。

（三）三七步

三七步又称后屈立，前后脚分立，两脚相距约一步，后脚尖外展90°，后腿屈膝如同骑马状，前腿膝关节略屈，重心在后脚上。

（四）前行步

前行步又称高前屈立，如走路姿势。两脚之间距离小于弓步，上体略前倾，前腿膝关节略屈，重心大部分落在前脚上。左脚在前称左前探步，右脚在前称右前探步。

（五）虚步

虚步与后弓步相似，前脚掌点地，脚跟提起，重心落在后脚。

三、跆拳道步法

（一）前进步

前进步主要包括前滑步和前跃步，是主动进攻时常常采用的步法，也常运用于假动作过程中的战术配合。标准实战姿势开始，两脚呈斜马步，两手握拳置于胸前。前进时，后脚蹬地，前脚先向前方滑出一步，后脚迅速跟上一步，称为前滑步；后脚蹬地，前脚向前跳跃称为前跃步。在做跃步和滑步时候，重心不要起伏过大，尽量保持身体重心的平稳移动。

（二）后退步

后退步包括后跃步和后滑步。由标准实战姿势开始，前脚掌用力蹬地，两脚向后跃起退后一步，称为后跃步。若前脚掌蹬地后，后脚后移一步，前脚随即向后移动一步，两脚以及身体仍保持原来姿势，叫作后滑步。应用此步法可以拉开与对手的距离，避开对方的进攻或准备反击。

（三）侧移步

由标准姿势开始，两脚前脚掌同时向左（右）侧蹬地，使身体向右（左）侧移动，离开原来的位置。向左移称为左移步，向右移称为右移步。侧移步的作用是避开对方有力攻击，移动到对方的侧面，准备进行反击。

（四）跳换步

由标准姿势开始，两脚同时蹬地使身体腾空，空中两脚前后交换，同时转体，落地时身体姿势成为另一侧的准备姿势。跳换步的腾空不宜高，略离地即可；换步时要拧腰转髋，迅速敏捷，其目的是干扰对方的攻防思路，选择适宜自己进攻的方位和转换自己身体的得分部位使对方不能得分，同时争取反击的空间和时间，马上转入进攻。

（五）弧形步

由标准姿势开始，前脚的前脚掌原地蹬碾地面，后脚同时向左（右）蹬地后右（左）跨移一脚，成为与原来准备姿势不同方向的准备姿势。向左跨步为左弧形步（或左环绕步），向右跨步为右弧形步（右环绕步）。

（六）上步

上步是为了调整与对方的距离，为准备进攻和反击作准备。左势站立，以左脚前脚掌为轴，右腿上前一步，成为右势标准姿势。

（七）垫步

垫步主要有两种，即前垫步和后垫步。垫步的动作要求快捷、连贯，迅速接近或远离对手。

1. 前垫步

由标准姿势开始，右脚蹬离地面向左脚的脚跟方向移动一步，左脚随即迅速前移一步，保持实战姿势，主要运用于主动进攻时接近对方。

2. 后垫步

由标准姿势开始，左脚掌蹬离地面向后快速移动一步落于右脚前，右脚随即迅速后移一步，保持实战姿势不变。后垫步主要运用于防守和防守反击。

（八）组合步

指各种步法之间的不同组合。实际上，跆拳道技术在实战运用的过程中，无不通过各种步法的运用和变化而得到实施，而且使用的步法都是有意或无意地组合起来综合运用的。运用步法的目的是调整距离，使自己的动作更加快速灵活，进而达到进退自如、控制节奏、有效攻击和有效防守的目的。步法的组合应根据实际情况的变化而改变，把攻击和反击的技术与步法紧密结合起来，做到在移动中进攻，在移动中防守，在移动中反击，使步法的运用和拳法、腿法融为一体，成为进攻、防守、反击的有机连接技术，从而达到取得实战胜利的目的。

四、基本腿法

跆拳道以其变幻莫测、优美潇洒的腿法著称于世。这是跆拳道区别于其他格斗术的一个重要特点，被世人称为踢的艺术。跆拳道的腿法讲究变化多样和灵活多变。对人体的柔韧性、大脑反应的灵敏性、身体运动的稳定性都有很高的要求，是对人体机能和体能的综合考验。

（一）前踢

以左势标准姿势开始。右脚向后蹬地，身体重心前移至左脚；右脚蹬地顺势屈膝提起，左脚以前脚掌为轴外旋90°左右，与此同时，右腿迅速以膝关节为轴伸膝、送髋、顶髋，快速将小腿向前踢出，力达脚尖或前脚掌。踢击目标后右腿迅速放松弹回，落回原地恢复左势实战姿势。

（二）推踢

实战姿势开始。右脚蹬地，重心前移，右脚以髋关节为轴提膝前蹬，用右脚脚掌向前蹬推，以脚掌为力点，推力向正前方。

推踢时，提膝后尽量收紧膝关节；重心往前移，以身体的重量为力量；推的时候腿往前伸展、送髋；推的路线水平往前。腹部为推踢的攻击目标。

（三）侧踢

标准姿势开始。右脚蹬地，右腿以髋关节为轴屈膝提起。两手握拳置于体侧；随即左脚以前脚掌为轴外旋180°；髋关节向左旋转；右腿以膝关节为轴向前蹬伸；右脚快速向右前上方直线踢出。力点在脚跟，发力后沿起腿路线收腿、放松。重心落下（原处或向前均可）。再次回到标准姿势。

（四）横踢

右脚蹬地，重心移至左脚，右脚屈膝上提，两拳置于胸前；左脚前脚掌蹍地内旋，髋关节左转，左膝内扣；随即左脚掌继续向内旋转180°，右腿膝关节向前抬至水平状态；小腿快速向左前横踢出；击打目标后迅速放松收回小腿。右脚落回成实战姿势。

横踢时，膝关节夹紧，向前提膝；支撑脚外旋180°；髋关节往前顺，身体与大小腿呈直线，严格注意击打的力点为正脚背；踝关节放松，击打的感觉是“面团”“鞭梢”。横踢主要攻击头部、胸部、腹部和肋部等部位。

（五）下劈

标准姿势开始。右脚蹬地，重心前移至左脚。同时，右腿以髋关节为轴屈膝上提，两手握拳放在胸前；随即充分送髋，上提膝关节至胸部，右小腿以膝关节为轴向上伸直，将右腿直举于体前，右脚过头。然后放松向下以右脚后跟（或脚掌）为力点劈击，一直到前面，呈标准姿势。

（六）后旋踢

（以右为例）实战姿势开始。两脚以两脚掌为轴均内旋 180°左右，身体随之右转 90°左右，两拳置于胸前；上体右转，与双腿拧成一定角度；右脚蹬地，将蹬地的力量与上体拧转的力量合在一起，右腿继续向右后旋摆鞭打，同时上体向右转，带动右腿弧形摆至身体右侧，右腿屈膝回收；右脚落到右后呈实战姿势。

后旋踢时，转身旋转，踢腿连贯进行，一气呵成，中间不停顿；击打点应在正前方，呈水平弧线；屈膝起腿的旋转速度要快；重心在原地旋转 360°。

面额和胸部为后旋踢攻击的主要部位。

第四节　散打规则简介

一、竞赛性质

团体比赛、个人比赛。

二、竞赛办法

1. 循环赛、单败淘汰赛、双败淘汰赛。
2. 每场比赛采用三局两胜制，每局净打 3 分钟，局间有 1 分钟休息时间。

三、体重分级

1. 52 公斤级［52 公斤以下（含 52 公斤）］。
2. 56 公斤级［52 公斤以上～56 公斤］。
3. 60 公斤级［56 公斤以上～60 公斤］。
4. 65 公斤级［60 公斤以上～65 公斤］。
5. 70 公斤级［65 公斤以上～70 公斤］。
6. 75 公斤级［70 公斤以上～75 公斤］。
7. 80 公斤级［75 公斤以上～80 公斤］。
8. 85 公斤级［80 公斤以上～85 公斤］。

四、服装护具

（1）运动员必须穿戴比赛规定的拳套、护头、护齿、护裆、护腿，赤脚穿护脚背。穿与比赛护具颜色相同的背心和短裤，护裆必须穿在短裤内。

（2）比赛的护具有红、黑两种颜色。

（3）拳套的重量：65 公斤级及以下级别的拳套为 230 克；70 公斤级及以上级别的拳套为 280 克。

五、得分标准

（一）可用招法

武术各流派的攻防招法，包括拳法、腿法、摔法和膝法都可用，但严禁使用犯规动作。

（二）得分部位

头部、躯干、大腿和小腿。

（三）禁击部位

后脑、颈部、裆部。

（四）得分标准

1. 得 2 分

（1）使用拳法或腿法（推、拉和搂抱动作除外）将对方击倒。

（2）对方受到警告。

2. 得 1 分

（1）对方倒地（除击倒以外，两脚以外任何部位支撑台面或膝以上部位接触到距离拳台最近的围绳）。

（2）用腿法击中对方得分部位。

（3）用手法击中对方得分部位。

（4）用膝法击中对方腰带以上头部以下的躯干部位。

（5）运动员消极 8 秒，被指定进攻后 8 秒内仍不进攻，对方得 1 分。

3. 不得分

方法不清楚，效果不明显。

4. 双方倒地（包括先后倒地）

击倒对方时，只记击倒分，不另行记倒地和读秒分。

六、暂停比赛及重新开始

（一）暂停比赛

（1）运动员倒地时。

（2）运动员相互搂抱没有进攻动作时间达 3 秒时。

（3）犯规运动员受到“劝告”或“警告”处罚时。

（4）运动员受伤时。

（5）运动员由于客观原因举手要求暂停时。

（6）裁判长纠正错判、漏判时。

（7）裁判长处理场上问题或场上发生险情时。

（8）因灯光、场地等客观因素影响比赛时。

（二）重新开始

（1）运动员倒地暂停时，应在 3 秒内重新开始比赛。

（2）犯规运动员受到“劝告”或“警告”处罚暂停比赛时，应在 3 秒内重新开始比赛。

（3）运动员相互搂抱没有进攻动作暂停后，运动员应立即后退一步，并立即重新开始比赛。

（4）其他情况暂停比赛时，应在处理完后立即重新开始比赛。

七、犯规

（一）侵人犯规

（1）在场上裁判员口令“开始”前或“停”后进攻对方。

（2）向对方禁击部位击打。

（3）用头、肘和反关节动作向对方进攻。

（4）用膝攻击对方头部。

（5）使用迫使对方头部先着地的摔法或有意砸压对方。

（6）用腿法攻击倒地一方的头部。

（7）用牙咬对方。

（8）有意将对方扔下拳台。

（二）技术犯规

（1）消极搂抱对方。

（2）消极逃跑躲避对方攻击。

（3）用手抓住围绳进攻对方或不正当地利用围绳或立柱。

（4）用膝攻击对方腰带以下部位。

（5）处于不利状况时要求暂停。

（6）比赛中对裁判员有不礼貌的语言、动作或其他不服从裁判的行为。

（7）有意拖延比赛时间。

（8）上场不戴或吐落护齿，有意松脱护具。

（9）教练员严重违反规则。

（三）犯规处罚的执行

（1）对不服从裁判、违反规则或出现不正当比赛等犯规行为的运动员，场上裁判员有权决定给予“劝告”、“警告”或“取消比赛资格”的处罚。

（2）给予“劝告”或“警告”处罚时，场上裁判员应暂停比赛，并向运动员和边裁判员示意指出该犯规动作。

（3）场上裁判员必须征得裁判长同意，才能给予运动员“取消比赛资格”的处罚。

（四）犯规处罚措施

（1）每出现一次技术犯规，劝告一次。

（2）每出现一次侵人犯规，警告一次。

(3) 一方受罚失分达6分时，判对方为胜方。

(4) 运动员故意伤人，取消其当场的比赛资格，并视情况给予禁赛处分。

(5) 运动员因非故意的犯规致使对方受伤不能继续进行比赛，取消当场比赛的资格。

(6) 运动员因对方犯规受伤，有继续比赛的能力而诈伤，经现场医务监督确诊，取消当场的比赛资格。

(7) 运动员局间休息时吸氧，取消比赛资格。

(8) 运动员使用违禁药物，取消比赛资格，并给予禁赛两年的处罚。

第五节　跆拳道规则简介

跆拳道的基本哲学思想是：练习此项运动者必须修身养性。道德教育第一，运动技巧第二。此项运动是严格的礼仪与礼仪的严格的有趣结合。一方面，面对对手头部和身体按规定的角度弯下腰优雅地鞠躬。另一方面，规则要求运动员身上、头上均戴护具，并建议在道服内腹股沟、前臂和胫骨上佩戴护具并戴护齿。

一、竞赛

跆拳道比赛包括“Chung”（蓝）和“Hong”（红）两方，双方以脚踢打对手的头和身体或用拳击打对方的身体而得分。比赛分3个回合，每回合3分钟，两回合之间有1分钟休息时间。选手可通过下述方法获胜：将对方击出场外，得分最高，使对手被罚分达到3分，或对手被剥夺比赛资格。

比赛开始前，裁判分别发出“cha－ryeot”和“kyeong－rye”指令后，双方立正并相互鞠躬，接下来裁判喊“Shi－jak”宣布比赛开始。

二、得分

每个合理的攻击都将得分，合理的攻击有以下几种：

(1) 击打对手的得分部位，除头部以外，得分部位还有腹部及身体两侧，这三个部位标于对手的护具上。禁止击打对方小腹以下部位。

(2) 用规则允许的身体部位击打对手。须用正确紧握的拳头的食指和中指的前部或脚踝关节以下的部位击打对方。

如果三位裁判中的至少两位对击打进行了认定并记录，则得分有效。

三、犯规

犯规是跆拳道比赛中一个至关重要的因素，因为仅仅1个罚分就可能决定比赛的胜负。跆拳道犯规分为Kyong－go和gam－jeom两种。kyong－go或警告是最常见的一种犯规，意味着罚0.5分，但是若仅有一次这种犯规则不计入罚分，除非再次犯规而累计罚1分。如果选手抓、抱、推对方、逃避性地背对对方、假装受伤等，则判Kyong－go。

gam－jeom是另一种更为严重的犯规，将被罚1分。典型的犯规行为包括扔对手，在格斗中在对手双脚离地时故意将其放倒，故意攻击对手后背，用手猛击对手的脸部。

四、击倒

选手被击倒后裁判像拳击比赛那样开始 10 秒的读秒。在跆拳道比赛中一方由于对手发力而造成脚底以外的其他任何部位触地则判为被击倒。裁判也可在选手无意或无法继续比赛时开始读秒。一旦出现击倒，则裁判喊“kal－yeo”，意思是“暂停”，指示另一方退后，裁判开始用韩语读秒，从 1 至 10。即使被击倒的选手站起来欲继续比赛，他必须等待裁判继续读秒至 8 或“yeo－dul”，然后裁判判定该选手是否可以继续比赛。若其不能继续比赛，则另一方以击倒获胜。

五、胜方

如果除了决赛以外的其他比赛若以平局结束，则分数高的一方获胜。若双方依然平分秋色，则由裁判根据比赛中双方表现的主动性来决定在 3 回合各 3 分钟的比赛中哪一方占优。若为争夺金牌的决赛，则双方进行第 4 回合，也叫突然死亡回合的较量，率先得分者获胜；若无人得分，则裁判通过判断谁在该回合中占优而决定最后的胜方。

六、重量级划分

在世界跆拳道锦标赛中男女各分为传统的 8 个级别，而 2000 年其第一次作为正式比赛项目出现在悉尼奥运会上时，男女各分为四个级别：男子 58 公斤以下级、68 公斤以上级、80 公斤以下级、80 公斤以上级和女子 49 公斤以下级、57 公斤以下级、67 公斤以下级、67 公斤以上级。

七、比赛区域

比赛区域为 12 平方米的正方形场地，建于比地面高 1 米左右的平台上，上面铺有弹性的垫子，为保证安全，场地外两侧平台的侧面稍向地面倾斜。场地内，正中是一个 8 平方米的蓝色正方形区域，其外边为红色的警告区，提醒选手正接近边线或平台的边缘。一旦选手的脚踏入警告区则裁判自动暂停比赛。故意进入警告区可判为 Kyong－go，而故意跨过边线将判为 gam－jeom。

八、防护服

跆拳道是一项身体全面接触的运动，要求参赛选手穿防护服，头部、身上、前臂、胫骨、腹股沟佩戴护具。比赛前将对所有参赛选手进行检查，以确保其穿上所要求的护具。

九、其他规则

（1）若同时出现一种以上的犯规，则裁判以处罚较重的犯规为准。

（2）若双方均被击倒且读秒至 10 后均不能恢复，则击倒前得分高者获胜。

（3）若选手得分后立即犯规，则可判其所获分数无效，如故意摔倒（一种用于躲避击打的战术）。

（4）被击中头部而倒地的选手在 30 秒内不得参加比赛。

十、竞赛形式

悉尼奥运会中的跆拳道比赛进行单淘汰赛直至最终的冠亚军决赛。而铜牌需要通过更为复杂的方式决出。每一位负于两位决赛者的选手均有另一次机会进行次级比赛而决出铜牌。两位半决赛的负者直接进入次级比赛。所有负于两位决赛者的其他选手在其原所在组进行单淘汰赛，余下的两个半决赛席位被两位优胜者赢得。每一组的优胜者与另一组的半决赛的负者进行交叉半决赛，两位胜者争夺铜牌。

知识拓展

跆拳道道场基本知识

1. 道场纪律

（1）禁止吸烟；

（2）禁止闲聊；

（3）禁止带酒或其他食品；

（4）禁止穿鞋；

（5）没有教练的许可，任何人不可随意教授别人；

（6）训练时没有征得教练的同意，不可随意出去；

（7）训练时只可穿指定道服。

2. 道场内的礼仪

所有学员都应遵守道场秩序，保持道场气氛：

（1）进入道场首先向墙上挂着的（国、道）旗敬礼；

（2）站到适当的距离向教练敬礼；

（3）学员之间互相问好；

（4）训练前学员排队向教练敬礼；

（5）教练带头立正，学员右手轻举念宣言；

（6）训练结束后，盘腿坐地冥想一分钟；

（7）解散前排成队列向教练致敬；

（8）出道场前再次向（国、道）旗敬礼后静静离开。

名人故事

李奎衍是一个有梦想的韩国青年。他高中毕业后，到一家武馆学习跆拳道，经过数年的严格训练，终于在跆拳道界有了一定的知名度，达到了黑带的标准，可以被授予黑带的荣誉了。按照韩国跆拳道联合会的规定，黑带证书必须由武术界一位德高望重的大师颁发。

这天，隆重的黑带颁发仪式在韩国体育馆举行。不出意外，年仅 30 岁的李奎衍将成为韩国历史上最年轻的黑带高手。跪在武学宗师金英哲面前的李奎衍，脸上洋溢着成功者的喜悦，浑身上下散发着勃勃英气。对于这样一个盼望已久的时刻，他的心情无疑是非常激动的。

“在授予你黑带之前，你必须接受一个考验。”大师说。“我已经准备好了，请大师出招吧。”李奎衍自信地回答。在他看来，无论与谁对垒，都有获胜的把握。

出乎意料的是，金英哲并不是要考验他的跆拳道招式。面对这个年轻气盛的小伙子，大师微微一笑说：“你在得到黑带前，必须回答我一个问题：黑带的真正意义是什么?”“是我一生追求的终极目标。”李奎衍答道，这也是他习武多年的真实想法。金英哲不置可否，显然，对李奎衍的回答，他很不满意。大师目光深邃地看着面前的李奎衍，似乎在等待着他继续说下去。沉默一阵之后，大师遗憾地摇了摇头：“我认为你现在还不具备成为黑带高手的资格，等你想清楚了我的问题、找到正确答案后再来吧。”

一年之后，李奎衍再次申请授予他黑带段位。这次，主持授段仪式的还是金英哲大师。而且，他提出的依然是一年前的那个问题。这一次，李奎衍的回答显然是深思熟虑过的：“黑带的真正含义是代表着本门武学中的最高荣誉，是卓越的象征。”金英哲的表情依然严肃，好似还在等待李奎衍补充什么。但过了好几分钟，李奎衍却没再接着说。这时，金英哲摇了摇头说：“年轻人，火候还不够啊，一年后再来吧。”

又过一年，李奎衍第三次申请授予黑带段位。这一次他的神情明显比前两次谦卑得多。金英哲问道：“黑带的真正含义是什么?”“黑带代表着开始，代表无休止的磨炼、奋斗和追求，代表更高标准的新起点。”李奎衍一口气说出了几年来心中的真实感悟。这一回，金英哲终于露出了满意的微笑：“很好！你已经是一个真正意义上的黑带高手了。”

任何一份荣耀都只是下一个征程的起点，任何一个暂时的巅峰都是努力的真正开始。正是因为有了永远超越自己的人生感悟，李奎衍才最终成为世界跆拳道联盟黑带九段高手和跆拳道界最著名的大师级人物。

思考训练

1. 简述散打的基本步法与拳法。
2. 简述跆拳道的步法与腿法。
3. 简述跆拳道与散打的规则。
4. 如何来判定跆拳道的犯规?

第十五章　健美操

学习目标

1. 了解健美操的基础知识。
2. 掌握健美操的基本技术。
3. 掌握健美操的组合动作。

素质目标

1. 通过健美操的练习，发展学生的速度、力量、耐力、协调和柔韧等身体素质，完善体形，培养正确的姿态。

2. 在健美操表演和比赛中，提高学生自信心，培养学生正确的审美观念、健康的审美情趣和较强的审美能力。

情境导入

美的人体应该是健、力、美的结合。美的人体应该是健康的，没有健康的身体，就没有人的形体美。只有健康、匀称的人体形象，才能表现出富有生命力的美，才能显示出生机勃勃和充沛的精力，才能成为人的本质力量的承载体。

第一节　健美操运动概述

一、健美操运动的概念与分类

（一）概念

健美操

健美操是集体操、音乐、舞蹈、美于一体，通过徒手、手持轻器械和用专门器械的操化练习达到健身、健美和健心目的的一种新兴娱乐和观赏型体育项目。

健美操起源于传统的有氧健身运动，是有氧运动的一种。它通常采用徒手或手持轻器械进行练习，是在氧供应充足的情况下，以人体有氧系统提供能量的一种运动形式，其运动特征是持续一定时间的、中低强度的全身性运动，主要锻炼练习者的心肺功能，是有氧耐力素质的基础。

（二）健美操的分类

健身性健美操按练习形式可分为徒手健美操、轻器械健美操和特殊场地健美操三大类。

1. 徒手健美操

徒手健美操包括传统意义上的一般健美操和为满足不同人群兴趣和需求的各种不同风格的健美操。传统意义上的一般健美操目前仍很受欢迎，其主要练习目的是提高心肺功能和人体的有氧代谢能力。随着社会的发展和生活水平的提高，人们健身的需求越来越多样化，近年来出现了多种新的徒手健美操练习形式，例如，正在国内外流行的搏击健美操，其主要练习目的是增强肌肉的力量、弹性与身体的柔韧性、灵活性，对腰腹锻炼有特殊的效果；拉丁健美操和街舞，其练习形式多以群体练习为主，动作变化丰富，规律性不强，不仅能提高学员的协调能力，而且能调节学员的心理，因此深受年轻人的喜爱。徒手健美操还包括肚皮舞、爵士舞、芭蕾形体、养生太极、普拉提、瑜伽、身心平衡等多种形式。

2. 轻器械健美操

轻器械健美操是利用轻器械，以力量练习为主的一种有氧健身方式。轻器械健美操利用各种可移动的轻器械进行练习，既增强了健身的效果，同时也使健美操的练习形式更加多样化。目前利用轻器械进行力量练习是世界范围内最受欢迎和发展最快的健身方式，力量练习的主要目的是使练习者保持和发展良好的肌肉线条，减少体内多余的脂肪，增强肌肉力量和防止肌肉退化，从而延缓衰老，使人更加强健。如踏板健美操加大了腿部的运动负荷，增加了运动量，但减轻了对下肢关节的冲击力，同时也使动作更加多样化；哑铃操、杠铃操、阻力带操、健身球操等可锻炼到全身的每一处肌肉，有效地提高肌肉力量，尤其是上肢力量，弥补了徒手健美操的不足。

3. 特殊场地健美操

特殊场地健美操因其特殊的功效发展很快，如水中健美操可以减轻运动中地面对膝、踝关节的冲击力，有效减轻关节的负荷，并利用水的阻力以及水传导热能快的原理提高练习效果，达到锻炼身体和减肥的目的，深受中老年人、康复病人和减肥者的喜爱；固定器械健美操，如动感单车，在克服了室外行驶的一切缺点后，由于技术上的改进，使得这项运动简单易学，成为一项能够使全身得到锻炼的有氧运动，15～50岁的人都适合。但由于绚丽灯光和分贝较高的音乐，目前选择动感单车的人士集中在20～35岁，大多为年轻人。

二、健美操术语

（一）场地的基本方位术语

为了表明人体在场地上所处的方位，我们一般借鉴舞蹈中基本方位的术语，把开始确定的某一面（主席台、裁判席）定为基本方位的第一点，按顺时针方向，每45°为一个基本方位，将场地划分为8个基本方位，即1、2、3、4、5、6、7、8点（图15－1）。

（二）运动方向术语

指身体各部位运动的方向。运动方向一般根据人体直立时的基本方位来确定。

向前：做动作时胸部所对的方向。

向后：做动作时背部所对的方向。

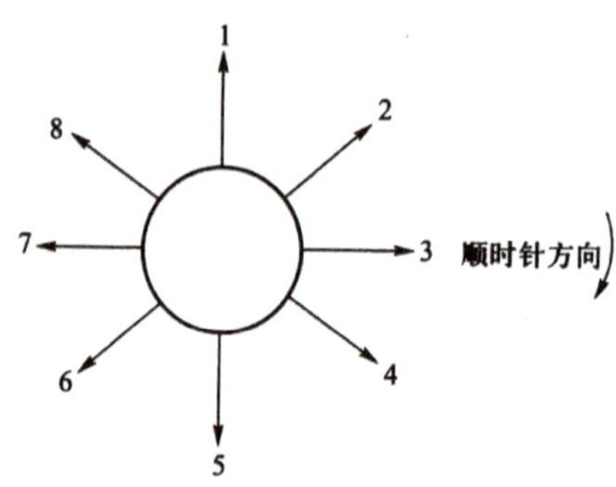

图 15－1　场地基本方位

向侧：做动作时肩侧所对的方向，必须指明左侧或右侧。

向上：头顶所对的方向。

向下：脚底所对的方向。

中间方向和斜方向：指两个基本方向之间 45°的方向。例如：侧上、前下。

顺时针：转动过程与时针运动方向相同。

逆时针：转动过程与时针运动方向相反。

向内：指肢体由两侧向身体正中线的运动。

向外：指肢体由身体正中线向两侧的运动。

同向：指不同肢体向同一方向运动。

异向：指上、下肢体向相反方向运动。

（三）动作之间相互关系术语

同时：不同部位的动作要在同一时间内完成。

依次：肢体或不同个体相继做同样性质的动作。

交替：不同肢体或不同动作反复进行。

同侧：与最初开始动作的肢体同一方向的上肢或下肢动作的配合。

异侧：与最初开始动作的肢体不同方向的上肢及下肢动作的配合。

对称：左、右肢体做相同的动作，但方向相反。

不对称：左、右肢体做互不相同的动作。

（四）动作强度术语

以脚接触地面时，身体承受的冲击力大小来划分。

无冲击力动作：指两脚始终接触地面，身体重心在两腿之间，没有腾空的动作。一般在练习前的准备部分和结束部分使用。

高冲击力动作：指有腾空阶段，对身体有一定的冲击力。一般是有跑跳的动作形式。

低冲击力动作：指有一脚始终接触地面的动作形式。

三、健美操运动的特点与功能

（一）特点

（1）动作简单易学，适合于不同年龄层次；

(2) 强调动作对称且重复练习；
(3) 强调大幅度动作练习；
(4) 集体练习为主；
(5) 具有明快的节奏，形成动感和韵律风格。

(二) 功能

(1) 增强体质，增进健康；
(2) 改善体形，培养端庄体态；
(3) 调节心理活动，陶冶美好情操。

四、健美操运动的起源与发展

(一) 起源

健美操是一项新兴的体育运动项目，最早是美国太空总署为太空人所设计的体能训练内容，医学博士库伯尔（Cooper）设计了一些动作并逐渐加上音乐伴奏和服装，形成了具有独特体系的运动，并很快风靡世界。

健美操作为一项独立的体育运动项目，其兴起的时间是20世纪70年代末，明显的标志就是“简·方达健美操”的出现。作为现代健美操运动的发起人之一，简·方达根据自己的体会和实践编写了《简·方达健美操》一书并制成录像带，自1981年首次在美国出版以来，一直畅销不衰，并被译成20多种文字，在世界30多个国家出售，对健美操运动在世界范围内的流行与发展起了巨大的推动作用，也使简·方达成为20世纪80年代风靡世界的健美操杰出代表人物。

健美操运动自20世纪70年代末80年代初兴起以来，以它强大的生命力迅速在全世界流行起来。许许多多的人选择健美操作为自己主要的健身方式，形成了世界范围的健美操热。

(二) 发展

1. 健美操首先在高校得到普及

世界性的健美操热传到我国是在20世纪80年代初。那时，随着我国教育制度改革的不断深入，“美育”逐渐在学校教育中占有一席之地，因此，健美操的引进与兴起为我国“美育”提供了一个重要手段。

1981年至1983年，在健美操传入我国的初期，不少高校教师陆续在报纸杂志上发表了一些介绍健美操和探讨“美育”的文章，并编排了一些健美操成套动作，如“女青年健美操”“哑铃健美操”“形体健美操”等，从此，追求人体健与美的“健美操”一词迅速为广大体育工作者所采用。

1984年，北京体育学院（现为北京体育大学）成立了健美操研究组，由其编排并推出的“青年韵律操”迅速传遍全国各大院校，无数青年学生投入学习“青年韵律操”的热潮，健美操迅速在我国各大院校普及。虽然在今天看来，“青年韵律操”动作简单，只能说是基本体操的复杂化，但在当时，“青年韵律操”使许多人第一次认识了健美操，对健美操在我国的普及与发展起到了非常重要的推动作用。此后不久，许多高校将健美操列入教学大纲，为健美操普及打下了良好的基础。每年，不少高校组队参加各种形式的全国健美操比赛，使高校成为我国竞技健美操发展的基地和不可缺少的重要组成部分。

2. 社会健美操的兴起与普及

我国的社会健美操始于1987年。在这一年，我国第一家健美操健身中心——“利生健美城”面向社会开放，首次把健美操这项新的体育运动介绍给广大人民群众，其新颖的锻炼方式、良好的健身效果很快被人们接受，吸引了大批的健身爱好者。随后，越来越多的以健美操为主要健身形式的健身中心在社会上相继开业。尤其是在北京、广州、上海等大中型城市，人们的思想观念更加开放，追求健康、追求美成为时尚，并且随着生活水平的不断提高，为健康投资逐渐深入人心，因此千千万万的人热衷于健身、热衷于健美操，他们每周2~3次参加每次1~1.5小时的健美操练习，通过锻炼，不仅增强了体质，而且娱乐了身心，同时使健美操成为健身市场的一个重要组成部分。另外，电视等有关媒体的健美操节目的大量出现也对社会健美操的持续发展起到了推波助澜的作用。

我国社会健美操的发展受“简·方达健美操”的影响较大，并随着时间的延续形成了各种流派，对健美操在社会上的普及与开展起到了前期推广和宣传的重要作用，也得到了社会的广泛承认。这些不同流派的健美操各有特色，但和国际健身健美操的水平还有一定的距离，如在练习的内容上普遍存在重视操化练习、轻视力量练习和以过多的跳跃运动来增加运动负荷等问题。但近年来，随着国际交流的加强和各种宣传与培训，人们对健美操运动的认识不断深入，逐渐接受了国际上的一些新观念，上述问题正逐步得到解决。今后，健身健美操练习方法和市场管理也必将向着国际化、科学化、规范化的方向发展。

3. 我国健美操管理体系的建立

1992年，我国相继成立了中国健美操协会和中国大学生健美操艺术体操协会，另外，全国体育总会和国家体委群体司也负责我国职工健美操运动。随后，各个省市也相继成立了地区性的健美操协会，我国对健美操的项目管理呈现更加规范化的趋势。

多年来，中国健美操协会克服了人员少、资金不足等困难，为健美操运动的普及做了大量的工作。如1996年在全国范围内统一竞赛规则，每年举办健美操教练员、裁判员培训班，举办全国健美操锦标赛，并6次派队参加国际竞技健美操比赛等，并于1997年推出健美操运动员等级规定动作，1998年推出社会健美操指导员制度、健美操大众健身等级动作，以及2000年推出会员制，这些举措对我国健美操运动的普及与水平提高具有重大意义，必将推动我国健美操运动的快速发展。

2001年，原劳动和社会保障部批准健美操指导员作为一种正式的社会职业，并制定了相应的职业标准，实行持证上岗制度。持证上岗制度对健美操运动的市场规范化管理和保证健美操运动的科学性具有非常重要的意义。健美操指导员的职业化和持证上岗制度的实行对健美操运动的发展产生良好的影响，同时标志着健美操运动又进入了一个新的历史发展时期。

4. 我国健美操比赛的规范化与多样化

在我国健美操运动发展的初期，曾于1987年由康华健美研究所、北京体育学院、中央电视台等单位联合举办了全国首届“长城杯”健美操邀请赛，随后又分别组织过儿童、青年、中老年健美操比赛。这些比赛的内容主要是健身健美操，由于举办单位不同，因此制度很不规范。直到20世纪90年代初期，随着中国健美操协会和中国大学生健美操艺术体操协会的成立，我国健美操比赛才逐步走向正规化。我国每年举行的正式健美操全国比

赛有全国健美操锦标赛和全国大学生健美操比赛。此后，又在全国比赛中增加了健身健美操比赛以及中老年组和少儿组健美操比赛。

5. 国际交流逐步增多

早在1987年，北京体育学院健美操队就访问了日本，这是我国健美操运动首次走出国门。1988年，我国再次举办了“长城杯”健美操邀请赛，有中国、美国、日本、巴西等国家和地区的30多名运动员参赛。

1995年年底，我国首次派队参加了由国际体操联合会健美操委员会（FIG）在法国举行的第一届健美操世界锦标赛，到目前为止，我国已参加了数次健美操世界锦标赛，虽然成绩不够理想，但这是我国竞技健美操走向世界的一个必经过程。从1997年到现在，我国又先后派出多人参加FIG组织的国际裁判员培训班和国际教练员培训班，还于1999年和2001年分别邀请了外国专家来我国讲学。通过参加比赛和学习，我们了解到国际健美操技术水平，进一步提高了我国健美操技术水平。

近年来，一些国内的健身俱乐部邀请了国外专家来讲学，购买了健身项目的专利，一些国外的健身组织也在我国建立了分支俱乐部。同时，我国的一些健美操教练还参加了I-DEA健身大会和Asia－Fit健身大会。这些活动都起到了加速提高我国健身健美操的科学文化水平的作用，加深了我们对健美操运动的理解，相信今后我们与国际交流的机会将越来越多，因此必将极大地促进我国健美操运动的发展。

第二节　健美操基本动作

一、健美操的基本步伐

健美操基本步伐是体现健美操练习者下肢动作基本姿态的主要内容，根据动作的特点及运动强度的差异，健美操的基本步伐分为以下12类。

健美操基本步伐要求保持弹动，弹动的种类有膝弹动、膝踝弹动（踝弹动），形式有并腿的弹动，分腿弹动，方向有向前的弹动，向左前方、右前方45°的弹动，左绕、右绕的弹动。其技术要点为两膝与踝关节自然屈伸。

（一）踏步类

踏步类动作运动强度较低，需要在运动过程中至少有一只脚与地面保持接触，常见的步伐有以下4种：

1. 踏步（march）

种类：脚尖不离地的踏步、脚离地的踏步、高抬腿的大幅踏步。

形式：原位踏步、移动踏步、转体踏步。

方向：向前、向后、向左、向右的踏步。

技术要点：落地时，脚尖过渡到脚跟着地；屈膝时，胯微收。两臂自然前后摆动。

2. 走步

种类：一种。

形式：一种。

方向：向前（forward）走、向后（back）走、斜向走、弧形走。

技术要点：基本上同踏步。

3. “V”字步（V－step）

种类：正“V”字步、倒“V”字步。

形式：平移的、转体的和小幅度跳的正“V”字步和倒“V”字步。

方向：左、右腿的正“V”字步和倒“V”字步。

技术要点：一脚迈出，另一脚随之迈出成一条平线，两脚距离略比肩宽，两膝自然弯曲，然后依次收回。

4. 恰恰步

种类：一种。

形式：平移的、转体的恰恰步。

方向：向前、向后、向侧的恰恰步。

技术要点：在2拍节奏中，迅速踏步3次。

（二）并步类（touch）

1. 点地

种类：脚尖点地、脚跟点地。

形式：原位点地、移动点地、转体点地。

方向：脚尖向前、向侧、向后、向斜方向的地点，脚跟向前、向侧、向斜方向的点地。

技术要点：有弹性地点地，腿自然伸直。

2. 移重心（经半蹲左右移动）

种类：双腿、单腿的移重心。

形式：原位的移重心、移动的移重心、转体的移重心、跳的移重心。

方向：向前、向后、向左、向右的移重心。

技术要点：身体重心必须经两腿之间从一端移向另一端。

3. 并步（step touch）

种类：两腿同时屈的并步、一直一屈的并步。

形式：原位的并步、移动的并步（“之”字步）、转体的并步。

方向：向前、向后、向左、向右的并步。

技术要点：一脚并于另一脚，重心要随之移动，两膝自然屈伸。

4. 交叉步（grapevine）

种类：一种。

形式：平移的交叉步、转方向的交叉步、小幅度跳的交叉步。

方向：向前、向后、向侧的交叉步。

技术要点：一脚迈出，另一脚在前或在后交叉，重心随着移动。

（三）弓步类（lunge）

种类：静力性的弓步、动力性的弓步。

形式：左右弓步移重心的弓步、移动的弓步、转体的弓步、跳的弓步。

方向：上步弓步、后撤弓步、向侧伸弓步。

技术要点：一腿屈膝，脚尖与膝垂直，另一腿伸直，重心落于两腿之间。

由于弓步的形式很多，因此在做法上有所不同。

（四）半蹲类（skirt）

种类：小分腿半蹲（skirt down up）、大分腿半蹲（skirt side）。

形式：向侧一次、向侧两次（two skirt）、转体。

方向：向侧（左右）。

技术要点：半蹲时，立腰。

（五）吸腿类（knee lift）

种类：一种。

形式：原位的吸腿及跳、移动的吸腿及跳、转体的吸腿及跳。

方向：向侧、向前的吸腿及跳。

技术要点：大腿用力上提，小腿自然下垂。

（六）弹踢腿跳类（skip）

种类：一种。

形式：原位的弹踢腿跳、移动的弹踢腿跳、转体的弹踢腿跳。

方向：向前的弹踢腿跳（forward skip）、向侧的弹踢腿跳（side skip）、向后的弹踢腿跳（back skip）。

技术要点：大腿抬起至一定角度后，小腿自然弹直。

（七）开合跳（jumping jack）

种类：双起双落的开合跳（两次开开合合、连续开合）、单起双落的开合跳。

形式：原位的开合跳、移动的开合跳、转体的开合跳。

方向：向前的开合跳。

技术要点：分腿时，两脚自然外开，膝关节沿脚尖方向弯曲。跳起落地时，注意屈膝缓冲。

（八）踢腿类（kick）

种类：弹动踢腿（spring）、一般的直踢腿。

形式：原位的踢腿跳、移动的踢腿跳、转体的踢腿跳。

方向：向前的、向侧的、向斜前的踢腿跳。

技术要点：腿上踢时，须加速用力，立腰，上体尽量保持不动。

（九）后踢腿跳（jog）

种类：一种。

形式：原位的后踢腿跳、移动的后踢腿跳、转体的后踢腿跳。

方向：向后的后踢腿跳。

技术要点：髋和膝在一条线上或后担，小腿尽量叠于大腿。

（十）点跳

种类：一种。

形式：原位的点跳、移动的点跳、转体的点跳。

方向：向侧、向前、向后的点跳。

技术要点：点地时身体重心在一条腿上。

（十一）摆腿跳

种类：一种。

形式：原位的摆腿跳、移动的摆腿跳、转体的摆腿跳。

方向：向侧、向前、向后的摆腿跳。

技术要点：摆腿时上体顺势前倾后倒或侧倾。

（十二）并跳

种类：一种。

形式：移动的并跳、转体的并跳。

方向：向前、向后的并跳。

技术要点：一腿迈出蹬地，另一腿并上，身体重心随着跟上。

步伐种类是根据动作的特点来划分的，形式是根据做动作时身体位置发生变化来划分的，方向是根据身体轴面来划分的。

二、健美操基本徒手动作

健美操基本徒手动作是根据人体结构的活动特点而确定的。常见的基本徒手动作分为以下两类：

（一）头颈动作

形式：头颈的屈、头颈的转、头颈的绕与绕环。

方向：向前、向后、向左、向右的屈和平移，向左、向右的转和绕、绕环。

要求：做各种形式的头颈动作时，节奏一定要慢，上体保持正直。

（二）肩部动作

形式：单肩、双肩的担肩和沉肩，收肩和展肩，单肩、双肩的绕和绕环，振肩。

方向：向前、向后的绕及绕环。

要求：担肩、沉肩时两肩在同一额状面尽量上下运动。收肩、展肩幅度要大，肩部要平。振肩动作要有速度、力度和弹性。

三、健美操基本步伐组合

健美操步伐组合是以健美操基本步伐为基础，与上肢、髋部、躯干等部位动作组合而成，对于学生掌握健美操的基本动作，形成良好的身体姿态，发展有氧代谢能力及协调、灵敏素质均有较好的作用。基本步伐组合由 7 节组成，每节 4 个八拍。

（一）踏步、走步组合

第一个八拍（图 15 – 2）

第二个八拍（图 15 – 3）

第三个八拍（图 15 – 4）

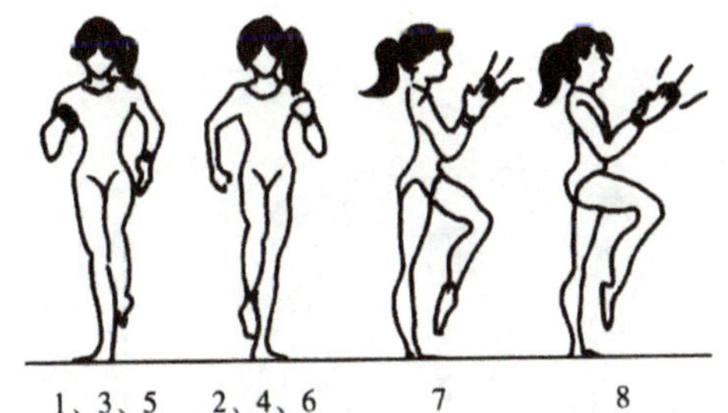

图 15－2　踏步、走步组合第一个八拍

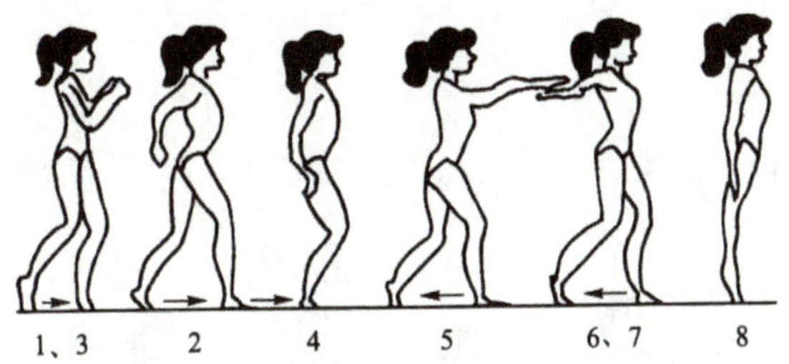

图 15－3　踏步、走步组合第二个八拍

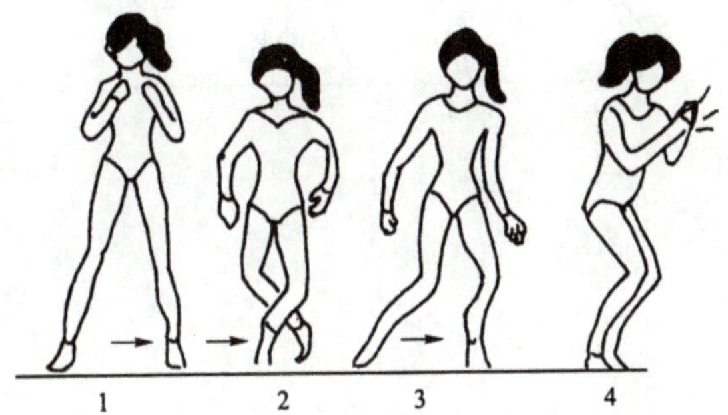

图 15－4　踏步、走步组合第三个八拍

第四个八拍

动作同第三个八拍，方向相反。

（二）并步组合

第一个八拍

第 1～4 拍，如图 15－5 所示。第 5～8 拍，同第 1～4 拍。

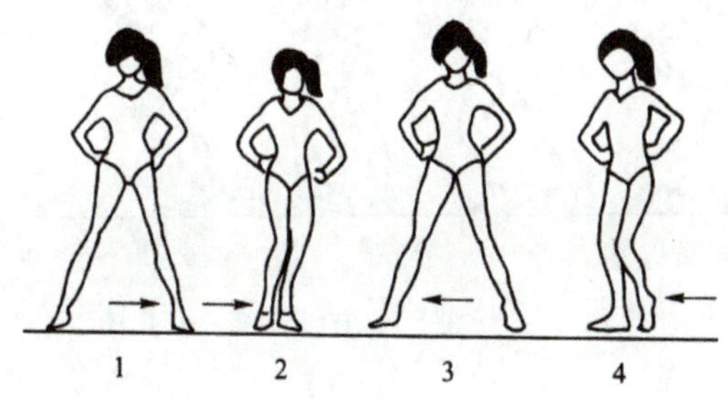

图 15－5　并步组合第一个八拍

第二个八拍

第 1 ~4 拍，如图 15 -6 所示。第 5 ~8 拍，同第 1 ~4 拍。

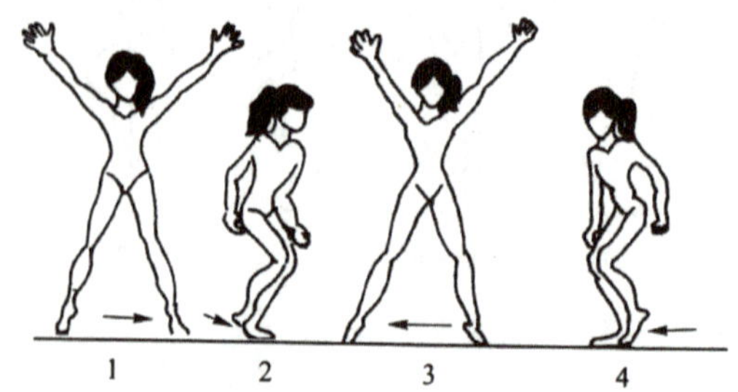

图 15 -6　并步组合第二个八拍

第三个八拍

第 1 ~4 拍，如图 15 -7 所示。第 5 ~8 拍，同第 1 ~4 拍，方向相反。

图 15 -7　并步组合第三个八拍

第四个八拍：同第三个八拍。

（三）“V”字步组合

第一个八拍（图 15 -8）

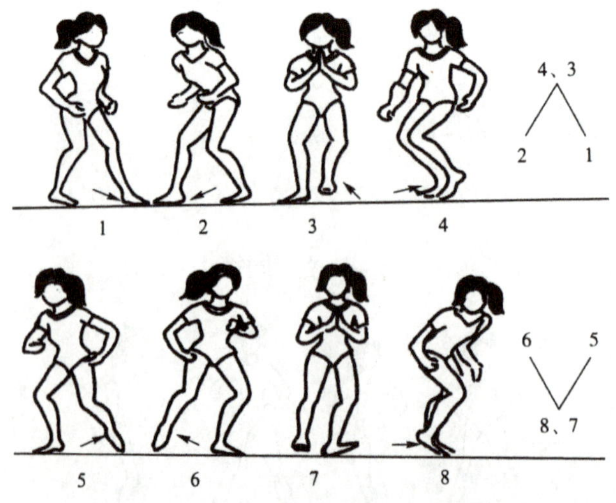

图 15 -8　“V”字步组合第一个八拍

第二个八拍（图 15 -9）

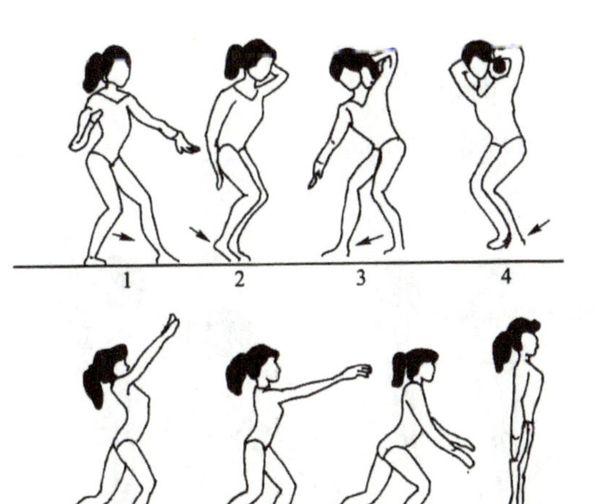

图 15－9　“V”字步组合第二个八拍

第三、四个八拍

动作同第一、二个八拍，但方向相反。

（四）半蹲步、髋步组合动作

第一个八拍（图 15－10）

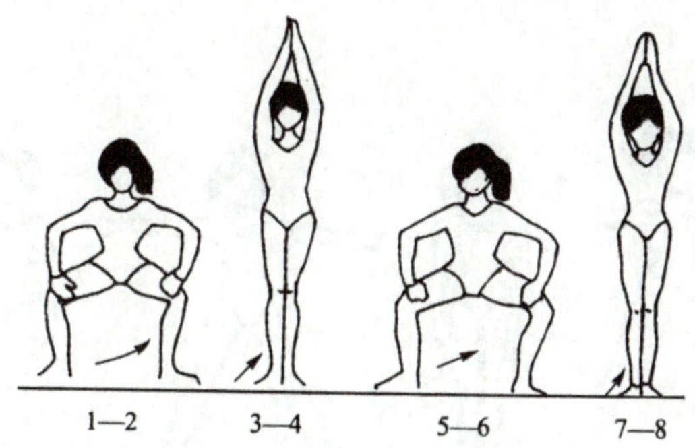

图 15－10　半蹲步、髋步组合动作第一个八拍

第二个八拍

动作同第一个八拍，但方向相反。

第三个八拍（图 15－11）

图 15－11　半蹲步、髋步组合动作第三个八拍

第四个八拍

动作同第三个八拍，但方向相反。

（五）吸腿跳、弓步跳组合

第一个八拍（图 15－12）

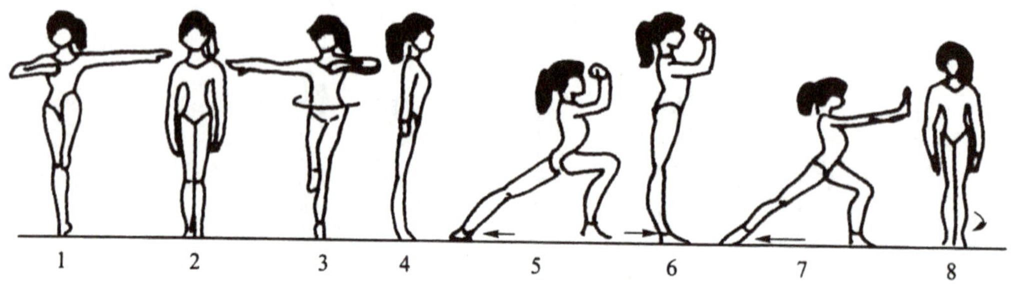

图 15－12　吸腿跳、弓步跳组合第一个八拍

第二个八拍

动作同第一个八拍，但方向相反。

第三、四个八拍

动作同第一、二个八拍。

（六）分腿跳、开并腿跳、踢腿跳、弹踢跳、摆腿跳组合

第一个八拍（图 15－13）

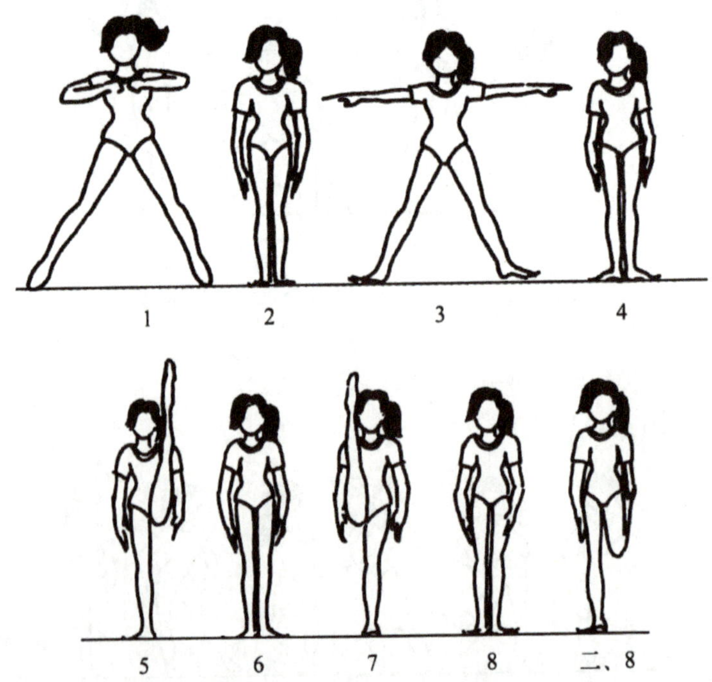

图 15－13　分腿跳、开并腿跳、踢腿跳、弹踢跳、摆腿跳组合第一个八拍

第二个八拍

动作同第一个八拍，但最后一拍左腿后屈。

第三个八拍

第1～4拍，如图15－14所示。第5～8，同第1～4拍。

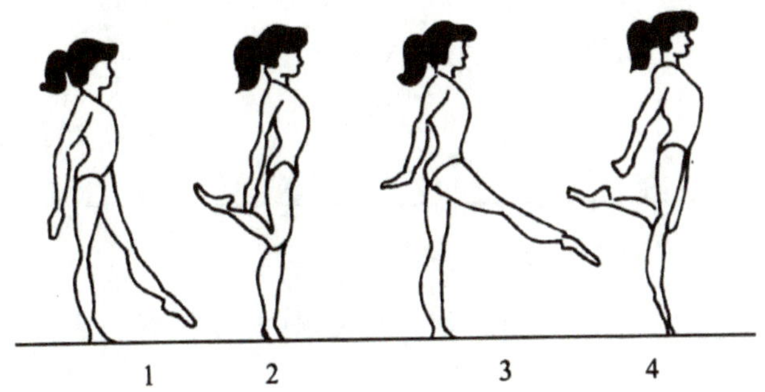

图15－14　分腿跳、开并腿跳、踢腿跳、弹踢跳、摆腿跳组合第三个八拍

第四个八拍（图15－15）

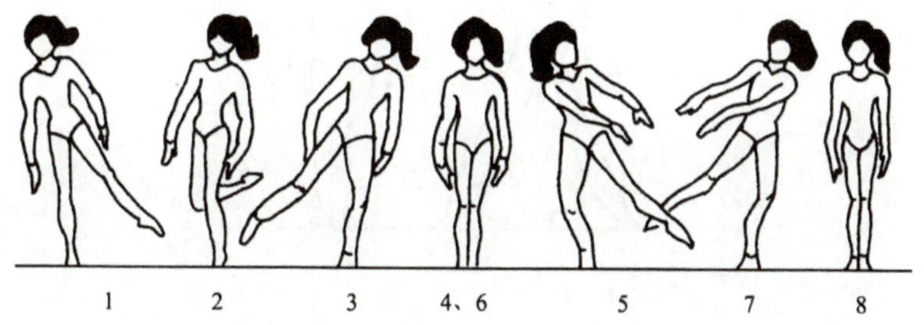

图15－15　分腿跳、开并腿跳、踢腿跳、弹踢跳、摆腿跳组合第四个八拍

（七）伸展、体侧举、呼吸调整组合

第一个八拍（图15－16）

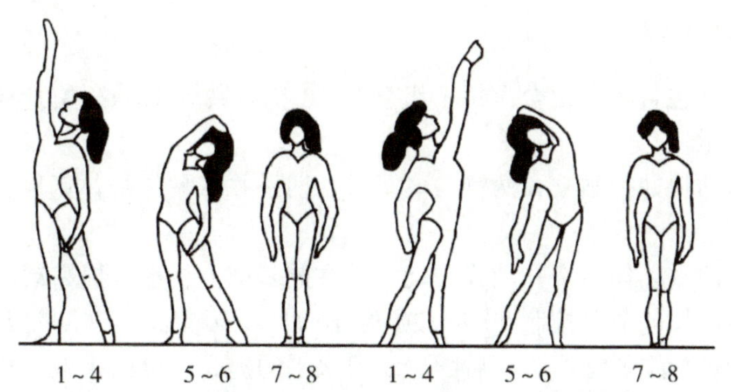

图15－16　伸展、体侧举、呼吸调整组合第一个八拍

第二个八拍

动作同第一个八拍，但方向相反。

第三个八拍（图 15－17）

图 15－17　伸展、体侧举、呼吸调整组合第三个八拍

第四个八拍（图 15－18）

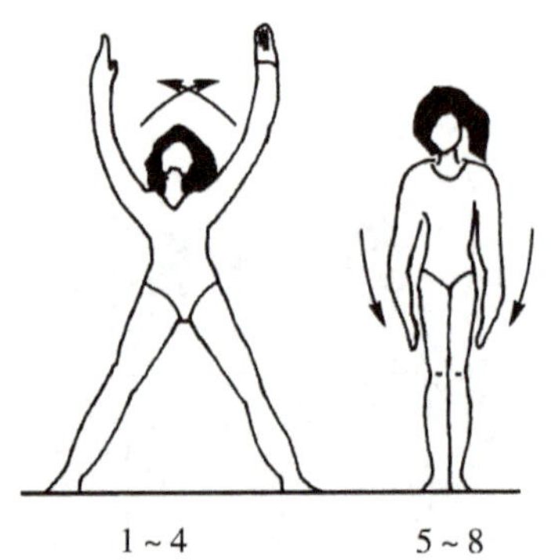

图 15－18　伸展、体侧举、呼吸调整组合第四个八拍

第三节　健美操组合动作

一、基础班组合

基础班教学共包含 8 个组合，每个组合 2×8 拍，共计 16×8 拍，具体的动作演示及动作说明如下所示。

预备姿势：两腿并拢站立，两臂自然下垂，两手并掌贴住身体两侧，双目平视，下颌微收。

动作要求：注重动作节奏和动作弹动，并在此基础上，逐步提高动作的力度和幅度。

教学建议：动作的节奏控制在 18～20 拍/10 秒，不宜太快。刚开始练习时，可以采取两拍一动的节奏进行反复练习，而后随着练习水平的提高，可以采取一拍一动的节奏进行反复练习。

（一）基础班组合一动作分解

1. 第一个八拍

（1）第 1～4 拍：双腿并拢原地弹动，双手握拳叉腰。

（2）第5～8拍：右脚开始向前的一字步，第5拍时直臂前平举，第6拍时直臂上举，第7拍时直臂侧平举，第8拍时两臂放置身体两侧。

2. 第二个八拍

第1～8拍：重复第一个八拍的动作，方向相反。

（二）基础班组合二动作分解

1. 第三个八拍

（1）第1～4拍：右脚开始踏步向前三步走，第4拍时左前吸腿。第1、2拍时体前屈臂小绕，第3拍时屈臂侧举，第4拍时两手胸前击掌。

（2）第5～8拍：左脚开始踏步向后三步走，第4拍时左前吸腿。第1、2拍时体前屈臂小绕，第3拍时屈臂侧举，第4拍时两手直臂头上击掌。

2. 第四个八拍

第1～8拍：重复第三个八拍的动作，方向相反。

（三）基础班组合三动作分解

1. 第五个八拍

（1）第1～4拍：第1～3拍时右脚开始向侧做后交叉步左后吸腿，第4拍时左后吸腿。第1拍时两臂侧平举，第2拍时两臂腹前交叉，右手在上，第3拍时两臂侧平举，第4拍时两手胸前击掌。

（2）第5～8拍：与第1～4拍动作相同，方向相反。

2. 第六个八拍

第1～8拍：重复第五个八拍的动作，方向相反。

（四）基础班组合四动作分解

1. 第七个八拍

（1）第1～4拍：右脚开始向前做“V”字步。第1拍时，右臂斜上举，第2拍时左臂斜上举，第3、4拍时两手胸前交叉两次，右手在前。

（2）第5～8拍：左脚开始向前做“V”字步。第1拍时，右臂斜下举，第2拍时左臂斜下举，第3、4拍时两手胸前交叉两次，左手在前。注重膝、踝关节的弹动动作，动作幅度适中。

2. 第八个八拍

第1～8拍：重复第五个八拍的动作，方向相反。

（五）基础班组合五动作分解

1. 第九个八拍

（1）第1～4拍：右脚开始向右做并步一次。第1拍时双臂上举，第2拍时双臂至髋关节。第3、4拍与第1、2拍手臂动作相同。

（2）第5～8拍：右脚连续向左做并步两次，第8拍时右脚后吸。第5拍时双臂上举，第6拍时双臂至髋关节，第7拍时双臂上举，第8拍时双手叉腰，拳心向后。

2. 第十个八拍

第1～8拍：重复第九个八拍的动作，方向相反。

（六）基础班组合六动作分解

1. 第十一个八拍

（1）第 1～4 拍：右脚原地向前做弹踢两次，第 4 拍时左腿后吸，双手叉腰。

（2）第 5～8 拍：双脚开合跳一次，两拍一动。第 5、6 拍时双臂斜上举，第 7、8 拍时双手胸前击掌两次。

2. 第十二个八拍

第 1～8 拍：重复第十一个八拍的动作，方向相反。

（七）基础班组合七动作分解

1. 第十三个八拍

（1）第 1～4 拍：右脚向右斜前 45°方向跑动三步，第 4 拍时双腿并拢。两手自然前后摆动，第 4 拍时两手胸前击掌。

（2）第 5～8 拍：原地左右踏点跳各两次。第 5 拍时双臂侧平举，第 6 拍时两手头上直臂击掌，第 7、8 拍动作和第 5、6 拍动作相同。

2. 第十四个八拍

第 1～8 拍：重复第十三个八拍的动作，方向相反。

（八）基础班组合八动作分解

1. 第十五个八拍

（1）第 1～4 拍：右脚开始向右走，转一圈，两手臂自然摆动。

（2）第 5～8 拍：右脚开始原地踏步，两手臂经身体两侧至斜上举伸展。

2. 第十六个八拍

第 1～8 拍：重复第十五个八拍的动作，方向相反。

二、提高班组合

提高班教学共包含 4 个小组合，每个小组合 4×8 拍，共计 16×8 拍。

预备姿势：两腿并拢站立，两臂自然下垂，两手并掌贴住身体两侧，双目平视，下颌微收。

动作要求：注重手臂和脚步的动作配合，增强动作完成的力度、幅度及控制力，提高动作的表现力。

教学建议：动作的节奏控制在 18～20 拍/10 秒，不宜太快，进行反复练习。而后随着练习水平的提高，可以采取比原有节奏稍快的节奏进行反复练习。

（一）提高班组合一动作分解

第一个八拍

（1）第 1～4 拍：右脚开始向右斜前 45°方向做“一”字步，第 1 拍时右臂胸前立屈，第 2 拍时左臂胸前立屈，第 3 拍时双臂胸前平屈，第 4 拍时放置身体两侧。注意：膝、踝关节的弹动动作，动作幅度不宜过大。

（2）第 5～8 拍：重复第 1～4 拍的动作，方向相反。

（二）提高班组合二动作分解

第二个八拍

(1) 第1~4拍：右脚开始向右做并步一次，左脚开始向左做并步。第1拍时两臂经胸前交叉至斜上举，第2拍时胸前屈臂交叉，第3拍时两臂斜上打开，第4拍时胸前屈臂交叉。注意：两臂斜上举时掌心向外，两臂屈肘时的角度大约为135°。

(2) 第5~8拍：第5拍右转90°向右做并步一次，第7拍左转90°向左做并步一次。第1拍时两手臂屈肘向两侧分开，第2拍时两手胸前击掌，第3拍时两手臂屈肘同内侧分开，第4拍时两手胸前击掌。

(三) 提高班组合三动作分解

第三个八拍

(1) 第1~4拍：向右并步跳，双臂由下向右经上绕环，右侧屈臂摆。两腿同时腾空，并在空中完成并腿动作。

(2) 第5~8拍：重复第1~4拍的动作，方向相反。

(四) 提高班组合四动作分解

第四个八拍

(1) 第1~4拍：右脚开始向前做“V”字步，第1拍时右臂斜上举，第2拍时左臂斜上举，第3拍时两臂屈臂胸前交叉，第4拍时两臂斜下举。

(2) 第5~8拍：右脚开始向后做“V”字步，第5、6拍时双臂屈臂至脸前交叉，第7、8拍时两臂斜下举。

注意：头和手臂的配合，手臂斜上举时，稍抬头，而双臂屈臂至脸前交叉时，低头，稍含胸。

第五个八拍至第八个八拍重复第一个八拍至第四个八拍的动作。

(五) 提高班组合五动作分解

第九个八拍

(1) 第1~4拍：右脚开始，向斜前方向走三步，吸腿跳一次。第1、2、3拍时两手屈臂胸前交叉三次，掌心向内，第4拍时两臂斜下举，掌心向外。

(2) 第5~8拍：左脚开始，向后做十字交叉步。两手臂自然摆动。

(六) 提高班组合六动作分解

第十个八拍

(1) 第1~4拍：左脚开始，左右脚向侧方各做侧点地一次。第1拍时左臂侧平举，第2拍时两臂放置体侧，第3、4拍时手臂动作与第1、2拍相同，方向相反。

(2) 第5~8拍：左脚开始，身体左右转90°，左右脚向后各做后点地一次。第1拍时双臂胸前平屈，第2拍时双臂放置体侧，第3、4拍时手臂动作与第1、2拍相同，方向相反。

(七) 提高班组合七动作分解

第十一个八拍

(1) 第1~4拍：第1拍时右脚上步，第2拍时左腿向前弹踢，第3拍时左脚还原，第4拍时右腿并左脚。两臂自然前后摆动。

(2) 第5~8拍：重复第1~4拍的动作，方向相反。

（八）提高班组合八动作分解

第十二个八拍

（1）第1~4拍：第1、2拍时右脚恰恰步，第3、4拍时左脚恰恰步。第1、2拍时左臂在前、右臂在后，两臂屈肘，第3、4拍时右臂在前、左臂在后，两臂屈肘。

（2）第5~8拍：第5拍时右脚向后迈步，第6拍时左吸腿跳，第7、8拍时，动作同第5、6拍，方向相反。第5拍时两臂屈臂侧举，第6拍时两手胸前击掌，第7、8拍时，动作同第5、6拍，方向相反。

（九）提高班组合九动作分解

第十三个八拍

（1）第1~4拍：右脚1/2迈步，右脚开始向右平转180°。第1、2拍时，两臂斜上举，第3、4拍时两臂斜下举。

（2）第5~8拍：开合跳两次。第5拍时左臂斜上举、右臂斜下举，第6拍时右臂斜上举、左臂斜下举，第7拍时左掌在右掌上，两臂前举，第8拍时两臂斜下举。

（十）提高班组合十动作分解

第十四个八拍

（1）第1~4拍：第1、2拍时分腿跳，第3拍时并腿屈膝着地，第4拍时弓步跳。第1、2拍时两臂斜上举，第3拍时两臂斜下举，第4拍时双手反撑双膝。

（2）第5~8拍：第5拍时跳起右腿后屈，第6拍时跳起左腿侧踢，第7拍时并腿跳，第8拍时跳起右腿侧踢。第5拍时屈肘胸前交叉，第6拍时两臂侧平举，第7拍时两臂上举，第8拍时右臂侧平举，左臂胸前平屈。

（十一）提高班组合十一动作分解

第十五个八拍

（1）第1~4拍：第1拍时右脚上步，第2拍时左腿侧踢至90°，第3、4拍时踏步还原。第1拍时屈臂胸前交叉，第2拍时两臂侧平举，第3、4拍时两臂贴于身体两侧。

（2）第5~8拍：第5拍时左脚上步，第6拍时右腿前踢至90°，第7、8拍时踏步还原。第5拍时屈臂胸前交叉，第6拍时两臂上举，第7、8拍时两臂贴于身体两侧。

（十二）提高班组合十二动作分解

第十六个八拍

（1）第1~4拍：右并步跳一次、左并步跳一次，第1、2拍时两臂侧平举，身体右转45°，第3、4拍动作与第1、2拍相同，方向相反。

（2）第5~8拍：第5拍时右弓步跳，第6拍时并步立转360°，第7拍时左弓步跳，第8拍时右腿支撑、左腿点地。第5拍时两臂侧举，第6拍时两臂上举，并腕交叉，第7拍时两手臂斜下举，第8拍时右手放置臀部，同时左手在正前方下按（亮相）。

三、拉伸组合

练习者进行主体部分的练习后，身心处于相对紧张和应激的状态，通过柔韧拉伸部分的练习，练习者的柔韧性得以提高，从而伸展肌肉，塑造肌肉的线条，使练习者逐步回归

到自然放松的状态，缓解疲劳。通常在放松阶段采用静态伸展，练习者可根据自已所选择练习的内容进行有目的的伸展，以下一般性的柔韧伸展练习仅供读者参考。本部分练习共计10×8拍，可多次重复，或者适当延长伸展的练习时间。

（一）拉伸组合一动作分解

1. 第一个八拍

第1～8拍：两腿开立，两手尽力斜上举，稍抬头，两足跟上提，保持4拍后，返回原位。第1、2拍时两臂经体侧向上延伸，直至两手头上交叉，第3～6拍时保持不动，第7、8拍时两手分开，两臂由原路线返回至身体两侧。注意：全身伸展。第2.1～2.8拍重复第1.1～1.8拍动作。

2. 第二个八拍

第1～8拍：重复第一个八拍的动作，方向相反。

（二）拉伸组合二动作分解

第三个八拍

第1～8拍：两腿并立，两手尽力向上伸展，而后向前做体前屈，直至两手在体侧触地，尽量让上体与大腿折叠，头部触膝，充分拉伸腿部的后侧肌群。第1、2、3拍时两臂经两侧向上延伸至上举，第4、5、6拍时两臂向前延伸直至两手在体侧触地，第7、8拍时两手抱住小腿的后侧。

注意：腿部后侧肌群伸展。

（三）拉伸组合三动作分解

第四个八拍

第1～8拍：第1～4拍时保持不动，第5～8拍时按照原路返回，使身体还原成第三个八拍第1拍的动作。第1、2拍时两臂保持不变，第3～8拍时两臂由原路线返回至身体两侧。

（四）拉伸组合四动作分解

1. 第五个八拍

第1～8拍：第1、2拍时身体向上延伸，第3～8拍时呈左前弓步。第1、2拍时两臂经两侧上举至头上，第3～8拍时双手放至膝关节处，保持不动。

2. 第六个八拍

第1～8拍：与第五个八拍动作相同，方向相反。

注意：伸展髋关节及腿部后侧肌群，使其得到充分的伸拉。

（五）拉伸组合五动作分解

1. 第七个八拍

第1～8拍：第1、2拍时，身体尽量向上伸展，第3～8拍时呈左侧弓步。第1、2拍时两臂上举，第3拍时双手放至膝关节处，第4～8拍时，保持不动。

2. 第八个八拍

第1～8拍：重复第七个八拍的动作，方向相反。

注意：伸展髋关节及腿部内侧肌群。

（六）拉伸组合六动作分解

1. 第九个八拍

第 1～8 拍：两脚开立，两手尽力向上伸展至头上合十，向左侧做体侧屈。第 1 拍时两手斜下举，第 2 拍时双手经体侧至头上合十，保持不动。

2. 第十个八拍

第 1～8 拍：重复第九个八拍的动作，方向相反。

四、拓展训练

在进行形体健美操训练时，练习者根据自身需要，既可以将基础和提高组合套路中的任一动作进行反复多次的练习，也可以将几个动作连贯起来进行反复多次练习，当然，也可以直接将组合套路的整套动作进行反复的练习。与此同时，练习者还可以通过对练习时间长短的控制和动作节奏的改变，掌握适合自己的运动负荷，即锻炼的时间和强度。随着练习者运动素养的提高，还可以通过改变运动路线与手臂的配合动作，更换音乐风格以及改变几个练习者的配合队形等，进一步提高观赏性以及实效性。

其主要目的是：让练习者通过某一个动作的反复练习达到对身体某一部分的持续锻炼，也可以通过组合动作的练习形式，进而让练习者的身体各部分得到持续锻炼，从而实现提高练习者的身体协调性、锻炼心肺功能以及塑造形体的目的。

（一）案例 1

基础套路中第一个八拍第 1～8 拍的动作可以根据自身需要进行改变。

拓展训练组合一动作分解如下。

（1）第 1～4 拍：身体右转 90°，右脚开始向前的一字步。第 1 拍时两臂前上举弹动一次，第 2 拍时重复第 1 拍动作，第 3 拍时两臂前下举弹动一次，第 4 拍时两手胸前击掌。

（2）第 5～8 拍：身体左转 90°，右脚开始向后的一字步。第 5 拍时两臂前平举，第 6 拍时两臂上举，第 7 拍时两臂侧平举，第 8 拍时两臂放置体侧。

（二）案例 2

提高套路中第十二个八拍第 1～8 拍的动作可以根据自身需要进行改变。

拓展训练组合二动作分解如下。

（1）第 1～4 拍：第 1、2 拍时右脚恰恰步，左臂在前、右臂在后，两臂屈肘水平打开；第 3、4 拍时重复第 1、2 拍的动作，方向相反。

（2）第 5～8 拍：第 5 拍时身体左转，右脚向后迈步，屈臂侧举；第 6 拍时身体左转，左吸腿跳，胸前击掌；第 7 拍时身体左转，左脚向后迈步，屈臂侧举；第 6 拍时身体左转，右吸腿跳，胸前击掌。

知识拓展

健美操的创编步骤

1. 创编前的准备

（1）明确创编的目的、任务、要求。

(2) 了解练习者多方面的情况（年龄、性别、身体状况、运动基础）。

(3) 了解锻炼时间、场地、器材设备等条件。

(4) 学习观看有关健美操的文字资料和音像资料。

2. 制定总体方案

在了解多方面情况的基础上，确定所编操的类别（健身、表演、竞赛）、风格（民族或爵士、优美或刚劲）、难度（大、中、小）、长度（若干个八拍）、速度（N 拍或 10 秒）、设计操的结构顺序、主要动作类型（如头的屈、伸、绕及绕环）。

3. 选择音乐、编排动作

选择合适的音乐，通过剪裁和制作，使之适应总体设计方案的要求。在比较熟悉、理解音乐后，根据健美操创编原则，试着编排成套健美操的具体动作，要求所编动作与伴奏音乐和谐统一，并用速记或图解的方法记录下来。

4. 练习与调整

按设计好的动作进行练习。在练习过程中进行多方面的检查，包括运动量和强度的测试、对整套健美操结构顺序的合理性和艺术性的检查等。根据测试结果、练习者的反馈信息及创编者的观察研究，对健美操进行适当修改和调整。

5. 撰写文字说明

此项是为了保留材料，以便在今后的教学研究或相互交流中采用。文字说明应简明扼要，术语正确，绘图应形象逼真，方向清晰。

名人故事

施瓦辛格 15 岁开始练习举重。他在 20 岁时获得了“宇宙先生”的称号，之后又七次赢得了“奥林匹亚先生”比赛的冠军，在健美运动中保持着杰出的地位，并撰写了许多关于这项运动的书籍和文章。阿诺德传统赛，被认为是近年来第二大最重要的专业健身赛事，是以他的名字命名。他被普遍认为是最著名的健美运动员，也是这项运动最有魅力的大使，让健美运动的社会地位彻底改变。1965 年，施瓦辛格在奥地利军队服役，完成了所有 18 岁的奥地利男性服役一年的任务。在他服兵役期间，他赢得了少年欧洲先生比赛的冠军。他参加了在格拉茨举行的另一场健美比赛，在斯泰尔霍夫酒店(Steirerhof Hotel)，他获得了第二名。他被选为“欧洲最佳健美先生”，这使他在健美圈里很有名。

施瓦辛格第一次乘飞机旅行是在 1966 年，当时他参加了在伦敦举行的环球先生大赛。他在环球先生比赛中获得第二名，没有能够战胜美国冠军切斯特 · 约克顿的肌肉力量。

查尔斯 · 瓦格 · 班尼特是 1966 年大赛的评委之一，他对施瓦辛格印象深刻，并主动提出担任他的教练。由于施瓦辛格手头拮据，班尼特邀请他待在自己拥挤的家中。在班尼特设计的一项训练计划中，施瓦辛格专注于提高腿部肌肉的清晰度和力量。住在伦敦东区帮助施瓦辛格提高了英语水平。和班尼特一家生活在一起也改变了他的人格：“和他们在一起让我变得更加成熟。”同样是在 1966 年，在班尼特的家里，施瓦辛格有机会见到了童年偶像雷格·帕克，他成了他的朋友和导师。训练有了回报，1967 年，施瓦辛格第一次赢得了冠军，20 岁时成为有史以来最年轻的宇宙先生。他后来又三次获得冠军。施瓦辛格随后飞回慕尼黑，在那里他上了一所商学院，并在一家健身俱乐部（1966 年至 1968 年，他在那里工作和训练）工作。1968 年，他回到伦敦，赢得了他的下一个环球先生头衔。施瓦辛格被认为是健美史上最重要的人物之一，阿诺德经典赛（年度健美比赛）就是为纪念他的成就而设立的。

退休后很长一段时间里，他一直是健身界的重要人物，部分原因是他拥有健身房和健身杂志。他主持过许多比赛和颁奖典礼。

思考训练

1. 简述健美操运动的起源、发展及其价值。
2. 简述健美操运动的基本技术与动作组合。
3. 简述健美操徒手基本动作。

第十六章 体育舞蹈

学习目标

1. 了解体育舞蹈的基础知识。
2. 掌握体育舞蹈的基本技术。
3. 掌握体育舞蹈竞赛的主要规则。

素质目标

1. 树立正确的体育观、健康观，培养终身体育的意识。
2. 培养气质和美感，塑造良好的形体，促进同伴间的友谊，培养合作意识。

情境导入

轻步曼舞像燕子伏巢，疾飞高翔像鹊鸟夜惊。美丽的舞姿闲婉柔靡，机敏的迅飞体轻如风。修仪容操行以显其心志，独自驰思于杳远幽冥。志在高山表现峨峨之势，意在流水舞出荡荡之情。体育舞蹈为人们创造大量的审美客体，其运动过程就是创造美的过程。

第一节 体育舞蹈概述

一、体育舞蹈运动概述

体育舞蹈

体育舞蹈也称“国际标准交谊舞”，是体育运动项目之一，是以男女为伴的一种步行式双人舞的竞赛项目。分两个项群，十个舞种。其中摩登舞项群包括华尔兹、维也纳华尔兹、探戈、狐步和快步舞，拉丁舞项群包括伦巴、恰恰、桑巴、牛仔和斗牛舞。每个舞种均有各自舞曲、舞步及风格，根据各舞种的乐曲和动作要求，组编成各自的成套动作。

标准交谊舞起源于古代土风舞，经历对舞、圈舞、行列舞、集体舞等演变过程，成为流传广泛的社交舞蹈。19 世纪 20 年代后，英国皇家舞蹈教师协会对原“舞种”“舞步”“舞姿”等进行规范整理，制定比赛方法，开始形成国际标准交谊舞，并于 1947 年在德国柏林举行第 1 届世界标准交谊舞锦标赛。各类体育舞蹈现已发展成艺术性高、技巧性强的竞技性项目。

二、体育舞蹈运动分类

（一）摩登舞（modern）

又译"现代舞"，体育舞蹈项群之一。内容包括华尔兹、维也纳华尔兹、探戈、狐步和快步舞。特点是由贴身握抱的姿势开始，沿着舞程线逆时针方向绕场行进。步法规范严谨，上体和胯部保持相对稳定挺拔，完成各种前进、后退、横向、旋转、造型等舞步动作。具有端庄典雅的绅士风度。曲调大多抒情优美，旋律感强。服饰雍容华贵，一般男士着燕尾服，女士着过膝蓬松长裙。

1. 华尔兹舞（waltz）

用"W"表示，也称"慢三步"。摩登舞项目之一。舞曲旋律优美抒情，节奏为3/4的中慢板，每分钟28~30小节。每小节三拍为一组舞步，每拍一步，第1拍为重拍，三步一起伏循环。通过膝、踝、足跟、掌趾的动作，结合身体的升降、倾斜、摆荡，带动舞步移动，使舞步起伏连绵，舞姿华丽典雅。是维也纳华尔兹（快三步）的变化舞种。19世纪中叶，维也纳华尔兹传到美国，当时美国崇尚舒缓、优美的舞蹈和音乐，于是将快节奏的维也纳华尔兹逐渐改变成悠扬而缓慢、有抒发性旋律的慢华尔兹舞曲，舞蹈也改变成连贯滑动的慢速步型，即今之华尔兹舞。

2. 维也纳华尔兹（Viennese waltz）

用"V"表示，也称"快三步"。摩登舞项目之一。舞曲旋律流畅华丽，节奏轻松明快，为3/4拍节奏，每分钟56~60小节，每小节为三拍，第1拍为重拍，第4拍为次重拍。基本步伐是六拍走六步，两小节为一循环，第1小节为一次起伏。基本动作是左右快速旋转步，完成反身、倾斜、摆荡、升降等技巧。舞步平稳轻快，翩跹回旋，热烈奔放。舞姿高雅庄重。该舞源于奥地利的一种农民舞蹈，由男女成对扶腰搭肩共同围成一个圆圈而舞，故被称为"圆舞"。著名的约翰·施特劳斯为华尔兹谱写了许多著名的圆舞曲。

3. 探戈舞（Tango）

用"T"表示。摩登舞项目之一。2/4拍节奏，每分钟30~34小节。每小节为二拍，第1拍为重拍。舞步有快步和慢步，快步（quick）占半拍，用Q表示；慢步（slow）占一拍，用S表示。基本节奏是慢、慢、快、快、慢（S、S、Q、Q、S）。舞曲节奏带有停顿并强调切分音；舞步顿挫有力，潇洒豪放；身体无起伏、无升降、无旋转；表情严肃，有左顾右盼的头部闪动动作。源于阿根廷民间，20世纪传入欧洲上层社会，后流行于世界各国。

4. 狐步舞（Foxtrot）

用"F"表示，也称"福克斯"。摩登舞项目之一。舞曲抒情流畅，节奏为4/4拍，每分钟28~30小节，每小节为四拍，第1拍为重拍，第3拍为次重拍。基本步伐是四拍走三步，每四拍为一循环。分快、慢步，第1步为慢步（S），占二拍；第2、3步为快步（Q），各占一拍。基本节奏为慢、快、快（S、Q、Q）。以足踝、足底、掌趾的动作，完成升降起伏，注重反身、肩引导和倾斜技术。舞步流畅平滑，步幅宽大，舞态优雅从容飘逸，似行云流水。20世纪起源于欧美，后流行于全球。据传系模仿狐狸走路的习性创作而成。

5. 快步舞（Quick step）

用“Q”表示。摩登舞项目之一。舞曲明亮欢快，舞步轻快灵活，跳跃感强，是体育舞蹈中一种轻快欢乐的舞蹈。节奏为4/4拍，每分钟50～52小节。每小节为四拍，第1拍为重拍，第3拍为次重拍。舞步分快步和慢步，时值为二拍。基本节奏是慢、慢、快、快、慢。舞步组合有跳步、荡腿、滑步等动作。起源于美国，20世纪流行于欧美和全球。

（二）拉丁舞（Latin）

体育舞蹈项群之一。内容包括伦巴、恰恰、桑巴、牛仔和斗牛舞。特点是舞伴之间可贴身，可分离。各自在固定范围内辐射式地变换方向角度，展现舞姿。步法灵活多变，各舞种通过对胯部及身体摆动不同的技术要求，完成各种舞步，表现各种风格。舞姿妩媚潇洒，婀娜多姿。风格生动活泼，热情奔放。曲调缠绵浪漫，活泼热烈，节奏感强。着装浪漫洒脱，男着上短下长的紧身或宽松装，女着紧身短裙，显露女性曲线的美。

拉丁舞又称拉丁风情舞或自由社交舞，是拉美人民在漫长的历史长河中形成的具有鲜明特点的激情、浪漫而又富有活力、火热的艺术表现形式，有较大的自由发挥空间，以运动肩部、腹部、腰部、臀部为主的一种舞蹈艺术，其中包括五个舞种：恰恰、桑巴、斗牛、牛仔、伦巴。

1. 恰恰舞（Cha－Cha－Cha）

用“C”表示。拉丁舞项目之一。节奏为4/4拍，每分钟30～32小节。每小节四拍，强拍落在第1拍。四拍走五步，包括两个慢步和三个快步。第1步踏在第2拍，时间值占一拍；第2步占一拍，第3、4两步各占半拍；第5步占一拍，踏在舞曲的第1拍上。胯部每小节向两侧摆动六次。舞曲热情奔放，舞步花哨利落，步频较快，诙谐风趣。源于非洲，后传入拉丁美洲，在古巴得到发展。

2. 桑巴舞（Samba）

用“S”表示。拉丁舞项目之一。舞曲欢快热烈，节奏为2/4拍或4/4拍，每分钟52～54小节。强拍落在每小节的第2拍或第4拍。每小节完成一个基本舞步。舞步在全脚掌踏地和半脚掌垫步之间交替完成，通过膝盖上下屈伸弹动，使全身前后摇摆，并沿着舞程线绕场行进，属“游走型”舞蹈。特点是流动性大，动律感强，步法摇曳紧凑，风格热烈奔放。源于巴西，是巴西一年一度狂欢节的舞蹈。

3. 斗牛舞（Paso doble）

用“P”表示。拉丁舞项目之一。音乐为旋律高昂雄壮、鲜明有力的西班牙进行曲。节奏为2/4拍，每分钟60～62小节。一拍一步，八拍一循环，特点是舞步流动大，沿着舞程线绕场行进，舞姿挺拔，无胯部动作及过分膝盖屈伸。用踝关节和脚掌平踏地面完成舞步。动静鲜明，力度感强，发力迅速，收步敏捷顿挫，源于法国，盛行于西班牙，系据西班牙斗牛场面创作而成。男为斗牛士，器宇轩昂，刚劲威猛；女着红色斗篷，英姿飒爽，柔美多变。

4. 牛仔舞（Jive）

用“J”表示。拉丁舞项目之一。旋律欢快，强烈跳跃，节奏为4/4拍，每分钟42～44小节，六拍跳八步。由基本舞步踏步、并合步，结合跳跃、旋转等动作组合而成。要求脚掌踏地，腰和胯部做钟摆式摆动。特点是舞步敏捷、跳跃，舞姿轻松、热情、欢快。源于美国，原是美国西部牛仔跳的踢踏舞，20世纪50年代爵士乐的流行，加速和完善了这种舞蹈，但风格上还保持美国西部牛仔刚健、浪漫、豪爽的气派。

5. 伦巴舞（Rumba）

用“R”表示。拉丁舞项目之一。节奏为4/4拍，每分钟27～29小节。每小节四拍。乐曲旋律的特点是强拍落在每小节的第4拍。舞步从第4拍起跳，由一个慢步和两个快步组成。四拍走三步，慢步占二拍（第4拍和下一小节的第1拍），快步各占一拍（第2拍和第3拍）。胯部摆动三次。胯部动作是由控制重心的一脚向另一脚移动而形成向两侧作“∞”形摆动。具有舒展优美、婀娜多姿、柔媚抒情的风格。其产生与西班牙和非洲的舞蹈有密切关系，后在古巴得到发展。

第二节　体育舞蹈基本技术

一、华尔兹（Waltz）

（一）基本动作练习

华尔兹是三步舞，它的最大特点是左脚开步一定是左脚收步，右脚开步也一定是右脚收步，无论男女都是如此。

如图16－1所示的华尔兹舞步有两个起步点，舞步数字分两种，一种有括弧；另一种没有括弧。两组数字分别代表两种步法。先看没有括弧的，自右上角的起步点起。

（1）右脚后退一步——快（1拍）。

（2）左脚斜向后退一步——快（1拍）。

（3）右脚向左脚拍合——快（1拍）。

至此完成一个舞步。再看有括弧的那一级，自左下角的起步点起。

（1）左脚向前一步——快（1拍）。

（2）右脚向前出一步——快（1拍）。

（3）左脚再向右脚拍合——快（1拍）。

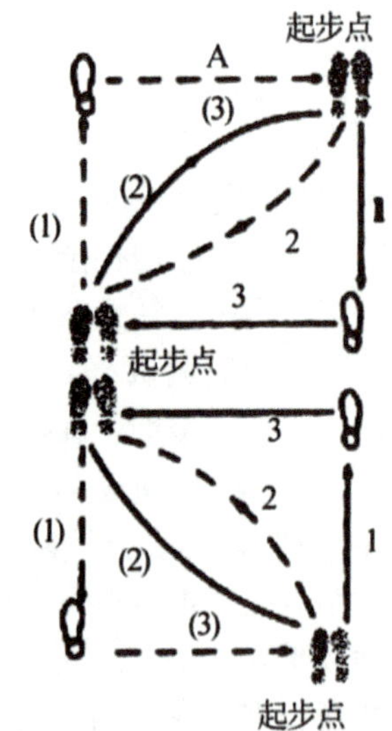

图16－1　华尔兹舞步的起步点

若将这两组舞步循环，练习者舞步移动方式如图16－1所示，按照正四方形来移动。

（二）四种基本动作分析

图16－2共包括4幅分图，舞步的移动已经不呈正方形，而已变成另一种形式。

在图16－2中，四个角的1、3所示的舞步，是左脚向前进或后退的舞步，2、4所示的舞步则是右脚前或后退的舞步。华尔兹的基本舞步，仅此4种。图16－2中左上图的舞步移动方式及说明如下。

（1）左脚向前一步——快（1拍）。

（2）右脚沿左脚前进的右方移动，到达左脚后跟的适当距离点后，斜向右上方伸出——快（1拍）。

（3）左脚向右脚拍合——快（1拍）。

任何一种华尔兹舞步，几乎都是用这 4 种舞步中的一种做准备舞步，因此这 4 种舞步非练熟不可。

华尔兹的第 2、3 步是整个舞步的精华，所以应经常注意这两个舞步的变化。

学习华尔兹的基本舞步时，最易犯的错误是在第 2、3 步时不做斜出，而做横出平行拍合，这一点在节拍上虽无错，但舞步却不准确，还是按图 16－2 所示的方式练习为好。

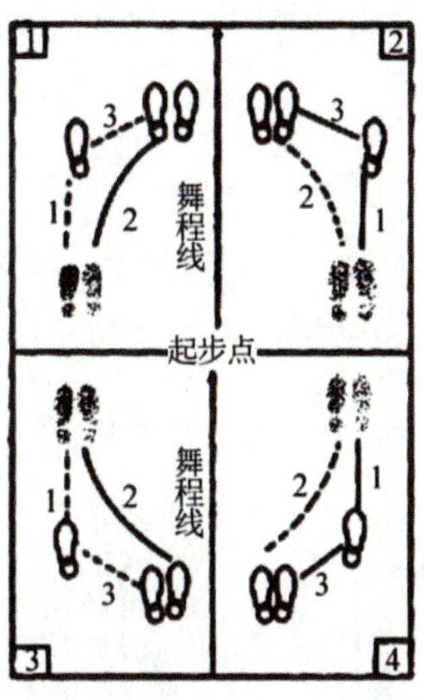

图 16－2　华尔兹舞基本舞步

（三）左转与右转

图 16－3 是两种华尔兹的转身示范，无论是右转身还是左转身，基本上与图 16－3 中 A、B 两种转身法一样。

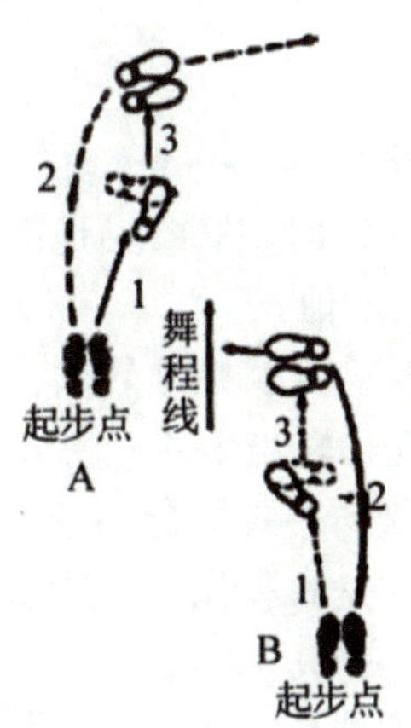

图 16－3　华尔兹舞的转身

整个华尔兹的舞程线，几乎是在旋转中进行，因此，如果转身方法不认识清楚，学的时候是有困难的。

图 16－3A 是右转身舞步。一般人都感到左转比右转要自然而方便，所以在练图 16－3 的舞步时，A 图要多练习一些。

（1）A 图舞步移动方式及说明如下。

①右脚向前伸出一步——快（1拍）。

②右脚伸出时用脚掌移动，左脚要配合这种移动——快（1拍）。

③右脚向左脚拍合——快（1拍）。

（2）B图舞步移动方式及说明如下。

①左脚伸出一步——快（1拍）。

②右脚经过左脚后，左脚同时用脚掌左移转配合，同时右脚再向前伸到合适地点——快（1拍）。

③左脚向右脚拍合——快（1拍）。

（四）左转身

左转身一共有6步。1～3为一段，4～6为一段。1～3与左转和右转练习的舞步差不多，不过第3步转身时的角度更尖锐一点。

整个左转的节拍是快、快、快、快、快、快。每一拍开一步，一共6步。

如图16－4所示的左转身舞步的移动方式及说明如下。

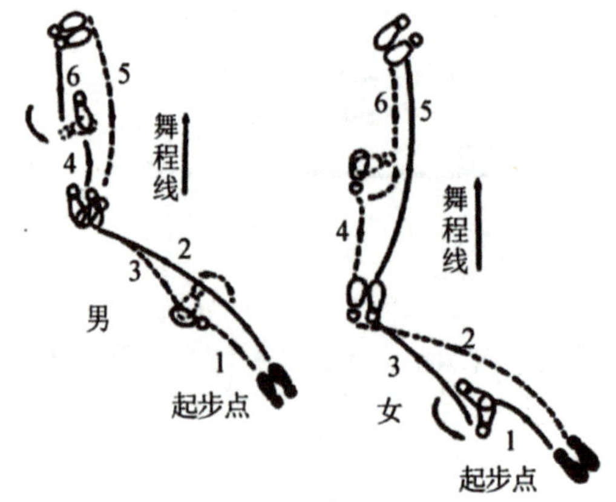

图16－4　左转身

（1）男左脚向前伸出一步之后，同时用脚掌贴地面而转；女右脚向后退一步，用脚掌贴地而转，身体同时转向左——快（1拍）。

（2）男右脚自左脚之后横过，配合左脚贴地转向，到达合适地点；女左脚横过右脚之前，到达合适地点，此时，右脚仍在移转当中——快（1拍）。

（3）男左脚向右脚拍合，女右脚向左脚拍合——快（1拍）。

（4）男第一步是左脚先出，现在是右脚先出，所以第4步先用右脚后退一步，同时脚掌贴地而转；女左脚向前伸出一步——快（1拍）。

（5）男左脚自右脚之前横过，到达合适地点；女左脚用脚掌贴地向左移转，同时右脚自左脚之后横过，到达合适地点——快（1拍）。

（6）男右脚向左脚拍合，女左脚向右脚拍合——快（1拍）。

（五）右转身

右转身与左转身一样，也是由6步组成，第1步至第3步是一段，第4步至第6步又是一段，但两段不可分割。

整个右转身舞步的节拍是快、快、快、快、快、快，一共6拍，每拍一步，共6步。

如图 16－5 所示的右转身舞步的移动方式及说明如下。

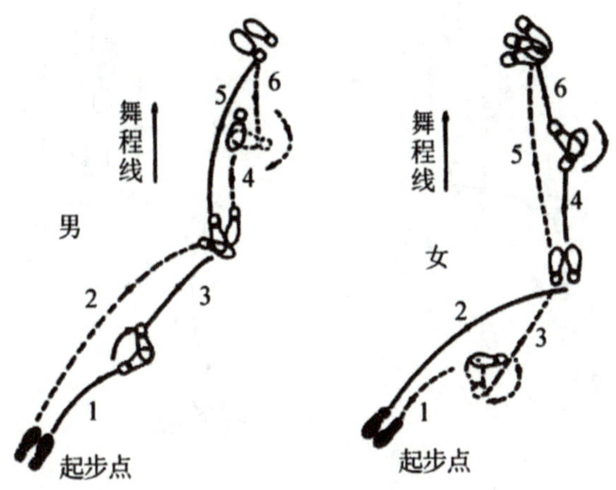

图 16－5　右转身

（1）男右脚向前伸出一步，到达合适地点时，用脚掌贴地而转；女左脚向后退一步——快（1 拍）。

（2）男右脚在转时，左脚同时配合转身，右脚仍用脚掌贴地而转；女右脚横过左脚之前，到达合适地点，此时左脚仍在贴地而转中——快（1 拍）。

（3）男右脚向左脚拍合，女左脚向右脚拍合——快（1 拍）。

（4）男左脚向后退一步，用脚掌贴地向右转；女右脚向前迈一步，同时向右贴地而转——快（1 拍）。

（5）男左脚用脚掌贴地右转时右脚同时移动，并在左脚之前横过，到达合适地点；女左脚横过右脚之后，到达合适地点时，右脚仍在旋转当中——快（1 拍）。

（6）男左脚向右脚拍合，女右脚向左脚拍合——快（1 拍）。

（六）摇步

摇步是合适的过场舞步。摇步是前后左右地摇步，这里，给出一种前后摇步的方式，练习者掌握了以后，可自行改变摇步的方向，以配合舞池中的实际情形。

整个舞步的节拍是快、快、快、快、快、快，一共 6 拍，每拍一步，共 6 步。但除了第 1、2、3 步是实实在在的 3 步外，第 4、5、6 步仅仅是两步，第 6 步不过是重心的转移而已。

图 16－6 的步法说明如下。

（1）男左脚向前一步——快（1 拍）。

（2）男右脚沿左脚向右上角伸出——快（1 拍）。

（3）男左脚向右脚拍合——快（1 拍）。

女子的第 1、2、3 步，与前面练习过的舞步相同。

（4）男右脚向前伸出一步；女左脚向后退一步，身体跟着后退——快（1 拍）。

（5）男左脚伸出一半就停止，身体处在静止状态中，但其实并不静止，仅是下一步向后退过程中的小休状态；女右脚后退半步，配合左脚的后退，重心在右脚——快(1 拍)。

（6）男右脚又稍退迁就，重心开始是集中在右脚，到后来又集中在左脚；女身体向

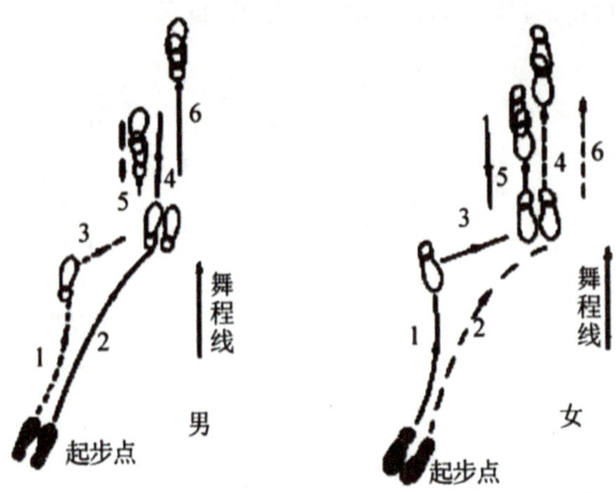

图 16－6　摇步

前，脚步不动，重心移向左脚——快(1 拍)。

（七）后退转换舞步

华尔兹在舞程进行中，大部分时间是在不停地旋转，但也有一些舞步不一定要急速地旋转，而是用直线舞步进行，这就是后退转换舞步。节拍是快、快、快、快、快、快，共 6 拍，每拍一步，共 6 步。

图 16－7 所示的步法说明如下。

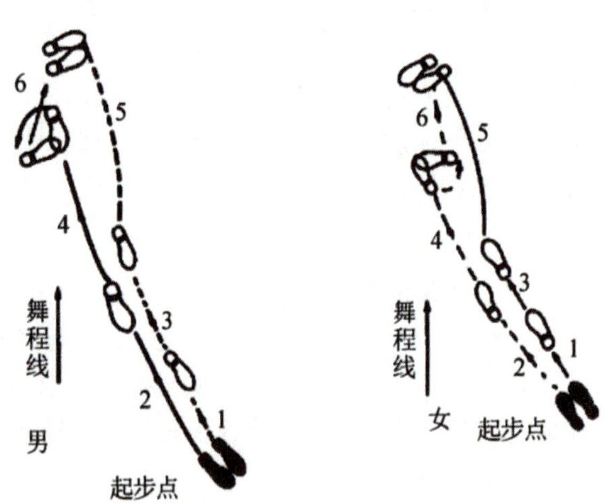

图 16－7　后退转换舞步

（1）男左脚后退一步，直线式的后退；女右脚向前一大步——快（1 拍）。

（2）男右脚跟着也后退一步，也是直线式后退；女左脚也向前一步——快(1 拍)。

（3）男左脚再直线式的后退一步，步子不应开得太大，否则就不成为舞步，而成为走路了；女右脚经过左脚向前一小步——快（1 拍）。

（4）男右脚向后退一步，到达合适地点时，用脚掌贴地移转；女左脚向前一大步，脚掌贴地移转，移转方向请看图 16－7 中的虚点指示线——快（1 拍）。

（5）男左脚横过右脚之前，再向左平伸；女右脚在左脚之后横过——快(1 拍)。

（6）男右脚向左脚拍合，女左脚向右脚拍合——快（1 拍）。

（八）向右急转

向右急转在舞程进行中共有 6 步，第 1 ~3 步做一个右转身；第 4 ~6 步做一个 180°反方向转身。

整个舞步的节拍是快、快、快、快、快、快，共 6 拍，每拍一步，共 6 步。

图 16 –8 所示的步法说明如下。

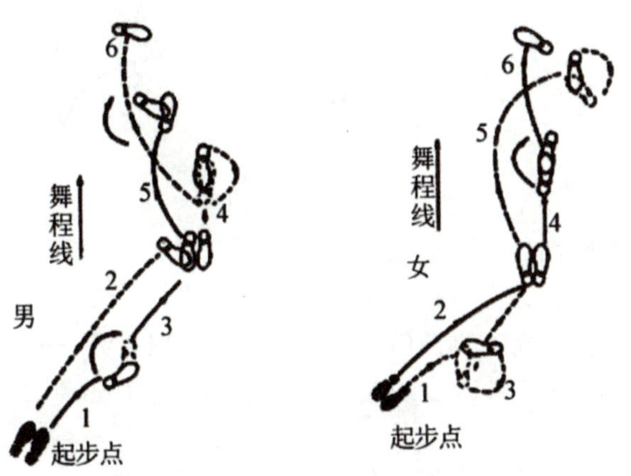

图 16 –8　向右急转

（1）男右脚向前进一步，用脚掌贴地而转，同时左脚在右脚之后横过配合右脚移动；女左脚向后退一步，用脚掌贴地移转——快（1 拍）。

（2）男左脚在右脚贴地移转时，应顺势自后横过到达合适地点；女右脚横过左脚之前，再向前伸出——快（1 拍）。

（3）男右脚向左脚拍合的时间非常之短，右脚几乎移到拍合点，左脚就要后退；女左脚向右脚拍合——快（1 拍）。

（4）男左脚向后退一步，用脚掌贴地做反方向移转，请细看图 16 –8 中虚线；女右脚向前伸一步，用脚掌贴地做整个身体 180°转向——快（1 拍）。

（5）图 16 –8 中男子这一步的移动方向指示线是一半圆形，事实上这一步必须做半圆形移转，否则不可能转得平顺；女左脚同时在右脚之后横过，再向前伸到达合适地点，仍旧不停地用脚掌贴地而转——快（1 拍）。

（6）男右脚到达合适地点，仍用脚掌贴地而转，左脚则在右脚之后横过，再横向平伸出一步；女右脚经过左脚旁，向前伸出一步——快（1 拍）。

（九）左转侧退舞步

左转侧退步看上去似有 9 步，但实际上前 3 步和后 6 步是分开的，前 3 步并没有什么特别之处，特别之处是在第 4 ~9 步，其中主要是第 4 ~6 步比较新颖。

整个舞步的节拍是快、快、快、快、快、快、快、快、快，共 9 拍，每拍一步，共 9 步。

图 16 –9 所示的步法说明如下。

（1）男左脚向前一步，脚掌贴地而转；女右脚后退一步——快（1 拍）。

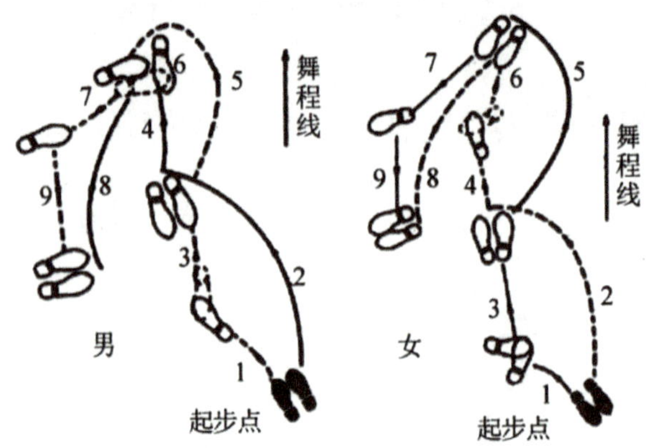

图 16－9　左转侧退舞步

（2）男右脚横过左脚到达合适地点；女左脚经右脚之前，横出一步——快(1 拍)。

（3）男左脚向右脚拍合，女右脚向左脚拍合——快（1 拍）。

（4）男右脚向后一步；女左脚伸出一步，用脚掌贴地而转——快（1 拍）。

（5）男左脚横过右脚，到达合适地点；女右脚横过左脚之后到达合适地点——快(1 拍)。

（6）男右脚向左脚拍合，女左脚向右脚拍合——快(1 拍)。

（7）男左脚后退一步，女右脚向前一步——快（1 拍）。

（8）男右脚沿左脚移动方向贴着左脚向后斜退一步，女左脚斜向后方退一步——快(1 拍)。

（9）男左脚向右脚拍合，女右脚向左脚拍合——快（1 拍）。

（十）后退锁步

后退锁步在华尔兹中是一种简单的花式舞步。整个舞步的节拍是快、快、快、快、快、快，共 6 拍，每拍一步，共 6 步。

图 16－10 所示的步法说明如下。

（1）男左脚向前一步，同时左脚掌贴地而转，整个身体都移转方向；女右脚向后退一步，用脚掌移转，整个身体一起移转方向——快（1 拍）。

（2）男右脚横过左脚后方，再向右移出，到达合适地点；女左脚横过右脚之前，再向左方移出——快（1 拍）。

（3）男左脚向右脚拍合，女右脚向左脚拍合——快（1 拍）。

（4）男右脚后退一大步，是直线的后退；女左脚向前一大步，直线向前——快（1 拍）。

（5）男左脚在右脚之右后退。左脚不能后退到超过右脚所在的位置，只能到达右脚之前右方就要停止，在图 16－10 中可以看到这种情形。女右脚伸向左脚左后方（注意：这一步和正常相反，正常应该伸向左前方）——快（1 拍）。

（6）男右脚后退一步，女左脚向前伸出一步——快（1 拍）。

（十一）后退前进舞步

后退前进舞步是一种有趣的舞步。整个舞步的节拍是快、快、快、快、快、快、快、

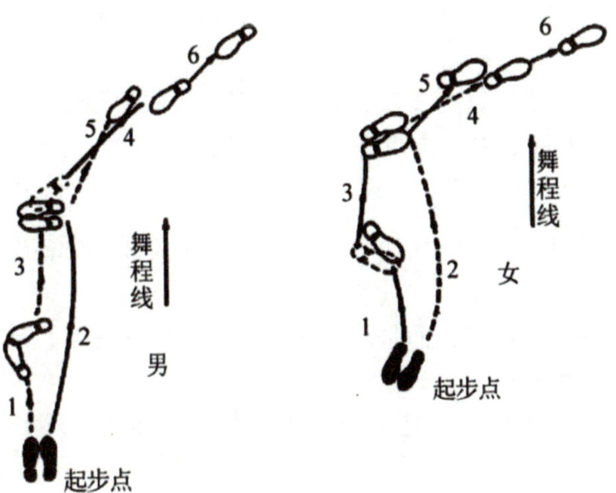

图 16－10　后退锁步

快、快，共 9 拍，每拍一步，共 9 步。

图 16－11 所示的步法说明如下。

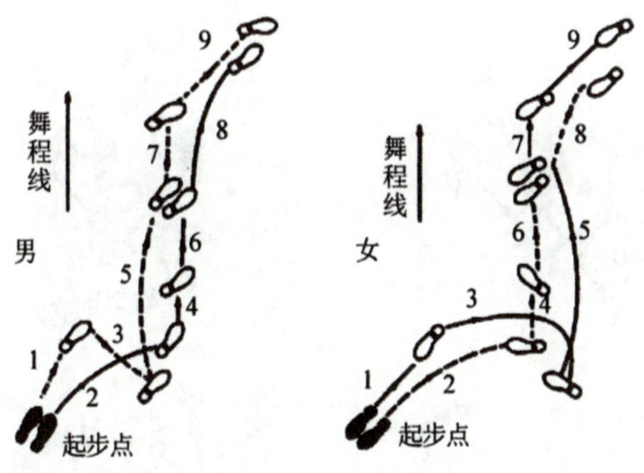

图 16－11　后退前进舞步

（1）男左脚直线向前一步，女右脚后退一步——快(1 拍)。

（2）男右脚沿左脚前进方向，向右上方伸出；女左脚画弧形线后退一步——快(1 拍)。

（3）男左脚并未伸前，而是在右脚之后横过到右脚的右后方就算一步；女右脚在左脚之旁经过，一直后退，恰与正常位置相反——快（1 拍）。

（4）男右脚横出一步，这一步是不能大步移出的，因为左脚在后方是处在反正常的位置中，右脚移动会受到阻碍；女左脚横出一步，因右脚与左脚正处在反常的位置上——快(1 拍)。

（5）男左脚自右脚后横过，向右横出一步；女右脚在左脚后面横过一步——快(1 拍)。

（6）男右脚向左脚拍合，女左脚向右脚拍合——快（1 拍）。

（7）男左脚向左上方横出一步，女右脚横出一步——快（1 拍）。

(8) 男右脚沿左脚的左方向前伸出一步；女左脚沿着右脚经过的路线，向后退一步——快(1 拍)。

(9) 男左脚向前进一步，这一步仅到右脚的前半步就要停止；女右脚又向后退一步，这步不宜过大，只到达左脚的左后方少许即可——快 (1 拍)。

(十二) 华尔兹易犯错误及纠正方法

(1) 进步和退步时只会单一地用屈膝出步，基本功掌握太少，也是由于不懂得用脚尖跳舞的道理。

(2) 不是以身体来引导舞伴，而是用手带，以至于肩膀耸起，导致重心高升，舞步不稳，中心线偏离，影响舞步。

(3) 两人达不到合二为一，还是两个形体，女伴无感觉，只是用腿来跟随，发力不一致。

二、恰恰恰 (Cha—Cha—Cha)

(一) 基本动作

恰恰恰舞步步法如图 16 - 12 所示。

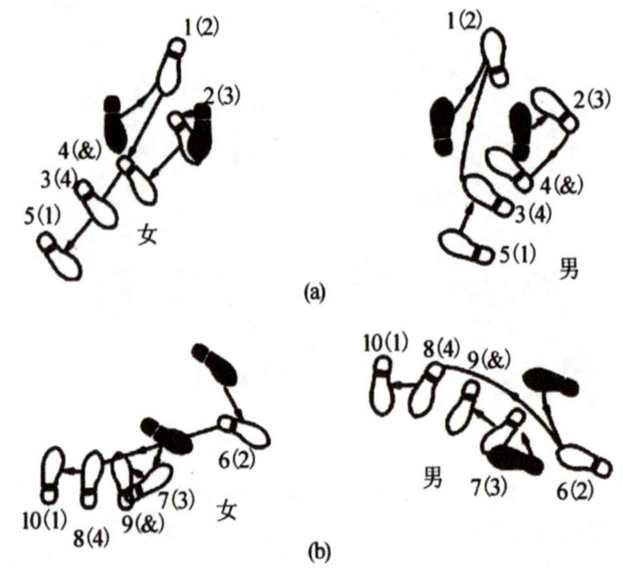

图 16 - 12　基本动作

(1) 男左脚前进，女右脚后退。

(2) 男重心移回右脚，女重心移回左脚。

(3) 男左脚横步，女右脚横步。

(4) 男右脚向左脚并步，踮脚跟双膝稍弯；女左脚向右脚并步，踮脚跟双膝稍弯。

(5) 男左脚横步，直膝；女右脚横步，直膝。

(6) 男右脚后退，女左脚前进。

(7) 男左脚原地踏一步，女右脚原地踏一步。

(8) 男右脚横步，女左脚横步。

（9）男左脚向右脚并步，踮脚跟双膝稍弯；女右脚向左脚并步，踮脚跟双膝稍弯。

（10）男右脚横步，直膝；女左脚横步，直膝。

（二）叉形步（手对手）

叉形步也称“扫步”或“手对手”，在并合步时舞伴应双手相拉或手掌相对。初学者必须这样做，如达到中级水平，动作熟练后，则不必要每次都手掌相对。

从闭式舞姿开始，图 16－13 所示的步法说明如下。

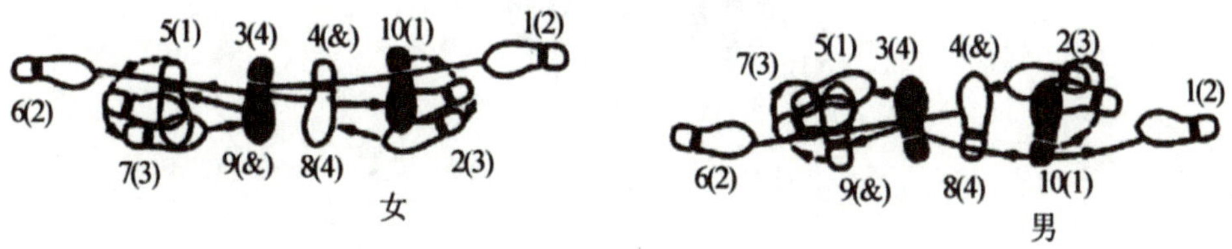

图 16－13　叉形步

（1）男左转 1/4 周，左脚后退，左手向旁打开与女伴呈右肩并肩位；女右转 1/4 周，右脚后退，右手向旁打开呈右肩并肩位。

（2）男右脚原地踏一步，在后半拍时准备右转；女左脚原地踏一步，在后半拍时准备左转。

（3）男右转 1/4 周，左脚横步，左手与女伴右手相拉或指尖向上，掌心相贴；女左转 1/4 周，右脚横步，右手与男伴左手相拉或指尖向上，掌心相贴。

（4）男右脚并左脚，女左脚并右脚。

（5）男左脚小横步，女右脚小横步。

（6）男右转 1/4 周，右脚后退，左手与女伴相拉，右手向旁打开呈左肩并肩位；女左转 1/4 周，左脚后退，右手与男伴相拉，左手向旁打开呈左肩并肩位。

（7）男左脚原地踏一步，后半拍准备左转；女右脚原地踏一步，后半拍准备右转。

（8）男左转 1/4 周，右脚横步，双手与女伴相拉；女右转 1/4 周，左脚横步，双手与男伴相拉。

（9）男左脚并右脚，女右脚并左脚。

（10）男右脚横步，然后再反复左脚后退；女左脚横步，然后再反复右脚后退。

（三）正、反并进步（纽约步）

正、反并进步是在散式舞基础上，第 1 步向前进。它和叉形步不同之处在于叉形步的第一步是向后退，而并进步第 1 步是向前进，一次是反的并进，另一次是正的并进。

从闭式舞姿开始，图 16－14 所示的步法说明如下。

（1）男右转 1/4 周，左脚前进，左肩并肩位；女左转 1/4 周，右脚前进，左肩并肩位。

（2）男右脚原地踏一步，后半拍准备左转；女左脚原地踏一步，后半拍准备右转。

（3）男左转 1/4 周，左脚横步；女右转 1/4 周，右脚横步。

（4）男右脚并左脚，女左脚并右脚。

（5）男左脚横步，准备左转；女右脚横步，准备右转。

（6）男左转 1/4 周，右脚前进，右肩并肩位；女右转 1/4 周，左脚前进，右肩并

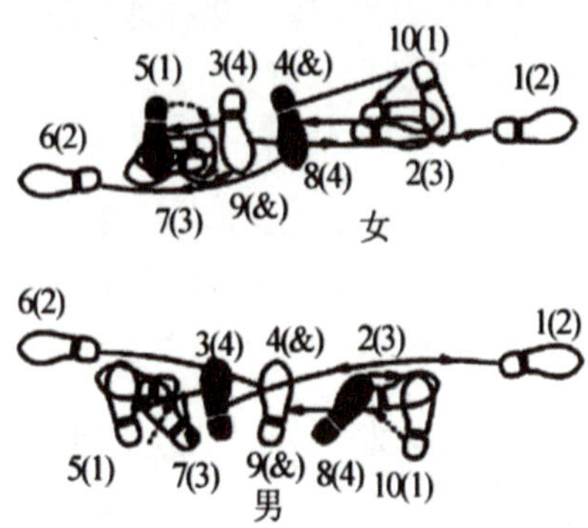

图 16－14　正、反并进步

肩位。

（7）男左脚原地踏一步，后半拍准备右转；女右脚原地踏一步，后半拍准备左转。

（8）男右转 1/4 周，右脚横步；女左转 1/4 周，左脚横步。

（9）男左脚并右脚，女右脚并左脚。

（10）男右脚横步，女左脚横步。下面可从头反复做。

（四）点转

点转是指动力脚交叉在主力脚前面，右脚脚掌为轴的转身，转动时重心主要在前脚。一般情况下都是男女舞伴同时转，如图 16－15 所示。

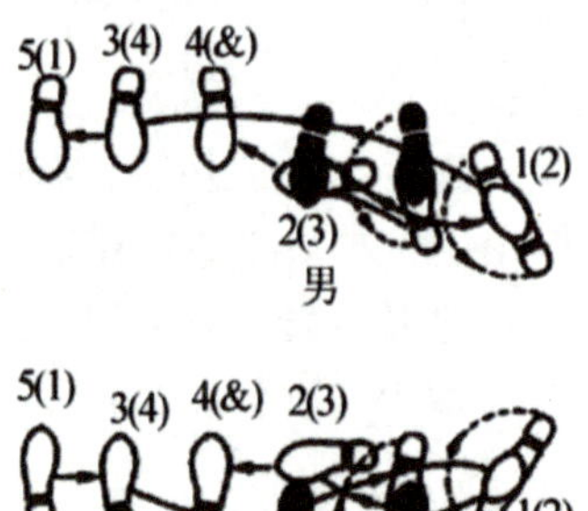

图 16－15　点转

（1）男右脚进左脚前交叉，脚跟离地；女左脚进右脚前交叉，脚跟离地。

（2）男双脚掌为轴左转，左转时，重心偏向右脚；女双脚掌为轴右转，右转时，重心偏向左脚。

（3）男继续左转，重心在左脚；女继续右转，重心在右脚。

（4）男左转一周完成，与女伴相对，右脚横步；女右转一周完成，与男伴相对，左脚横步。

（5）男左脚并右脚，女右脚并左脚。

（6）男右脚横步，女左脚横步。

（五）扇形步

恰恰恰中最基本的扇形步是从闭式舞姿开始的，男伴在基本步的前半部分向左转动了

1/8 周，然后带领女伴左转，两人同时打开呈扇形步，最后形成舞姿时两人身体形成的角度为 135°左右，不要打开呈 180°。

从闭式舞姿开始，如图 16－16 所示的步法。

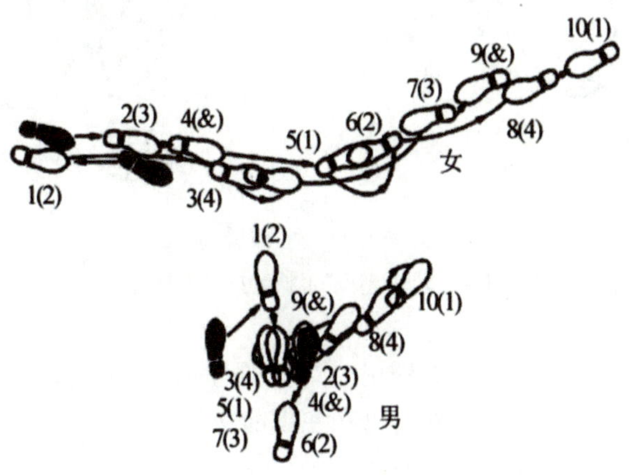

图 16－16　扇形步

男女伴同做基本步的前半部分，在并合步时向左移转 1/8 周。

（1）男右脚后退，右转 1/8 周；女左脚前进，准备左转。

（2）男左脚原地踏一步，身体左转 1/4 周；女右脚横步稍后，左转。

（3）男右脚横步，女左脚后退。

（4）男左脚并右脚，女右脚并左脚。

（5）男右脚横步稍前，打开呈扇形步；女左脚横步稍前。

（六）曲棍步

在扇形步位上开始做，余下步法如下。

（1）男左脚前进；女右脚向左脚许步，右脚掌、脚跟用力踏下，拧胯，左脚跟抬起，重心在右脚。

（2）男右脚原地踏一步，女左脚前进。

（3）男左脚横步，女右脚前进。

（4）男右脚并左脚，左手上抬；女左脚掌踏在右脚后。

（5）男左脚横步，女右脚前进。

（6）男右脚后退，略向右转；女左脚前进。

（7）男左脚原地踏，并向右转，与前一步共转 1/8 周，左手带女伴在后半拍向左转；女右脚前进，后半拍左转 1/2 周。

（8）男右脚前进；女左脚横步稍后，继续左转，共转 5/8 周。

（9）男左脚掌并在右脚跟后，女右脚后退交叉在左脚前。

（10）男右脚前进，直膝；女左脚后退，直膝。

（七）右陀螺转

右陀螺转是从闭式舞姿开始的，在这之前先从开式舞姿做一个基本步的前半部分，形成闭式舞姿，然后再接着做右陀螺转。图 16－17 所示的步法说明如下。

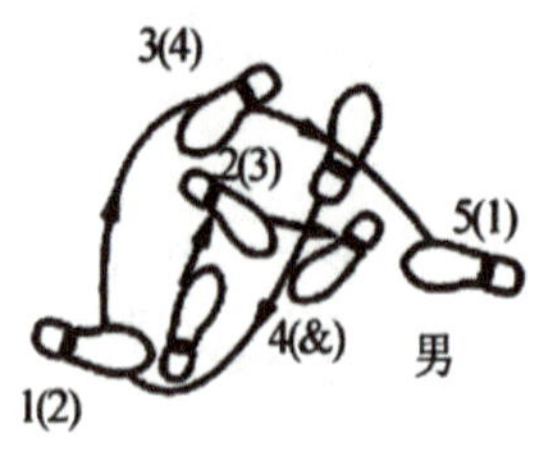

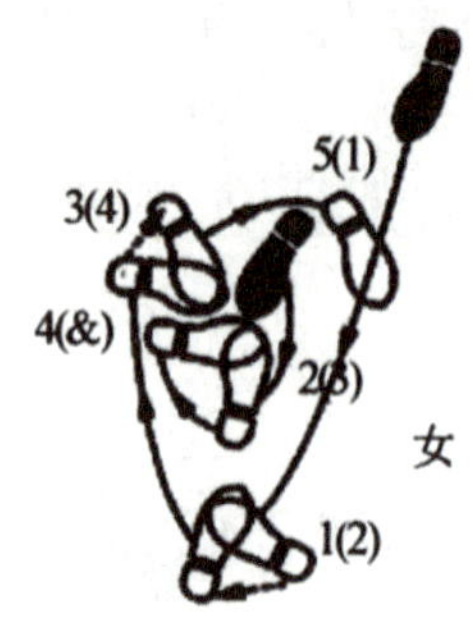

图 16－17　右陀螺转

（1）男基本步的前半步，并合步时，向前移动；女基本步的前半步，并合步时向前走近男伴呈闭式舞姿。

（2）男右脚掌踏在左脚后，脚尖外扭，左脚掌向右转；女左脚横步向右转。

（3）男左脚横步，继续右转；女右脚在左脚前交叉，继续右转。

（4）同第 2 步动作，男女继续右转。

（5）同第 3 步动作，男女继续右转。

（6）同第 2 步动作，男女右转一周完毕。

（八）闭式扭胯转

闭式扭胯转在闭式舞姿的扭胯动作基础上，前面先用右分展步来衔接，结束在扇形位。

图 16－18 所示的步法说明如下。

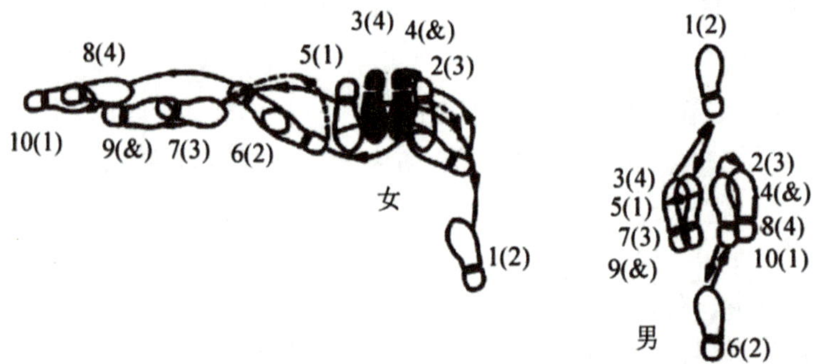

图 16－18　闭式扭胯转

（1）男左脚向旁稍前打开分展式；女右脚后退，左脚掌为轴右转 1/2 周。

（2）男右脚原地踏一步；女左脚原地踏一步，准备左转。

（3）男左脚并右脚；女左脚掌为轴扭胯，左转 1/4 周，右脚向男伴外侧前进一小步。

（4）男右脚原地踏一步，女左脚并右脚。

（5）男左脚横步略前，左转 1/8 周；女扭胯右转 1/8 周，右脚横步略前。

（6）男右脚后退，带女伴转身；女左脚前进，左转 1/8 周。

（7）男左脚原地踏一步，左转 1/8 周；女右脚横步稍后，继续左转 1/4 周。

（8）男右脚横步；女左转 1/4 周，左脚后退。

（9）男左脚并右脚；女右脚向后退，在左脚前交叉。

（10）男右脚横步稍前，打开呈扇形步；女左脚横步稍前，打开呈扇形步，从第 7～10 步共转 3/8 周。

（九）阿莱曼娜

阿莱曼娜是在扇形步的基础上开始，女伴在男伴臂下右转一圈的动作，如图 16－19 所示。

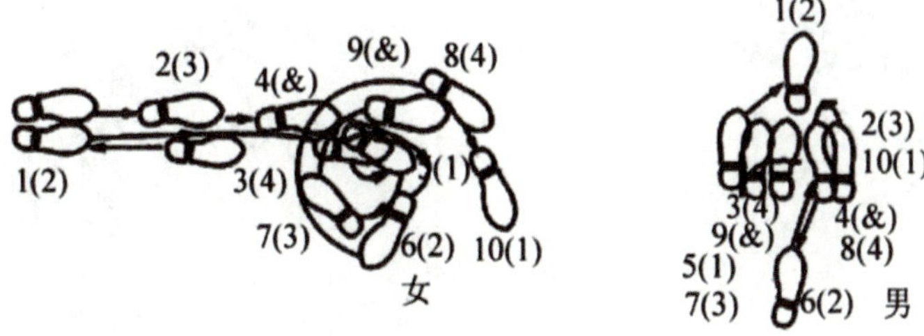

图 16－19　阿莱曼娜

在扇形位上开始，做如图 16－19 所示步法，其说明如下。

（1）男左脚前进；女右脚向左脚并步，右脚掌、脚跟用力踏下拧胯，左脚跟抬起，重心在右脚。

（2）男右脚原地踏一步，女左脚前进。

（3）男左脚横步，女右脚前进。

（4）男右脚并左脚；女左脚掌踏在右脚后，稍弯膝。

（5）男左脚横步；女右脚向男伴两脚间前进，准备右转。

（6）男右脚后退右转 1/8 周；女右脚拧胯，带动左脚前进，向右转 1/4 周。

（7）男左脚原地重心；女左脚重心，拧胯，带动右脚前进，继续右转。

（8）男右脚小步向前；女左脚前进，继续右转，走到男伴右侧。

（9）男左脚小步向右脚后并步，脚尖外开；女右脚踏在左脚后。

（10）男右脚小步向前进；女左脚稍前进，向右转 1/8 周，与男伴呈闭式舞姿。

（十）螺旋步

这里介绍的是螺旋步的单一动作，在这动作之前最好是用闭式扭胯转来衔接。余下的步法按图 16－20 进行，其说明如下。

（1）男左脚前进呈分展式；女右脚后退，右转 1/2 周。

（2）男右脚原地重心；女左脚原地重心，略向左转。

（3）男左脚横步，略左转；女右脚横步，左转 1/4 周，重心在右脚。

（4）男右脚向左脚稍并步，左手抬起带女伴转身；女仍以右脚为轴向左转，左脚收在右脚前，重心在右脚。

（5）男左脚向旁小横步，手带女伴完成转身动作；女继续旋转，完成全动作，从第 1～5步共转一周，重心仍在左脚，左脚保持在右脚前。

（6）男右脚后退左转 1/8 周，左手慢慢放下带女伴继续左转；女左脚前进，左转 1/4周。

（7）男左脚原地，重心前移；女右脚前进，在后半拍时左转 3/8 周，与男伴相对呈开

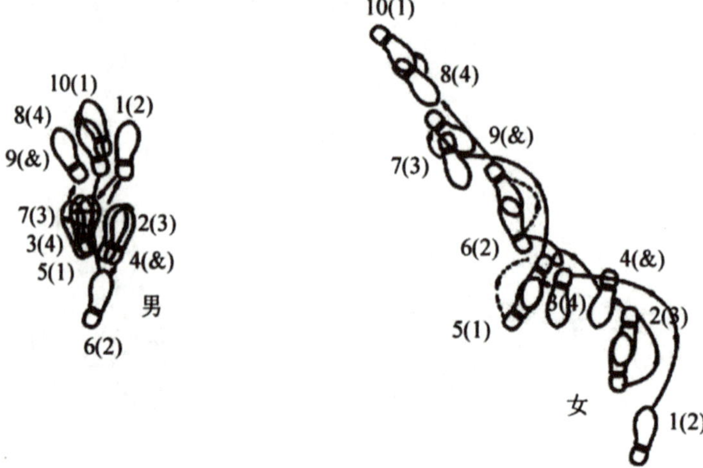

图 16－20　螺旋步

式舞姿。

（8）男右脚前进，女左脚后退。

（9）男左脚踏在右脚后，女右脚交叉收在左脚前。

（10）男右脚前进，女左脚后退。

（十一）交叉基本转

这个动作男步的前半部就是女步的后半部，男步的后半部，也就是女步的前半部。具体步法如图 16－21 所示，说明如下。

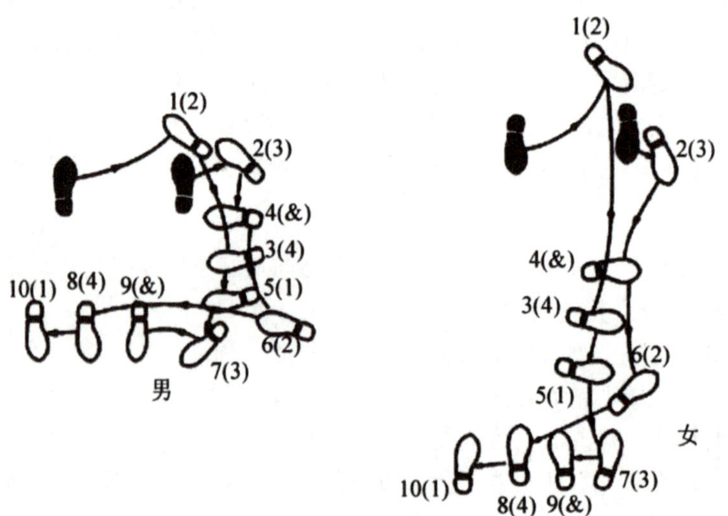

图 16－21　交叉基本转

（1）男左脚交叉踏在右脚前，准备左转；女右脚交叉踏在左脚后，准备左转。

（2）男右脚后退一小步，左转；女左脚前进，左转。

（3）男左脚横步，左转；女右脚横步稍前，左转。

（4）男右脚靠近左脚，不完全并步，继续左转；女左脚靠近右脚，不完全并步，继续左转。

（5）男左脚重心，左转；女右脚横步，从第1～5步共转1/4周。

（6）男右脚交叉踏在左脚后，继续左转；女左脚交叉踏在右脚前，继续左转。

（7）男左脚前进，继续左转；女右脚后退，继续左转。

（8）男右脚横步稍前，继续左转；女左脚横步稍后，继续左转。

（9）男左脚交叉踏在右脚前，继续左转，身体左倾；女右脚横步左转拧身，成左脚前交叉，身体右倾。

（10）男右脚横步继续左转；女左脚横步继续左转，从第5～10步共转1/2周。

（十二）套索转

套索转为女伴做完右陀螺转或在男伴身右侧做螺旋步右转后，接着向男伴背后绕转一周的动作。由于男伴的手臂带领女伴转动时是经过自己的头上向右绕一圈，犹如牧人之甩动套马索，故名套索转。

从右陀螺转的最后一拍开始，余下步法按图16－22进行。图16－22对步法说明如下。

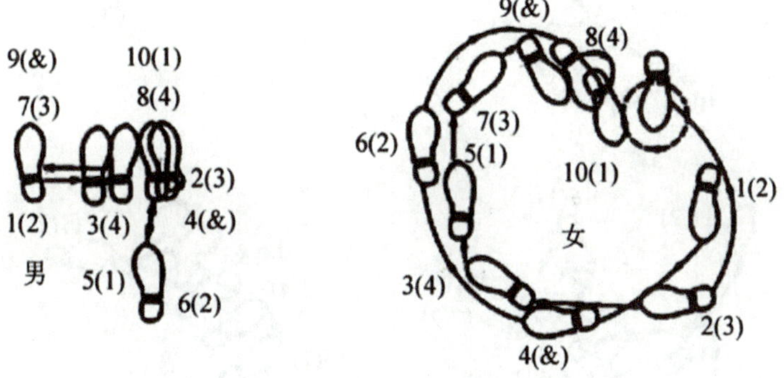

图16－22　套索转

（1）男左脚横步，右转1/8周，左手向自己头右方带女伴绕转；女右脚前进。

（2）男右脚原地重心，略向左转，左手经自己头上方带女伴绕转；女左脚向男伴身后前进，右转。

（3）男左脚原地小踏一步，身稍左转，手继续带女伴走；女右脚前进向男伴身后绕走。

（4）男右脚稍后退，左转1/8周，左手放平；女左脚向前踏在右脚后。

（5）男左脚原地重心；女右脚前进，从男伴身后向男伴左侧行进。

（6）男右脚后退；女左脚前进，继续绕行。

（7）男左脚原地重心，女右脚向男伴身前行进。

（8）男右脚横步接左脚半并右脚，女左脚横步接右脚半并左脚。

（9）男右脚横步，女左脚横步。

（十三）土耳其毛巾步

这是一组比较高级的舞步。舞伴在开式舞姿上开始此动作，右手交叉相握。步法如图16－23所示，说明如下。

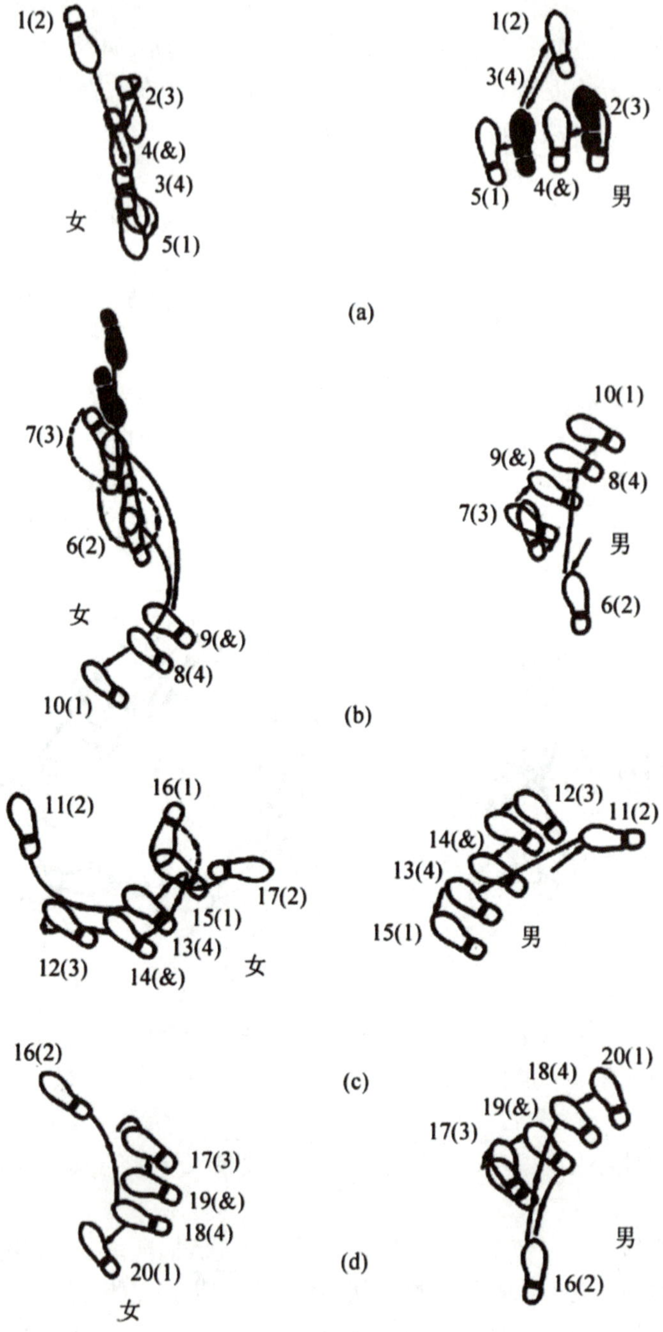

图 16－23　土耳其毛巾步

（1）男左脚前进，女右脚后退。

（2）男右脚原地重心，女左脚前进。

（3）男左脚后退一小步，女右脚前进。

（4）男右脚半并左脚，女左脚踏在右脚后。

（5）男左脚原地踏步，右手上引；女右脚前进，走近男伴。

（6）男右脚后退，带女伴右转；女左脚前进，在男伴臂下右转 1/2 周。

（7）男左脚原地；女右脚前进，向男伴身后绕转。

（8）男右脚小横步，身体左转 1/4 周；女左脚前进，继续绕转。

（9）男左脚向右脚半并步，带女伴向自己身后走，左手接握女伴左手；女右脚向左脚半并步，向男伴背后走。

（10）男右脚小横步，身体左转，左手放平，右手高举；女左脚横步走至男伴左侧。

（11）男左脚后踏，舞伴相对，双手交叉相握在身前（右手在上）；女右脚交叉踏在左脚前。

（12）男右脚原地重心，女左脚原地重心。

（13）男左脚小横步，身体右转；女右脚横步，向男伴背后走。

（14）男右脚半并左脚，身体转至正前；女左脚半并右脚，从男伴背后向其右侧走。

（15）男左脚横步，身体右转 1/8 周，左手放掉女伴右手；女右脚横步。

（16）男原地重心，带女伴转身；女右脚为轴向左拧转 1/2 周。

（17）男右脚后退；女左脚前进，左转 1/4 周。

（18）男左脚原地重心；女右脚前进，左转 1/2 周与男伴相对，重心在右脚。

（19）男右脚前进（图 16－23 中右脚正准备前进，尚未到位）；女左脚后退。

（20）男左脚向前踏在右脚后（图 16－23 中左脚在过程中尚未到位）；女右脚向后交叉踏在左脚前。

（21）男右脚前进，女左脚后退。

（十四）恰恰恰易犯错误及纠正方法

我们在做锁步时，第 2 步总是膝盖弯曲的，而最后一步膝盖总是伸直的，没有高度的变化，没有“反弹”的动作。这是因为，在第 3 步中由于腿部的伸直而产生的臀部运动和骨盆的转移，正好调整了在第 2 步由于双膝弯曲而降低的高度。很多人恰恰恰舞跳得不好，问题就出在并合步的后 3 步上，主要是这 3 步的要领及其感觉掌握得不对。

跳向前的锁步的时候，在快滑步的第 2 步很多人在脚尖落地后，有一个很明显的似乎要把脚跟踩下的感觉，导致身体向后一顿，然后又把身体提高，这样跳感觉，要领就都错了，导致这个向前的快滑步跳得不流畅，给人一种强烈的滞塞感。在跳向前的快滑步的时候，第 2 步后腿交叉的追赶前腿的步子脚法是脚趾球，而且脚趾球落地后一定要稳住，很快地把身体向前顶出，而不要有把脚跟踩下的动作。

第三节　体育舞蹈竞赛的主要规则

一、组织机构

国际舞蹈运动联合会是一切国际舞蹈运动的管理机构。

二、适用范围

本规则适用于 IDSF 及其会员组织举办的一切舞蹈比赛，内容包括标准舞、拉丁舞以及新流行舞、美洲风格舞、摇滚舞、老时代舞蹈及现代舞、拉美舞集成等。IDSF 主席团有权监督规则执行情况。

如有特殊情况，组织者应遵守 IDSF 主席团附加的规则。

三、舞蹈规则

（一）含义

（1）选手应是在 IDSF 下注册的各协会中的成员，他们有资格参加各协会举办的活动，但无物质收入。

（2）由 IDSF 组织活动颁发的奖金、旅费等费用，不应视为会员的物质收入。

（3）经国家和地区组织同意，付给舞协基金会的钱不视为物质收入。

（二）奖金

凡由各种组织经办的颁发奖金的比赛项目必须先由 IDSF 出示书面同意方可办理。

国际性比赛奖金数额不应超过 IDSF 世界公开赛的数额。

（三）比赛服上的广告

由 IDSF 主办的比赛，可以允许给一家赞助者在服装上印制 40 平方厘米大小广告。广告放在男选手的服装左胸部或左袖子上。选手号码布的广告尺寸如下：高 6 厘米，长 21 厘米。在比赛号码上做广告，尺寸不得超过整个号码的 20%。

四、选手资格

IDSF 主席团要求各国和地区协会掌握尺度，当受到国家级会员的要求时，以便授予选手以选手的资格。

五、比赛等级

（一）世界冠军赛

1. 竞赛种类

（1）标准舞（华尔兹、探戈、维也纳华尔兹、狐步、快步）。

（2）拉丁舞（桑巴、恰恰、伦巴、斗牛、牛仔）。

（3）10 项舞（标准舞、拉丁舞）。

（4）队式舞（标准舞、拉丁舞）。

2. 邀请

邀请函应发给所有 IDSF 会员。

3. 注明参加人数

（1）标准舞、拉丁舞冠军赛，每个 IDSF 会员可以提名两对选手。

（2）世界 10 项冠军赛，每个会员协会只可派 1 对选手。

（3）世界队式赛，每种舞每个会员邀请 1 对选手参加。主办方和在上届比赛中进入决赛的国家和地区加 1 对的名额。

（二）世界年长组冠军赛

1. 竞赛种类

标准舞 5 项。

2. 邀请

邀请函应发给所有 IDSF 会员。

3. 注明参加人数

每个会员可以提名两对选手。

4. 年龄限制

每位参赛选手必须年满 35 周岁。

（三）洲际冠军赛

1. 竞赛种类

（1）标准舞 5 项。

（2）拉丁舞 5 项。

（3）10 项舞（标准舞、拉丁舞）。

（4）队式舞（标准舞、拉丁舞）。

2. 邀请

邀请函应发给 IDSF 所有会员及相关的洲。以色列体协属于欧洲。

3. 注明参加人数

每个 IDSF 会员可以提名两对选手。洲际 10 项舞，每国家和地区只可派 1 对选手参加。洲际队式冠军赛，每国家和地区可派 1 对选手参加，主办方可以派两对选手参加。

（四）次洲际冠军赛

1. 竞赛种类

（1）标准舞 5 项。

（2）拉丁舞 5 项。

2. 邀请

邀请函应发给所有 IDSF 会员。

3. 注明参加人数

每个会员可以选派两对选手，主办方可以多请 1 对选手参加。

（五）世界锦标赛

世界锦标赛的竞赛种类如下。

1. 超级世界杯赛

2. 世界公开赛

IDSF 举办标准舞和拉丁舞世界公开赛，将提供奖金及 IDSF 电脑系统的世界排名表。

3. 国际公开赛

IDSF 举办标准舞和拉丁舞的国际公开赛，将提供 IDSF 电脑系统的世界排名表。

4. 对世界公开的比赛

凡在 IDSF 登记的会员主办的面向国际的公开赛，将提供 IDSF 电脑系统的世界排名表。

（六）国际邀请赛

1. 定义

最少 4 个以上国家参加的、除去队式舞比赛以外的双人舞比赛即被认为是国际邀

请赛。

2. 邀请

邀请函应发给所有 IDSF 会员。

3. 旅费

将由参赛方与主办方协商解决。

（七）国际邀请队式赛

1. 定义

最少 4 个以上国家和地区参加的、名称为“国际队式比赛”的即可认为是国际邀请队式赛。

2. 邀请

除由 IDSF 主席团做出其他决定，邀请函应发给所有 IDSF 会员。

3. 旅费

应由参赛方及主办方之间协商。

（八）世界杯赛

1. 比赛种类

（1）标准舞 5 项。

（2）拉丁舞 5 项。

（3）10 项舞（标准舞、拉丁舞）。

2. 邀请

至少邀请 3 个洲际的 18 个以上会员参加。如在欧洲以外地区举办，主席团将做相应安排。

3. 参赛资格

每个会员只可派 1 对选手参赛。

（九）洲际杯比赛

1. 竞赛种类

（1）标准舞 5 项

（2）拉丁舞 5 项。

（3）10 项舞（标准舞、拉丁舞）。

2. 邀请

洲际杯必须邀请有关洲际 10 个以上会员参加。如在欧洲以外地区举办，主席团将做相应安排。

3. 参赛资格

每个会员组织只可派 1 对选手参赛。

（十）国际队式比赛

1. 比赛种类

（1）标准舞 5 项。

（2）拉丁舞 5 项。

2. 邀请

国际队式比赛应由会员组织内部协办，但每个国家和地区舞协只能举办一次。

（十一）公开赛

只有 IDSF 会员组织才能派员参赛，如果是非如上情况的选手参赛，应由主席团批准。

（十二）允许的时间和速度

在各轮的各舞种比赛中，每种舞音乐的伴奏时间最少不少于 1 分半钟。维也纳华尔兹和牛仔舞最少不少于 1 分钟。

各种舞的速度见表 16－1。

表 16－1　舞的速度

舞蹈	速度（小节/分钟）
华尔兹	30
桑巴	50
探戈	33
恰恰恰	30
维也纳华尔兹	60
伦巴	27
狐步	30
牛仔舞	44
快步	50
斗牛舞	62

（十三）音乐

在所有 IDSF 比赛中，音乐必须与舞蹈相符，例如拉丁舞不得用迪斯科音乐伴奏。

六、组织竞赛的权利

（1）根据规则第 1、2、3、4、6、7 条，主席团有权举办各类比赛，并征收管理费（参见财政条例）。

（2）第 5 条内的所有比赛，都必须在 IDSF 注册。这些比赛会员有权选择举办方并由主办会员自筹。

七、邀请

由比赛的主办方发出邀请，邀请必须带有 IDSF 注册的日期。

八、旅费

参赛选手、主席、裁判人员的最低旅费，应由主席团予以确定。应予先通知会员参赛费用的数目。

九、违禁药品

（1）严禁服用兴奋剂。服用兴奋剂或兜售兴奋剂都违反国际奥委会的有关规定。

（2）如果各会员药检中心需要对参赛选手进行药检，应该服从药检中心检查。如拒绝进行药检，将被认为是“阳性”，由此产生的后果由选手自己负责。

（3）任何“阳性”反应报告应马上报告主席团，应该通知各会员组织对选手采取纪律处罚。

（4）任何帮助和唆使他人服用兴奋剂者，也将被视为违反违禁药品的管理办法，也将受到制裁。

十、裁判规定

（1）裁判长应由主席指定的人士担任，以指导 IDSF 授权的竞赛工作，如 IDSF 不予指派，则组织者从裁判中选出一名裁判长。

（2）第 5 条中第 1、2、4，第 a－c 7 种比赛，至少有 7 名裁判；第 3、5、6、8 比赛至少有 5 名裁判；队式比赛至少有 3 名裁判。

（3）IDSF 举办的比赛，裁判必须具有 IDSF 颁发的国际裁判证书。

（4）参加第 5 条中第 1～4a 和 b、7 和 8 种比赛的裁判，必须经 IDSF 主席团提名。

（5）在第 5 条中的第 1～4、7 和 8 种比赛的裁判应邀请不同国家的裁判组成。

（6）所有国际比赛的裁判组织工作，必须在 IDSF 主席团指导下进行。

十一、比赛服装

对于 IDSF 举办的比赛，第 5 条 IDSF 承认的比赛服装要求如下。

（一）标准舞

1. 少儿甲、乙组

男孩：黑色或藏蓝色裤子，简单式样白衬衣，普通袖子和扣眼。

女孩：衬衫，单色女上装或简单式样单色女装。

不许用饰品和穿比赛服。不许穿高跟鞋，半高跟、大跟鞋高度不超过 3.5 厘米。

2. 少年甲、乙组

男孩：套装应为黑色或深蓝色，燕尾服可适用于少年乙组，但不是必需。

女孩：比赛服。

3. 青年组

男孩：套装应为黑色或蓝黑色，可以着燕尾服但不是硬性规定。

女孩：比赛服。

4. 成年组

男子：燕尾服应为黑色或蓝黑色。

女子：比赛服。

5. 年长组

与成年组同。

（二）拉丁舞

1. 少儿甲、乙组

男孩：黑色或藏蓝色裤子，简单式样白衬衣，普通袖子和扣眼。

女孩：单色衬衫，单色圆领式衬衫或简单式样单色女装。不许穿高跟鞋，半高跟鞋高度不得超过3.5厘米。

2. 少年甲、乙组

男孩：黑色或藏蓝色裤子，简单式样长袖白衬衣，黑色马甲和黑色领带可以任意选择。

女孩：必须穿衬衫和裤子，裤子应遮住臀部和肚脐，不能露股。

3. 青年组

男孩：套装应为黑色或藏蓝色，黑色马甲和黑色领带可以任意选择，套服或马甲里面穿配套的长袖白衬衣。

女孩：必须穿衬衫和裤子，裤子应遮住臀部和肚脐，不能露股。

4. 成年组

男子：比赛服应为黑色或深蓝色服饰，面料应与舞服的面料、颜色一致，可内着白色长袖衬衣。

女子：必须穿衬衫和裤子，裤子应遮住臀部和肚脐，不能露股。

对各年龄组所有女舞者的臀部必须覆盖，不得露出。

裁判长或IDSF的竞技部长有权取消不符合着装规定的选手参赛资格。对此，主席团可以剥夺违纪选手的比赛资格或停赛一段时间。

十二、不同国籍的舞者组对

不同国籍的舞者组成一对选手，参赛时一年以后可以代表另一国家和地区。

十三、国际队式冠军赛

（1）队式冠军赛举办如下比赛。

①标准舞。

②拉丁舞。

（2）比赛服装。

①标准舞：男服必须是黑色和深蓝色套装。

②拉丁舞：男服可以选用多彩的，但整队必须整齐划一，不允许有特性，如采用道具等。

（3）在标准舞中，以各种舞的舞步为基础编排，其中自由选择的其他舞蹈，最多不得超过16小节，拉丁舞亦如此。

（4）在拉丁舞中，以各种舞的舞步为基础编排，其中自由选择的其他舞蹈，最多不得超过16小节，标准舞也如此。

（5）标准舞中的独舞应限制在每种舞8小节之内，而该类舞的总长度最多24小节，在拉丁舞中没有这种要求，因为该舞中独舞是其中一部分。任何舞中均不允许托举。

注：托举意味着舞伴之一借另一舞伴之力达到双脚同时离地之效果。

（6）在所有的冠军杯比赛中每队应包括6～8对选手，每名选手只能参加1个队的比赛。

(7) 任何一队在冠军杯比赛中，可以保留 4 名替换队员。

(8) 队式比赛的场上滞留时间不得超过 6 分钟。在这 6 分钟内，需有 4 分钟的表演，在开始和结束时要有明确的体现。

(9) 选择有经验的裁判进行仲裁工作，不得少于从 7 个国家和地区来的裁判来参加该项工作。

(10) 可以使用音响和磁带。

(11) 应给每支参赛队提供同等的时间使用排演厅进行排练，并要配以音乐伴奏。

(12) 可以采用无记名方式指定主席。他必须参加排练并提醒易违例之处。如果再出现违例现象，他可以在与仲裁委员会商议后取消违例队的资格或成绩。

(13) 在排练中使用的舞蹈动作和音乐伴奏在比赛中必须使用，比赛中不允许更换比赛服。

(14) 如超过 5 个队参赛，必须有第二轮比赛。

十四、主席的权力

如以上规则没有规定到的部分，主席团可以作出决定。

十五、规则的适用

国家级会员协会应服从 IDSF 的全部比赛规则，并应以以上规则为标准制定各协会的章程。

体育舞蹈的特点

体育舞蹈是一项集动作美、服装美、音乐美、形体美于一身，具有健身、竞技表演、培养气质及文化修养的运动，它的风格随着 10 个舞种的不同而各异，但就整体而言，体育舞蹈包括以下三个特点：

1. 动作连贯，舞步变化多样

跳体育舞蹈时，要求利用脚掌、掌跟过渡，身体重心移动要连贯，摩登舞中有时是单人移动，有时是双人移动，这样的要求构成了舞步变化多样。

2. 规范性强，动作优美

体育舞蹈是一项高雅文明的运动，它正是由于其规范、完整的舞蹈体系才得以在全球推广。它的规范性还表现在对技术规范的要求上，标准舞的每个动作都从步序、步位、步法、方位、转度、升降、反身动作、倾斜、节奏 9 个方面去规范；拉丁舞则从步序、节奏、节拍、步位、步法、使用动作、身体转量 7 个方面加以规范。同时，体育舞蹈是一项集技术与艺术于一体的表现唯美的运动项目。其各种舞蹈秀和舞台剧彰显了其艺术性。

3. 竞技性与健身性

体育舞蹈一方面体现出体育的竞技性，另一方面习练体育舞蹈也有健身价值。

4. 娱乐性

体育舞蹈是人们交流思想、抒发情感、相互沟通的非常好的一种形式。舞蹈中的融洽、和谐和高雅能增进人们的友谊，丰富社会文化生活。

名人故事

伦巴舞是国标舞中最具贵族气质的舞种，它不紧不慢的节奏表现出一份从容和大气，在柔和音乐的衬托下，舞者就像是风度翩翩的贵族公子、小姐，一步一动都体现着尊贵的身份。被称为拉丁女神尤利娅更是把伦巴舞的感觉发挥得淋漓尽致，举手投足之间满满都是仙气……

在国标舞世界里，不同的时代，都会拥有那个时期具有代表性的偶像。赛场里，明星们如走马灯般登场、退场，有些光芒，可能只是灵光一现，有的，则长久地照耀在观众心中。拉丁女神尤利娅属于后者，更难得的是，在这个口味挑剔的年代，她几乎等同于“完美”二字。她是世界上最著名和最受欢迎的拉丁女选手之一。以速度、精准、平衡和热情的性格出名。她在7岁的时候开始跳舞，先天的天分和后天的有素训练，使她很快就开始在国际比赛中崭露头角。无论是伦巴的婀娜多姿、柔媚抒情还是恰恰的热情奔放、诙谐风趣或者是桑巴的激情四射、热烈如火都被她展现得淋漓尽致。芭蕾舞演员般的完美腿型，小鹿般灵巧的身体协调性，强大的肌肉掌控力和爆发力，完美的舞台表演能力，充分诠释了拉丁舞的魅力。比赛场上的她自信骄傲，享受着属于她自己的舞台，表达着她或温柔或狂野的情感，对于她而言，舞蹈已经不仅仅是一种艺术形式，而是融入在骨血里的一种感情，已经与灵魂和躯壳捆绑在了一起。

思考训练

1. 简述体育舞蹈的特点。
2. 简述体育舞蹈的价值。
3. 简述体育舞蹈的发展趋势。
4. 简述华尔兹、恰恰恰易发生的错误。

第十七章　极限飞盘

学习目标

1. 了解极限飞盘的基础知识。
2. 掌握极限飞盘的基本技术。
3. 掌握极限飞盘的战术配合。
4. 掌握极限飞盘的基本规则。

素质目标

1. 通过极限飞盘的练习，提高学生的速度、力量、灵敏和耐力等身体素质。
2. 通过极限飞盘比赛，发扬极限飞盘精神，培养学生自信、自尊和自律的体育精神。

情境导入

来一场大汗淋漓的极限飞盘运动，飞盘高尔夫、飞盘打靶、飞盘传接、飞盘比赛……

极限飞盘运动是一项七人制的团队竞技运动，没有裁判，男女混合。简单易上手！有那么一群校园里的青少年小众群体，热爱着飞盘运动，传递着飞盘运动互相尊重、拼搏到底的本质，烙印着“盘不落地不放弃”的飞盘精神。

第一节　极限飞盘概述

一、极限飞盘运动简介

极限飞盘

极限飞盘自诞生之日起，在很短的发展历史中，吸引了世界上无数的爱好者投身于其中。它之所以如此迷人，是因为该项运动集足球、篮球和美式橄榄球的优点于一身。更重要的是它的技术易于掌握，强调团队的配合，方便开展。极限飞盘运动是一项团体性的竞技运动，场上队员无性别要求，同时比赛中除了需要表现出速度、耐力、灵敏和弹跳之外，还有各种巧妙的掷盘、接盘技术和默契的团队配合。

二、极限飞盘的起源与发展

20 世纪初期，美国耶鲁大学刚好比邻康涅狄格福瑞斯比面包公司，这家面包公司所

卖的一种装在锡盘里的派很受学生欢迎，而耶鲁大学的大学生发现作为包装盒的锡盘被抛出后，可以平稳地飞行一定的距离。由此，抛接锡盘游戏开始在耶鲁大学的学生中兴起。

1948 年，瓦特·毛里森（Walter Morrison）发明了塑料飞盘。由于塑料飞盘比金属飞盘和木制飞盘更耐用，而且具有更好的飞行性能。所以此发明带动了大批量飞盘的生产，名为“冥王星飞盘”。1951 年 Wham - O 玩具公司开始生产这种塑料飞盘。

1958 年，在福瑞斯比面包公司停止营业的一年后，Wham - O 公司在美国加利福尼亚州为它们生产的飞盘注册了“Frisbee”一名。据说，这个商标是来源于耶鲁大学和哈佛大学的学生为这种新玩具所起的绰号“福瑞斯比”。

1968 年，美国新泽西州梅普尔伍德地区哥伦比亚高中的校报和学生会成员乔尔·希尔弗（Joel Silver）发明了极限飞盘运动（Ultimate Frisbee）。最初，他们把它称作飞盘橄榄球（Frisbee Football），每场比赛可以上 20～30 名队员，可以持盘跑以及摔、抱等。随着运动的发展，希尔弗等对规则进行了改变，并制定了新的防守规则，比赛变成了 7 人制。此时的极限飞盘运动强调的是休闲娱乐，参与的人员也非专业运动员，且无性别限制。更重要的是，运动员在比赛中不允许任何身体接触，并进行自我裁判，但当时并没有提出“极限飞盘精神”一说。这就是极限飞盘运动的雏形。

1970 年，哥伦比亚高中和密尔本高中进行了世界上第一次校际极限飞盘比赛，最后，哥伦比亚高中以 43∶10 获胜。第二年，新泽西州的 5 所高中就成立了极限飞盘队会。其中就包括哥伦比亚高中和密尔本高中。1972 年 11 月 6 日，新泽西州的两所高校进行了第一次大学间的极限飞盘比赛。罗格斯大学以 29∶27 击败了普林斯顿大学，最后赢得了冠军。随着极限飞盘运动的发展，耶鲁大学在 1975 年举办了第 1 届由 8 所高校组成的美国大学极限飞盘巡回赛，耶鲁大学队获得冠军。同年夏天，在罗斯波尔举行的第 2 届世界飞盘冠军赛正式将极限飞盘运动列为比赛项目。这是极限飞盘运动得到世人认可的标志。

随着国际交流，飞盘运动也得以在世界各国迅速发展起来。瑞士在 1974 年成立了欧洲第一个飞盘协会；日本在第二年成立了亚洲第一个飞盘社团。随后，在 1976 年，澳大利亚也成立了大洋洲第一个飞盘协会。在这期间，飞盘运动的发展尤以欧洲最为迅速。1977 年，比利时和奥地利相继成立了飞盘协会。随后，芬兰和丹麦也在 1978 年相继成立了飞盘协会和飞盘运动协会。飞盘运动在迅速发展的同时，极限飞盘运动也飞快地发展壮大起来。美国于 1979 年成立了极限飞盘运动员协会（UPA）。这是第一个极限飞盘运动的国家政府组织。第二年，法国巴黎举办了第 1 届欧洲极限飞盘冠军赛，芬兰、英国和瑞典队分获冠、亚、季军。

1984 年，世界飞盘联合会（WFDF）的成立推动了极限飞盘运动的发展。其于 1986 年在英国的科尔切斯特举办了第 1 届世界极限飞盘冠军赛。两年后，又在德国的科隆举办了第 1 届世界极限飞盘俱乐部冠军赛。而后，极限飞盘运动在 30 多个国家和地区以惊人的速度发展起来。2001 年是极限飞盘运动发展具有里程碑意义的一年。在日本举办的第 6 届世界运动会正式将极限飞盘运动列为世界运动会的比赛项目。这标志着极限飞盘运动正式步入国际体坛的舞台。

三、中国极限飞盘运动的发展

随着我国经济的迅速发展和对外交流的日益频繁，参与极限飞盘运动的人数越来越多，其影响力也在不断扩大。

我国香港每年10月都会举办一次国际飞盘公开赛。近年来，我国内地也有队伍参加。2007年5月，由北京、上海、天津和香港7个队共同参加的首届极限飞盘公开赛在天津举行，代表着中国极限飞盘运动发展的起点。2008年5月，第2届中国极限飞盘公开赛已扩大为14支，并增加了大连、青岛、深圳和武汉等队伍。2009年5月，第3届中国极限飞盘公开赛更是扩大到35支。这再次推动了极限飞盘运动在中国的发展。

四、极限飞盘的锻炼价值

（1）极限飞盘运动在练习和比赛过程中，可以有效地提高人们的力量、速度、灵敏、耐力、柔韧等身体素质，尤其强调运动员体育精神的培养。此外还能增强人体的心血管系统、呼吸系统等内脏器官的功能，从而促进人体的健康。

（2）由于极限飞盘运动激烈的对抗性和大强度的运动，参加极限飞盘练习和比赛有助于提高学生的意志力和自制力，培养运动员勇敢顽强、机智果断和团结协作的良好品德。

（3）极限飞盘比赛强调极限飞盘精神，有助于培养学生自信、自尊和自律的体育精神。

第二节　极限飞盘的基本技术

极限飞盘的基本技术主要由掷盘和接盘两大技术组成。极限飞盘技术并不复杂，但如果想成为一名高超的极限飞盘运动员，就需要了解极限飞盘飞行的基本原理，并能够在不同的天气情况下，合理而又熟练地运用极限飞盘的基本技术。

一、掷盘

（一）反手掷盘

1. 握法

大拇指扣紧飞盘的正面，其余四指扣紧飞盘的边缘，并要求食指顺着盘缘，第2关节刚好与飞盘的边缘卡在一起，另外三指置于盘沟（图17－1）。

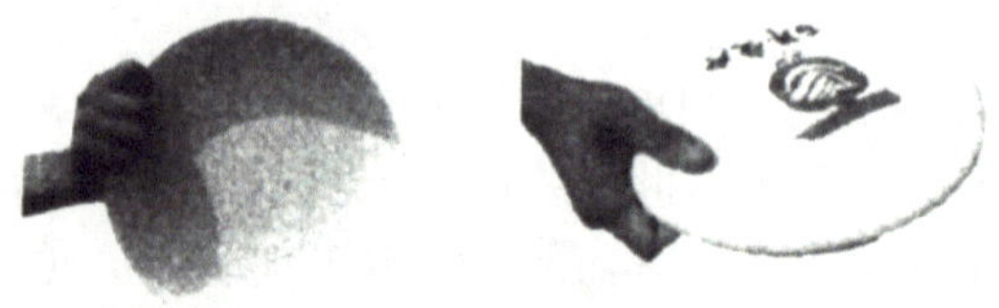

图17－1　反手掷盘握法

2. 掷法

以右手持盘为例，右腿向左前方跨出一步，扩大掷盘范围。身体稍转向左侧，屈臂屈腕。发力时，转体带动摆臂，接近出盘方向时，快速伸腕将飞盘掷出。为了保持飞盘在空中飞行的稳定性，出手瞬间尽量保持飞盘处于水平位置。低位出盘更稳定（图17－2）。

图 17－2　反手掷盘掷法

（二）正手掷盘

1. 握法

伸出手指做出篮球三分球的手势，用盘缘抵住虎口。大拇指扣紧飞盘的正面，食指和中指撑住飞盘背面，无名指、小指要蜷曲并扣住外边缘，以便能够紧紧地握住飞盘（图 17－3）。

图 17－3　正手掷盘握法

2. 掷法

以右手持盘为例，向右侧跨出一步，身体向右侧稍倾斜。右手扣住飞盘向后伸腕蓄力。转动腰部带动手臂向前，接近出盘方向时，快速屈腕掷出飞盘。出手瞬间尽量保持飞盘处于水平位置。低位出盘更稳定。向侧后方迈开一大步更易于避开防守（图 17－4）。

图 17－4　正手掷盘掷法

（三）上手掷盘

上手掷盘的握法与正手掷盘相同。以右手持盘为例，左脚上步（或者右脚撤步），侧身向前，持盘手臂向后引盘，屈臂呈倒“L”形，飞盘反面朝外。蹬地发力后，利用身体的转动带动手臂前挥。出手瞬间，迅速拨指前送，使飞盘侧向前方飞出，之后飞盘逐渐转为正面朝下飞行，直至落下（图 17－5）。

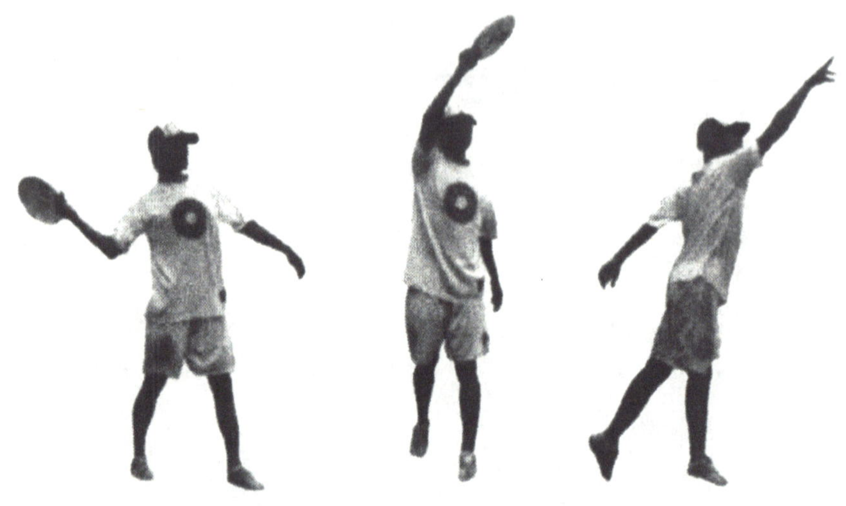

图 17－5　上手掷盘掷法

（四）学与练

1. 初学阶段

两人相距 5～10 米相互掷盘，不要过于发力，重点体会正手和反手的握盘方法。

2. 提高阶段

在掌握正确握盘方法的基础上，进一步改进掷盘的技术动作，提高掷盘的稳定性和方向性。

3. 强化阶段

一方面要通过跨步、降低重心等方式加大出手的范围；另一方面，通过假动作摆脱防守队员的封堵，适时采用合理的技术完成掷盘。练习时可以三人一组，一人掷盘，一人防守，一人接盘。

二、接盘

（一）双手接盘

1. 双手夹盘

五指微张，一手在上，一手在下，两手合力夹住飞盘。接盘时，要主动迎接飞盘，顺势接住（图 17－6）。

2. 双手腰上接盘

双手抬起，五指自然张开，四指在上，大拇指在下。盯紧飞盘伸手向前迎接，顺势接盘于腰上。接盘瞬间，五指扣紧（图 17－7）。

图 17－6　双手夹盘

图 17－7　双手腰上接盘

3. 双手腰下接盘

双手抬起，五指自然张开，四指在下，大拇指在上。盯紧飞盘伸手向前迎接，顺势接盘于腰下。接盘瞬间，拇指扣紧（图 17－8）。

（二）单手接盘

（1）当飞盘较高时，采用四指在上、拇指在下的方法接盘。接盘时，伸手向前迎接，虎口对准飞盘，掌心向下，顺势接盘并将飞盘拉近身体。

（2）当飞盘较低时，采用四指在下、拇指在上的方法接盘。接盘时，伸手向前迎接，虎口对准飞盘，掌心向下，顺势接盘并将飞盘拉近身体（图 17－9）。

（三）学与练

1. 初学阶段

两人相距 10～15 米，一人掷盘，另一人接盘。掷盘者不要发力，要使盘的飞行速度适中。接盘者重点体会接盘的基本技术。

图 17－8　双手腰下接盘

图 17－9　单手接盘

2. 提高阶段

在掌握正确接盘技术的基础上，提高接盘的稳定性，并能够根据飞盘的速度、高度等情况，选择合理的接盘方法。

3. 强化阶段

接盘者要提高在快速移动中完成接盘的能力，并且接盘后能够快速停下，为掷盘做准备。

第三节 极限飞盘的基本战术

进攻和防守是进行极限飞盘比赛的两个重要因素。极限飞盘选手站位是否合理决定着进攻和防守质量的高低，而短传和长传则是极限飞盘战术组成的基础，也是极限飞盘选手必须具备的基本技能。

一、进攻与防守的站位技巧

（一）掷盘手的站位与技巧

掷盘手的任务是将盘合理地传给接盘手，当面对防守队员时，以一只脚为轴，向两侧迈步的幅度决定着出手的范围和传盘角度的大小。因此，掷盘手在面向前方站位的同时，应通过上身快速的虚晃和脚下大幅度的两侧迈步来寻找传盘的机会（图 17－10）。

图 17－10 掷盘手的站位与技巧

（二）防掷盘手的站位与技巧

一般来说，防掷盘手的站位以防其反手为主，逼迫对方传正手盘。同时，其他防守队员也需要注意掷盘手传出正手盘的路线，并封锁对方的传盘。另外，防掷盘手要与掷盘手之间保持一盘的距离，防守时应降低重心、张开双臂，扩大防守范围（图 17－11）。

图 17－11 防掷盘手的站位与技巧

（三）接盘手的站位与技巧

接盘手要选择站位，同时侧身向前，用两眼的余光关注飞盘和防守队员，在活动区域摆脱防守，寻找空间，进行接应（图 17 – 12）。

图 17 – 12　接盘手的站位与技巧

（四）防接盘手的站位与技巧

防接盘手要保持面向对手站立，同时降低重心、张开双臂，防止摆脱。另外，站位应守住内线，防止对手的内切。听到出手的信号后，兼顾飞盘，破坏对手接盘（图 17 – 13）。

图 17 – 13　防接盘手的站位与技巧

二、短传

短传是极限飞盘战术组成的基础，也是初级选手必备的基本技能之一。比赛中，短传的稳定性直接决定着整体控盘的能力。同时，区域间的短传配合也是调动对方防守，打开防守空间的有力武器。

比赛中，短传可以采用正手、反手和上手传盘，以防止防守队员的拦截。短传配合是控盘手经常运用的技术手段，掷盘手与控盘手之间穿插接应，通过直传、斜传、回传来进行飞盘的转移和控制，而控盘手也可以通过短传配合进行 2 ~ 3 人间的快速推进。

（一）初学者练习短传的方法

1. 两人短传练习

两人相距 15 米左右站立，进行各项技术的传接盘练习。

2. 两人移动短传练习

两人一组进行行进间的半场短传练习（50 米左右），传盘时要求一人正手传盘，一人反手传盘，同时注意传盘的时机和位置，到达底线后，互换位置，继续传盘返回起点。

3. 传盘练习

传盘练习（图 17－14）可以进行一人对多人的传接盘练习，也可以进行两组间的传接盘练习。一人对多人的传接盘练习，要求接盘队员接到盘后，迅速掷回，并返回到排尾的位置进行轮换；两组间的多人传盘练习，要求每隔一人手持一盘，接到盘后，迅速持盘返回到排尾进行轮换。

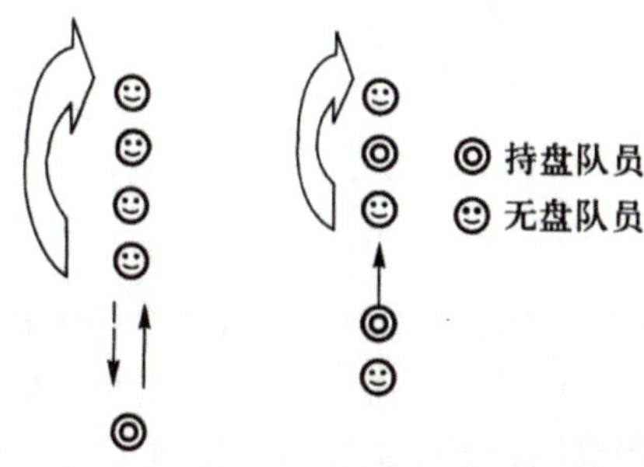

图 17－14 传盘练习

（二）提高者练习短传的方法

1. 两人短传练习

已经具有稳定的传接盘技术的选手，进行两人短传练习（图 17－15）时持盘队员掷盘到接盘队员的侧方，接盘队员接到盘后迅速传回。然后，持盘队员再将盘传到接盘队员身体的另一侧。传出的落点应与接盘队员的跑位正好合拍，并注意把握节奏和力度。

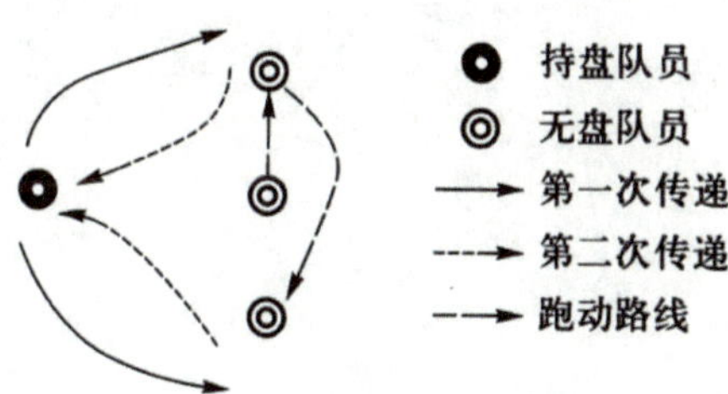

图 17－15 两人短传练习

2. 多人传盘练习

多人传盘练习（图 17－16）要求跑前接应，接应同时要做假定的摆脱防守。接盘队员接到盘后，迅速跑向对方队列后进行轮换。此项练习均在移动中完成，要求传盘队员把握好传盘的时机，并且传盘稳定、准确，接盘队员摆脱防守后的跑动要及时，接盘要迅速、稳定。

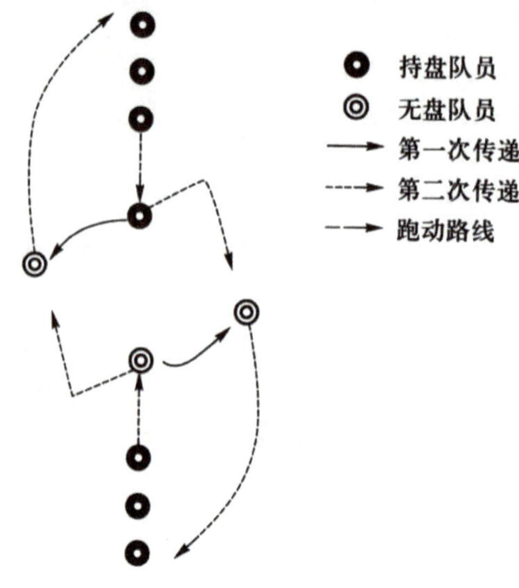

图 17－16　多人传盘练习

3. 捉兔子练习

捉兔子（图 17－17）一般采用五打二的练习（人数可随机自定），持盘队员不能传盘给相邻的队员，只能传给隔一人的队员。练习中，一名防守者负责防守持盘队员，另一名防守者负责封锁传盘队员的传盘路线，争取断盘。断盘后，失误的队员进去防守，里面的一名防守者替换失误队员的位置（防守者按照先后顺序进行替换），练习继续进行，以此类推。

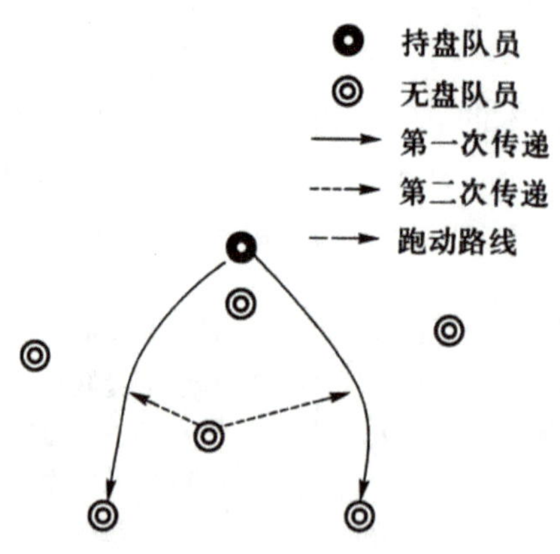

图 17－17　捉兔子练习

三、长传

长传不仅是战术的组成部分之一，还是掌握基本传接盘技术的初级选手需要进一步提高的技术。比赛中，长传是发动快攻的有力手段，也是破解密集防守很好的方法，但不宜在刮风天使用。极限飞盘比赛中，强队经常采用长传战术突破防守和得分。另外，在对方采用区域防守时，中路防守比较密集，往往可以通过长传边路，利用边锋队员的速度来打

破对方的防守。掷盘手可以采用正手或反手掷出弧线盘，从高位出手，同时增加飞盘的速度，越过邻近的防守队员，防止飞盘被拦截。长传进攻需要在有把握的情况下进行，另外，还需要接盘队员有一定的身高和良好的速度，否则容易被抢断。

练习长传的方法如下：

（1）两人长传练习。两人进行远距离传接盘练习。

（2）三人长传练习。一人防守，两人长传的传接盘练习。练习中，防守成功则轮换掷盘。

（3）四人长传练习。二对二的练习，需要结合防守与摆脱。如图 17－18 所示，可以看到，进攻方摆脱防守后，掷盘手迅速掷出飞盘，接盘手应判断准确、果断。接到飞盘后，继续进行练习，失误后需要轮换进攻。

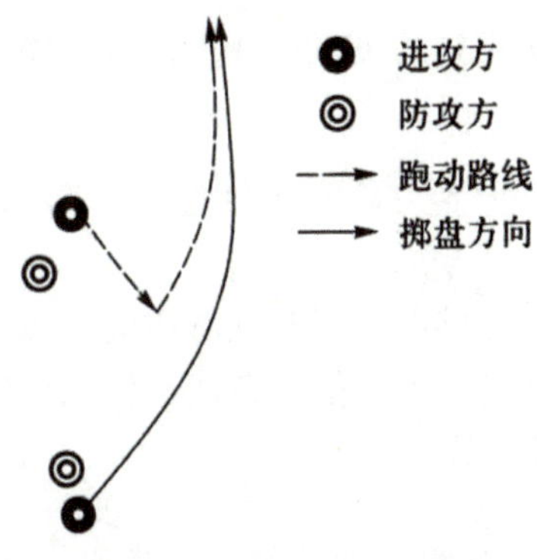

图 17－18　四人长传练习

第四节　极限飞盘基本规则

一、比赛场地与装备

（一）比赛场地（图 17－19）

（1）比赛场地为长 100 米、宽 37 米的长方形场地。

（2）比赛场地周围的边线是由两条与比赛场地等长的边线和两条与比赛场地等宽的底线组成。场上所有边线的宽度应该在 75～120 毫米。

（3）比赛场地分为长 64 米和宽 37 米的中间正式比赛场地，以及长 18 米和宽 37 米的两端得分区。

（4）两条得分线划分了正式比赛场地和两个得分区，但是得分线属于正式比赛场地。

（5）标点是由两条 1 米长的线交叉所形成的点。其位置在正式比赛场地中，距两条得分线的中点 20 米远。

（6）使用 8 个颜色鲜艳、质地柔软的物体（如塑料角标）来标示正式比赛场地和得分区的边角。

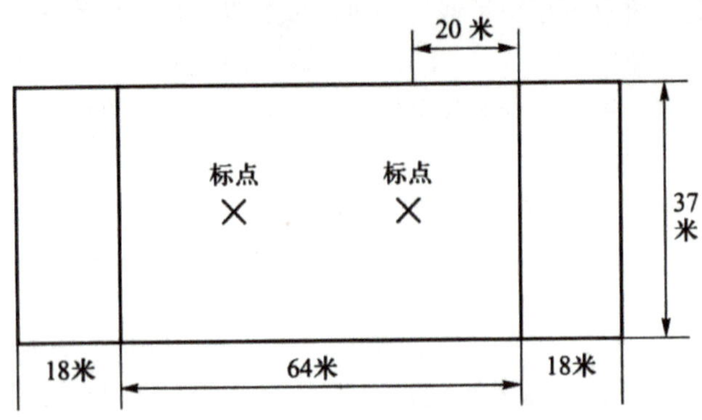

图 17－19　极限飞盘的比赛场地

（7）在练习赛或其他一些非正式的飞盘比赛中没有必要划定比赛场地的边界。

（二）比赛装备

（1）允许使用任何一种经过世界飞盘联合会（WFDF）批准的飞盘。标准重量为 175 克（±3 克），直径 274 毫米（±3 毫米）。

（2）每位上场的队员须穿着能够区分于其他队伍的队服。

（3）比赛队员不允许穿着或者戴有可能会造成其他队员伤害的物件，例如，手表、搭扣、带长钉或尖钉的鞋、突出的首饰等。

二、比赛规则

（一）比赛人数

极限飞盘比赛每个队至少有 5 名队员上场，但不能多于 7 人，男、女运动员可以混合在一起进行比赛。

（二）开赛

两支队的上场选手排在防护得分区里，先防守的队伍把飞盘扔给进攻队（称为"发盘"）。

（三）移动飞盘

参赛队员为了将飞盘传给自己的队友，可以往任何方向掷飞盘。选手不许拿着飞盘跑动，也不允许将飞盘直接交给队友。掷盘手从接到飞盘起，有 10 秒的时间来决定往哪里扔盘，防掷盘手应大声地报数（称为"延时计数"），如果掷盘手 10 秒钟内未将飞盘掷出，飞盘将交给原来的防掷盘手，双方攻防转换。

（四）失误

进攻队伍传盘时若没有能够成功地传给一位队友（如出界、没接住、被对方拦截），防守的一方就有权拿起飞盘起盘，此时双方攻防立即转换。

（五）得分

进攻队员在界内接住了一个正规的传盘，同时在他接住飞盘后最先着地的部分完全在对方的得分区内，进攻方获得 1 分。得分之后，双方应交换场地，由得分的一方发盘，比赛重新开始。

（六）比赛胜负

当两队中任意一队首先取得 17 分时（现在的比赛一般为 13 分制），比赛结束。比赛分为上下半场，当一队先取得 9 分时，开始中场休息，休息时间为 15 分钟。

（七）换人

在一方得分之后或选手受伤的时候，允许换下场上比赛的人员，且没有次数、人数的限制。

（八）非接触

选手之间不应该有任何身体接触，也不允许阻挡其他选手的跑动。

（九）垂直空间原则

垂直空间原则是指所有队员都有权使用他们头顶以上的空间，对方不允许妨碍、侵占另一名队员头顶以上的空间。一名队员起跳时，对方队员不允许占据其起跳点上空和落地时所需要的空间。

（十）犯规

当一名选手跟另一名选手有身体接触时为犯规。如果因犯规产生了失误，飞盘将还给被影响的选手。如果犯规的选手觉得他没有犯规的话，飞盘将还给前一位持飞盘的选手，然后再继续进行比赛。如果防守队员使一名在得分区里拥有飞盘的接盘手或掷盘手失去对飞盘的控制，判进攻方得一分。若进攻队员与防守队员同时犯规，飞盘将退还给前一个掷盘者并回到原来的位置。

（十一）自判

飞盘比赛中没有裁判，队员自行对自己的犯规和出界负责，选手之间应该文明地讨论场上出现的矛盾，并且自行解决场上的争执或纠纷。

知识拓展

飞盘公益

1968 年，极限飞盘运动由哥伦比亚高中的一群学生所创立。在近 50 年的发展中，极限飞盘运动因其独特的“飞盘精神”和良好运动竞技体验吸引越来越多新玩家的加入，也成为当今发展最快的运动之一。为了让更多条件不佳的地区的朋友能享受极限飞盘带来的激情和友情，世界上出现了很多非营利的公益组织，如 Ultimate Peace、Peace Corps 等，他们积极地为这些地区默默奉献热情与温暖，让“飞盘精神”深入各地的新玩家。

和平飞盘的概念在 2008 年开始孕育，2009 年 4 月，这一开创性之举把极限飞盘带到了中东地区。极限飞盘的之火开始在中东的一些村子燃起，然后延伸到特拉维夫，来自以色列、约旦河西岸的 120 个孩子们开始参与了这项活动。来自世界各地的教练们教孩子们如何飞正手、如何与队友配合、如何在场上解决争议。孩子们在同一队伍互相配合，赛后纷纷起舞，共享着各自的语言、音乐、文化，等等。

在中国，极限飞盘自出现以来，受到越来越多年轻玩家的喜爱，并出现了一批批热爱这项运动的专业玩家。在各地民间飞盘组织的热心推动下，更多学生与白领工作者参与到这项独具魅力的新兴运动中来。在国内公益组织“立人图书馆”“新教育基金”“美丽中国”与X－COM和“专业极限飞盘品牌UltiPro”的共同努力下，一批批热心的志愿者涌现。志愿者们利用闲暇与休假时间，努力为山区的孩子们传播着极限飞盘运动的魅力，为孩子们带去更多的欢乐、更多的知识以及“大山”外的生活。

名人故事

2022年，王逸鹏成功入选美国底特律Mechanix队，成为中国第一位入选美国职业极限飞盘联赛的运动员。

1. 飞盘邂逅

2016年，王逸鹏还是一名高一学生，他的朋友带着他玩起了飞盘，这也是他跟飞盘的第一次邂逅。3年后，他去了美国密歇根大学念本科。据他称，在密歇根飞盘校队的时光让他深深地爱上了这项运动。校队的训练是成体系化的，每周有3次飞盘训练，还要去健身房进行身体素质的加练。他和队友们一起变强，从秋季到春季打季后赛。这期间还受到过疫情的困扰，比赛被迫推迟甚至取消。但这些没有阻碍住他们前进的脚步。

2. 生涯高光时刻

在谈到生涯高光时刻时，王逸鹏说2020年2月对阵美国飞盘名校布朗的比赛让他最记忆犹新。双方比分交替领先，密歇根队仅领先1分，最后时刻，王逸鹏先利用速度优势完成一次精彩防守，之后又在进攻端接到队友传盘完成绝杀。

至于团队荣誉，则发生在2021年12月，他和队友们杀进了全美大学生飞盘全国赛的半决赛，最终收获第3名。这不仅刷新了校队的最佳战绩，同时也创下了中国飞盘选手在全美大学生极限飞盘全国赛上的最好成绩。

在密歇根校队积攒的经验成了王逸鹏走入职业联赛的基石，2022年他顺利入选AUDL联赛（美国职业极限飞盘联赛），成为底特律队40多名成员中的一位。AUDL联赛共有25支球队，分为4个赛区。这些球队通过常规赛战绩争夺季后赛名额，再从季后赛中突围，冲击最后的总冠军。2022年5月8日上午，王逸鹏完成了在美国职业极限飞盘联赛的首秀，他也成为第一位迈入这片赛场的中国选手。这足以让他的妈妈骄傲地过上一个母亲节。

3. 助力中国飞盘运动发展

据王逸鹏透露，他在2021年年底跟朋友们组织了第一次中国飞盘年度最佳的评选活动，并取名为金飞盘奖。做这一活动的目的就是想跟国际上一些飞盘组织看齐，建立一个国内最高水平奖项，以此激励国内的选手不断突破自我，提高竞技水平，也为大家提供一个展示自我的平台。

2025 年成都将举办世界运动会，极限飞盘正是其中的比赛项目。而且未来还可能入选 2028 年洛杉矶奥运会。正如冬奥会催热了冰雪运动，也许飞盘也将迎来一个起飞的时机。2022 年还在密歇根读大学的王逸鹏给出了自己的看法。他表示以后真有幸代表中国队出战的话，自己一定会全力以赴。即使不能出现在世界舞台上，也会尽自己所能帮助极限飞盘运动在国内继续发展壮大。

思考训练

1. 怎样在极限飞盘练习中提高短传的准确性?
2. 谈一谈怎样在比赛中贯彻极限飞盘精神。

第十八章　户外运动

学习目标

1. 了解户外运动的项目、基本要求与发展历史。
2. 掌握户外运动的准备工作。
3. 掌握户外运动中需要注意的问题及解决办法。

素质目标

1. 学会导航读图方法，提高野外生存能力。
2. 培养团队合作能力、规则意识及社会责任感。

情境导入

你未起床，亚青的清晨正在迎接阳光。你在午休，西南小镇的天空滑翔伞展翅掠过城市上空。你在泡吧时，高原上的夜空散满了五彩斑斓。但是朋友你别着急，在你为自己的未来踏踏实实地努力时，那些你感觉从来不会看到的景色，那些你觉得终生不会遇到的人，那些你觉得一辈子不会去感受的户外运动，正一步步向你走来，跟着我，一直跟着我，我们一起去发现！

第一节　户外运动概述

一、概述

户外运动，是一组在自然环境举行的带有探险或体验探险性质的运动项目群。户外运动中多数带有探险性，属于极限和亚极限运动，有很大的挑战性和刺激性，促进人们拥抱自然、挑战自我。户外运动提倡环境保护，倡导“自然、健康、积极、快乐”的生活方式，崇尚“平等、真诚、合作、自主”的人文精神。加入户外运动的大家庭，你能够更深地感受到户外人文的魅力。户外运动的兴起，使人们逐步离开传统的体育场馆，走向自然，向大自然寻求人类生存的根本意义。置身户外，以冒险形式所展现的户外休闲运动成了人们超越自我、挑战自我的空间。登山穿越、野外露营，背上行囊，入住野外；徒步和骑单车，让你充分体验在大自然中的自由自在；潜水、航海让你在万流奔腾中历经一泻千里、惊涛骇浪的激越；滑雪、滑草运动又使你感受到了跃向重力的惊险；钓鱼、写生让你感受悠闲自在的生活。在大自然这个博大精深、美丽而又惊险的训练场里，我们抛弃了现

代文明带来的安逸与慵懒，拥有了与大自然共存的能力，充分体会到一种回归人的本性与初衷、体验人的智慧与力量的乐趣……没有什么比求生更能体现人与自然界中的万物生灵所共有的本能了。对于年轻人来说，参加户外运动尤其能够磨炼自己的毅力，提高自己团结合作的能力。

二、户外运动项目

目前在我国开展的主要户外运动包括登山、攀岩、蹦极、漂流、冲浪、滑翔、滑水、攀冰、穿越、探洞、定向、远足、滑雪、潜水、滑草、高山速降自行车、越野山地车、摩托车、摄影写生、拓展、飞行滑索、打猎野炊、野营、自助旅行等。

户外休闲运动的特点：

（1）户外休闲运动带有一定的探险性，有一定的挑战性和刺激性。

（2）户外运动需要有探险、纪律、毅力、自助和团结协作精神。

（3）形成一种健康的生活方式和生活理念。

户外运动的基本原则：安全、自助和互助、环保。

三、户外运动的基本要求

户外运动带有一定的风险性，因此，参加户外运动的爱好者必须是年满18周岁的公民，可以为自己的行为及后果负责。在参加组队进行的户外活动之前，必须先仔细阅读《户外公约》。参加户外运动，并不要求你的体能突出，但你的身体应该是健康的。你还应当是热爱尊重大自然的人，在自然界中，你能够自觉地履行环保义务，保证环境卫生。户外运动的队伍完全靠全体队员同心协力完成任务。所以你应当遵守纪律，热心帮助他人，并且能够与队友们团结协作。

四、户外运动的发展历史

早期的户外运动其实只是一种生存手段，是人类为了生存或发展而被迫进行的活动，如采药、狩猎、战争等活动。第二次世界大战期间，英国特种部队开始利用自然屏障和绳网进行障碍训练，其目的在于提高野外作战能力和团队合作能力，这是人类第一次系统地把户外活动有目的地运用到实际中。第二次世界大战中有多起海难发生，后来经过统计发现在海难中能逃生的人群年龄为28～38岁的最多，专家经过研究发现在这一年龄段的人中大多心理成熟，生活经历多种多样，有良好的团队精神，而帮助他们逃生的恰恰是这些因素。

第二次世界大战后，战争的远离和经济的发展促使户外活动开始走出军事和求生范畴，成为人类一种新的娱乐、休闲和提升生活质量的生活方式。

英国素有“户外运动之乡”的美誉，早在18世纪60年代就开始在全国积极推行发展户外运动和游戏，作为一种理想的体育休闲手段，户外运动正以一种更加自由、随意的运动方式，备受英国大众的青睐。随着英国的对外发展，户外运动和游戏的影响迅速传到了美国、法国及世界其他国家。

新西兰在1989年举办了首次越野探险挑战赛后，各种各样形式的户外活动和比赛在全世界范围内如火如荼地开展起来。目前每年都有众多的大型挑战赛在欧洲举行。在美国，户外运动的参与人数和产值都居所有体育运动的第三位。

第二节　户外运动准备工作

参加户外运动必须要有保证我们安全的物品。一般来说，户外休闲运动的装备可分为两个方面。一是基本装备，如帐篷、背包、睡袋、冲锋衣、鞋、炊具、地图、指北针、手电筒、户外水壶、刀、火种、药品等。二是不同运动需要的专业性的装备，如探险队的GPS、登冰山用的冰爪、登山的登山索、滑雪运动的滑雪板等。

一般来说，户外休闲运动的装备可分为如下几种。

一、帐篷

在选择帐篷的时候，您首先需要考虑的因素就是在一般情况下会使用这个帐篷一起宿营的人数。大多户外运动者往往喜欢与朋友分享一个帐篷。这样一来（以两人为例），一个人负责背负帐篷的主体结构，另一个人负责背负外帐，从而大大减轻了每个人所背负行李的重量。

帐篷及分类：

（一）夏季使用

单层，相当通风，属低海拔露营式。它可以抵抗小雨，通常顶盖为通风的纱窗网，底层为尼龙布，有外帐。

（二）三季使用

即非雪期使用的帐篷，它的差异在于营柱能抵抗强风与少许的积雪，湿气能够从帐篷内部透出。三天至一个星期的活动适宜用此种帐篷，最好是在森林或不会过分暴露的开阔营地地形（图 18－1）。

图 18－1　三季使用的帐篷

（三）四季使用

由较硬的材质制成，能抵抗积雪与强风，双门式易进出。

（四）高山使用

高山气流一般都相当强，帐篷的营柱必须能抵抗突发的恶劣天气，帐篷设计须适合攀岩或健行者的需求，携带方便，居住舒适。

二、背包

1. 背包的种类

市场上能够找到软式的日背包、外架包和内架包。每一类背包的主要用途也各有侧重。

（1）日背包（Day Pack）。适合单日往返的郊山与攀岩活动，选购的时候要着重看肩带的做工，拉链最好是粗齿式的 YKK。

（2）外架包（External Framed Pack）。适合露营或开阔地形的徒步。缺点在于外架包

背起来不如内架包舒服。

(3) 内架包 (Internal Framed Pack)。适合多种情况下的徒步与登山。对于一般的旅行者来说，一个65～75升的包足够运用绝大多数的长途旅行。如果你需要长期在野外露营，你可能需要一个120升的，不过一般人不会需要超过100升的包。理论上讲，每个人背的重量不应超过自己体重的1/3。

2. 背包装填

背包装填正确与否会直接影响使用的方便性和舒适性，如果装填错误会造成重心偏移和背包损坏。因此，装填并非简单地将所有物品扔入背包，而是要背得舒服，走得愉快。装填时除了先将各种物品根据用途进行分类，还有两点需要注意：一是左右平衡重心稳固；二是存取方便。

(1) 质量较重的物品放在中上部且尽量靠近背部，让背包的重心高些，紧靠背部，以免有被后拉的感觉。体积大、质量轻的物品可以放在最底下，这样不影响重心；另外由于重物压在上面，背包使用一段时间后会变得较为密实。如此背负，在行进过程中腰才能挺直。登山者背包的重心须置低些，以方便身体穿行于树林间，或是行进于裸岩崩壁的攀爬地形。攀登（攀岩）期间的背包装填重心应接近骨盆位置，即身体旋转的中心点，以防止背包重量移到肩膀。

重量较重的器材如炉具、炊具、重的食物、雨具、水瓶、帐篷须使用伞带绑于背包顶端，燃料油与水须分开置放，从而避免污染食物与衣物。燃料油与食物须分开摆置，注意炉具或锅组的装填不要令背部感到不舒服，锅组于雨天置入帐篷内要擦拭干净。次重物品，如备用衣物（必须用塑胶袋密封且用不同的颜色标识，使易于辨认）、个人器具、头灯、地图、指北针、相机等置于背包中心和下方侧带。轻的物品绑于下方，如睡袋（必须用防水袋密封）。须准备长带绑一些物品，营柱可置于侧袋，睡垫可置于背包后方。

适合男、女背的背包并不一致，因为男生的躯干上半身较长而女生则较短，所以必须谨慎选择适合自己的背包，装填时男生的重物置高些，因为男生的重心位置接近胸腔，女生则低些，重心位置接近腹部，重的物品尽量贴紧背部，让重量高于腰。

(2) 贴背的部位不要放置坚硬物品，如为内架背包时则会直接顶到背部而很不舒服，甚至跌倒时会伤到背部；如为外架背包时则因坚硬的物品与背架仅隔一层背包布，很容易磨破背包布。

(3) 背包左右放置的物品重量应该相仿，以免重心偏向一边。雨衣、饮水及当日使用的东西应该放在最上面或最容易取得的地方。

(4) 有使用物品分类袋的观念：将同类物品或同时使用的物品放在同一袋中以方便取用，零散的小东西更应如此。

(5) 养成定点放置的习惯：可以迅速整理好背包，而且即使摸黑也能在背包中找出想要的东西。

(6) 尝试改变装填方式，尽量减少不必要的背包外吊挂，因为这不但会影响行动安全而且也不美观。

三、睡袋

最好选择轻便、温暖、舒适、易挤压且能完全盖住头部的睡袋。睡袋的温度是靠绝缘材料提供密闭的空气维持的，依据绝缘材质的厚密度、尺寸、型号与制造方式而定，一般分为夏季、非雪期、雪期三种，各家制造商睡袋的推荐温度的范围均为参考值，大多在5℃ ~30℃。

目前市场上销售的睡袋材质有羽毛与合成纤维两种。羽毛睡袋每单位重量的保暖度是最好的，比较温暖，易挤压，易保持原状，使用期较长。不利的因素是价格费用较高，会吸水，湿睡袋的保暖度就会相当差，除非晒干。然而，要想完全晒干，需要一天以上时间。合成纤维的抗湿性较佳且湿睡袋依然可维持保暖度，干得快，价位低，但稍重于同级的羽毛睡袋，不好挤压与装填，占背包空间较大，使用寿命较短。睡袋的热源可以蒸干一些小衣物，如无指手套、袜子等，太大件衣物则会增加睡袋内部的湿度，不适合，雪期可将水瓶置于睡袋旁防止结冰。

睡袋外观式样：

1. 木乃伊形（愈到脚愈窄，头盖须高过头）

此种睡袋有一条能仅露小部分脸部的拉带，不论睡袋为何种设计，都需要有一个合适的、半网形拉带的头套，它能增加头部的温度并防止热能消散，有些睡袋有领口拉带增加肩膀的温度，当然有些会考虑其他部位的散热状况，如胸部与足部，在寒冷的季节可外加一个薄的睡袋套。

2. 似长方形

这种睡袋为圆筒形，介于木乃伊形与长方形之间，它的肩部与脚部都相当窄，而拉链只打开一半，如果觉得不适应这种类型，最好不选它。

3. 露宿袋

露宿袋是一个非隔热、完全防水的袋子，典型的露宿袋可以提升10℃左右的舒适度，大多数的露宿袋会有一个防昆虫的网子，虽然露宿袋不能在长时间降雨情况下保证完全干燥，但比较适合温和的天气。

四、户外运动服装

户外运动服装的种类和款式也很多，如登山有专门的登山防风衣，滑雪也有专门的连体滑雪衫。依据这些衣服的功能大致可以把它们分为三类，即从内到外的三层，通常称为内层服装、保暖层服装和外套层服装。

防水（雨）性是户外运动的第一个要求性能，其次是防风性能，因为像登山、滑雪或滑翔等运动都是在风速较大的环境中进行的。为了保持体温，防风性能至关重要，同时还有一些听起来较苛刻的要求，比如服装的透气性，这一性能可使穿着者的身体保持干爽和舒适。另外，也必须注意服装的耐磨性。这里主要介绍一下鞋子。

登山运动靴可大致分成四类，购买每类靴子之前都要根据不同的山地状况和在外跋涉时间等因素选择合适的款式。

（1）轻型登山靴：主要是为短途跋涉者设计，适合一般的户外野营。

（2）中型登山靴：主要是为中等路程的跋涉者设计，靴底具有良好的硬性及耐磨性。

（3）重型登山靴：适合于携带较重的登山器材，所攀登的山地类型较为复杂，须在外较长时间停留的登山者。

（4）雪山登山靴：这类靴子是专门为登海拔6000米以上的雪山而设计的，具有较强

的硬度。

五、折叠铲子

铲柄为优质铝合金，铲身为优质钢板，适用于各种野外露营场合。铲柄可以折叠，便于携带。铲身上带有锯齿，应急时可当锯使用。铲背后带有镐，使用时把铲折叠即可当镐使用。此铲具有3大功能，即铲、镐、锯，是野外露营、探险、旅游等活动的必备工具。

六、防风灯

随身携带一盏防风灯可以增加安全系数。

七、指南针

如果你想到茂密的森林里做一番生存体验的话，一定要带上一个指南针，这是最基本也是最重要的工具。

第三节　运动中注意的问题及解决办法

一、集合期间流程

从集合到出发需30~60分钟的准备时间，流程如下。

（一）队员报到

集合期间领队必须指派一名人员具体负责队员报到事宜，队员报到应：①发给名牌；②告知组别，并请队员到组长处报到；③告知车位，避免上车时慌乱争抢。

（二）清点、分配器材与粮食

活动出发前三日，队伍器材负责人必须和器材组组长完成清点工作，核对器材状况，队伍集合期间，领队必须指派人员与各组组长清点与核对器材和公粮，完成后才分配给队员背负，但每项器材需标明器材背负人与数量，避免漏带。

全队的背负重量为队员 > 非队员 > 向导 > 领队。

二、运动中注意事项

（一）野外如何寻找方向和路径

当我们在山野里步行，想要到达目的地时，通常都有最简便的正确路径，同时也有迷路时可以安全脱逃的路径。因此，我们必须尽快找出这些安全又便捷的路径。

培养寻找正确路径的方法不外乎是靠经验。如果在较明显的山路步行，可以循着明显的足迹或路标而到达目的地。可是，像此种常规的路径一旦被浓雾笼罩，或到了夜晚，就很容易迷路。这时候，经验所培养出来的寻路技巧就能派上用场。

寻找正常路程的技巧必须在平时的野外活动中去积累。例如，平时就养成随时参考地图和指南针的习惯，同时积极地观察周围的地形以及身边的植物来判断正确的位置。利用周遭环境探测方位的方法有以下几种。

1. 利用太阳

太阳东方出，西方落，这是最基本的辨识方向的方法。还可用木棒成影法来测量，在太阳足以成影的时候，在平地上竖一根直棍（1 米以上），将一块石头放在木棍影子的顶端（或做其他标记），木棍的影子会随着太阳的移动而移动。30 ~ 60 分钟后，再放一块石头在木棍影子的顶端。然后在两个石头之间画一条直线，在这条线的中间画一条直线与之垂直相交。然后左脚踩在第一标记点上，右脚踩在第二标记点上。这时站立者的正面即是正北方，背面为正南方，右手是东方，左手为西面。

2. 利用星宿

在北半球通常以北极星为目标。在茫茫星海中，准确地找到北极星是夜晚利用北极星辨认方向的关键。认识北极星的方法有许多种，这里介绍一种最简单有效的：

（1）首先找寻勺状的北斗七星；

（2）以勺柄上的两颗星的间隔延长 5 倍，就能在此直线上找到北极星；

（3）一般特别地称呼勺柄上的这两颗星为要点星球。如看不到北斗七星时，就找寻相反方向的仙后星座，仙后星座是由 5 颗星组成的，它们看起来像英文字母的 M 或 W 倾向一方的形状。从仙后星座中的一颗星画直线，在几乎和北斗七星到北极星的同样距离处就可找到北极星。北极星所在的方向即正北方。

3. 利用手表

想获知方位手上却没有指南针，遇此情况，只要有太阳就可使用手表探知方位。将火柴棒竖立在地面，然后把手表水平地放在地面上，将火柴棒的影子和短针重叠起来，表面 12 点的方向和短针所指刻度的中间是南方，相反的一边是北方。若身上没有火柴，也可改用小树枝，尽量使影子更准确（图 18 – 2）。

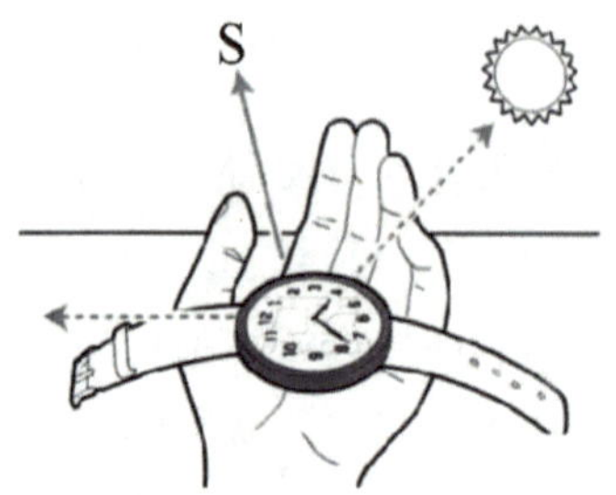

图 18 – 2　以手表看方位

若从事挑战性的生存活动，一定要记住戴上手表，这时普通表就比数字表更有价值。因普通表上的时针分针在必要时会成为求生存的重要工具。

4. 利用指南针

使用指南针，可使地图和实际地形的方位一致，探知现在你所在的地点和寻找的目的地的方位。

指南针务必水平地拿着，而且要远离以下列举的各种物品，否则会使磁针发生错乱：指南针应离铁丝网 10 米，高压线 55 米，汽车和飞机 20 米以及含有磁铁的物品（如磁性容器）等 10 米。

利用指南针探知现在所在位置的步骤：

（1）使实际地形和地图方向一致；

（2）在地图上找出两个可看出的目标物；

（3）将指南针的进行线（或长边）朝向其中的一个目标物；

（4）找到圆圈配合箭号和指针（北）相吻合；

（5）不改变圆圈的方向将其放在地图的北方位置；

（6）指南针的长边之尖端吻合地图上的目标物；

（7）沿圆圈的箭号和磁北线延线画一条直线；

（8）针对另一目标依照同样的方法进行。两条线的交错处即是现在所在位置。

用指南针探知前进的方向的步骤：

（1）使联结现在位置和目的地的直线吻合指南针的进行线（长边）；

（2）圆圈的箭号平行于磁北线（箭号在地图的上边部分）；

（3）将指南针从地图上拿开，拿在身体前面；

（4）扭转身体直到箭头和指针重叠；

（5）再重叠进行线的方向，此即地图的目标方向。

5. 利用地物特征判定方位

利用地物特征判定方位是一种补助方法。使用时，应根据不同情况灵活运用。独立树通常南面，枝叶茂盛，树皮光滑。树桩上的年轮线通常是南面稀、北面密。农村的房屋门窗和庙宇的正门通常朝南开。建筑物、土堆、田埂、高地的积雪通常是南面融化得快，北面融化得慢。大岩石、土堆、大树南面草木茂密，而北面则易生青苔。

（二）识别天气

1. 天象特点介绍

（1）山脉。甚至小山都是天气的影响者。山地比地球上任何其他地方都更能使风、温度、降水和闪电产生重大变化，往往会给山区旅行的人员造成威胁。

（2）风。山地的风也是多种多样的，通俗地讲可以分为以下几种：

①上坡风：这是山地温差的变化而引起的夜间冷空气向下坡的倾泻和白天暖空气向山上的爬升所致。上坡风大多出现在日出之后 15～45 分钟内，并在正午或地面受到的太阳能量最强时达到最大风速。一般来说，南坡接到的能量最大，因此上坡风最强。北坡则无上风出现。上坡风通常钻向山涧和峡谷。当天空有飘动的云团时，太阳光的时隐时现能够像“开关”一样及时地控制上坡风的发生和停息。

②下坡风：相对较为温和而稳定，多发生在近地表面，在日落之后的 15～45 分钟内开始起风，一直到次日的日出，从山顶刮向峡谷的底部。

③下沉风：即“冰川风”。这种风往往出现在冰川上，不受昼夜变化的影响，因为冰川的表面温度总是比其上面的空气温度低，所以它总是沿着下坡刮起。但上坡风也会出现在冰川向斜坡延伸的末端处，这种风的强度往往受冰川范围大小的控制。

④峡谷风：这是受地形控制的风，也是上坡风与下坡风的混合风，主要出现在斜坡表面有缺口的半封闭式山谷附近。它也受日照温差的控制。

⑤旋风：这也是山区常见的风，每当地面有显著变化而四周的风很强时，就会产生旋风。一般情况下，旋风具有瞬时特征且多形成在北坡。

（3）降水。山区存在着大量的上升气流，它使空气不断地冷却，所以通常降水量会随高度的增加而增加。在潮湿的热带地区，山区降水量增加得特别明显。而大量降雨所产生的山洪则会对山区旅行者造成最大威胁。山区最常见的是雾，它实际上是接触地表的云，有时山谷里全天都会是雾气蒙蒙的。

（4）闪电。登山运动员、徒步旅行者、野营人员都特别容易受到山区闪电的袭击。在崎岖的山地地形所产生的上升风使那里雷暴更加猛烈、更加频繁。

（5）温度。对于山地旅行者来说，温度是十分重要的。在山区，温度随高度而降低，这种变化在夏季约为冬季的2倍。山峰上的相对湿度比山谷里高得多，在这种情况下，大多数衣服都是不良绝缘体，所以，使身体在冬季保持温暖、在夏季保持凉爽都是不易的。一般来讲，高度每上升300米，温度平均下降1.2℃，这可供山地旅行者参考。

2. 天象策略

雷暴最初通常是由小块积云开始的，然后迅速发展，经过浓积云发展时期并进入成熟的积雨云阶段，它是一种猛烈的、恶劣而急剧变化的天气现象。以下几点应引起野外活动人员的注意：

(1) 当积雨云开始堆积并且变黑时就有可能发生雷暴。

(2) 雷暴通常持续时间很短，要保持镇静，不要害怕，留在可躲避的地方。

(3) 雷暴的危险性在于击穿物体和人体，引起火灾以及所产生的雷声震破人的耳膜。所以，应该记住：

汽车往往是极好的避雷设施，可以在闪电时躲在汽车里；

洞穴、沟渠、峡谷或高大树丛下面的林间空地是最好的防护场所；

如果在露天下，应蹲在离开孤立大树的高度的2倍距离之处；

当你感觉到电荷时，即头发竖起或皮肤颤动时，那很可能就是受到电击，要立即倒在地上，以自我保护；

如果在孤立的凸出物附近躲避，则该凸出物的顶部至少应高出自己的头部15~20米；

离开垂直的墙壁或悬崖，应避开裸露的山峰、山脊以及平坦的开阔地形；

避开地裂缝、成片地衣以及悬空岩石；

万不得已，可以坐在散乱的石块中间；

在地势险要处要用绳子把自己拴住；

如果进洞避雷，应离开所有垂直岩壁3米以外，以免岩壁导电伤人。

3. 天象一般规律

(1) 天气变好的征兆：

白天时，谷风一般自下而上吹，在夜间则正好相反，一般从峰顶吹向山谷下方；

白天（特别是早上）可见山口一朵朵的云团逐渐分化为雾气，并逐渐消散；

傍晚日落时，在西方山谷上空出现一片片橙色或玫瑰色晚霞（火烧云）；

傍晚时山下有雾，而且天气较凉（入夜寒），说明第二天天气可能较好；

清晨草地见有露水和霜冻；

星光稳定，很少闪烁。

(2) 天气变坏的征兆：

白天，谷风从山顶吹向山谷，夜间从山谷吹向山顶；

早晨出现绢云，而后黑云增多，并徐徐下沉；

云团行走很快，并有增多的趋势，这可能是暴风雨的前兆；

风向突然变化，并越来越大，同时还伴有乌云吹来；

在干热或雾气弥漫过后，能见度突然转好；

清晨雾满山谷，至晚仍不消散；

白天太阳周围出现大晕圈，夜间月亮周围出现小晕圈，这是大风的征兆；

在黎明前星光闪烁不定；

傍晚气温增高，夜间很暖、闷热；

半山谷的云雾上升，可能是暴风雨将来的征兆。

（三）野炊

1. 一般性野炊（图 18－3）

图 18－3 一般性野炊

（1）野外野炊的烹饪方式

水煮：直接用金属容器在火上煮，或将烧热的石头放入木制、竹制的容器中煮食。

烧烤：可在火堆上方直接烧烤，也可在余烬上用金属网或者新鲜树枝搭成的架上进行。

烘烤：用树叶、荷叶、泥巴或铝箔将食物包住放到火中进行，或将食物放到余烬中再用沙土覆盖将食物焖熟。

（2）野外野炊煮饭的原则。在野外的煮饭方法是：首先，把米洗净，然后加入水，一杯米加一杯水。如果用铝制的锅煮饭，煮饭过程中，会消耗较多的水分，必须多加一些水。加水后，再放在火上煮，煮饭开始时用小火，中间用大火，之后再用小火。绝不可中途掀开盖子。不过，在野外很难调整火候，看到水开之后，可以将一块较重的石头压在锅盖上，以防止水分大量溢出。快煮熟时，可用一小树枝或石块轻压锅盖，查看有无沸腾的震动，如果没有震动就表示煮熟了。之后还要等上两三分钟才能将锅从火上端下。接着，用布或衣服把锅子包起来，将饭焖熟。

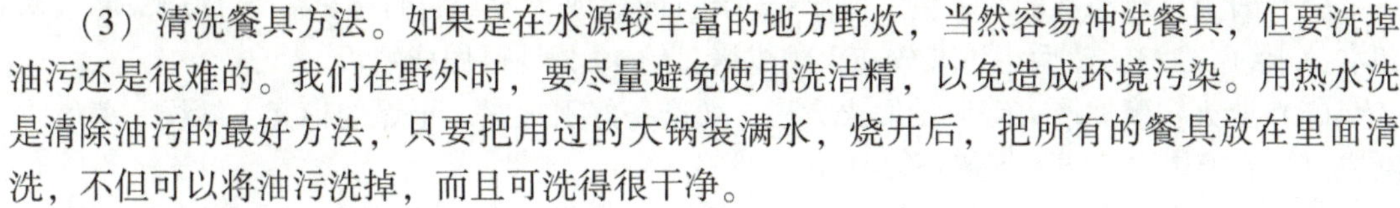

（3）清洗餐具方法。如果是在水源较丰富的地方野炊，当然容易冲洗餐具，但要洗掉油污还是很难的。我们在野外时，要尽量避免使用洗洁精，以免造成环境污染。用热水洗是清除油污的最好方法，只要把用过的大锅装满水，烧开后，把所有的餐具放在里面清洗，不但可以将油污洗掉，而且可洗得很干净。

（4）两天活动参考菜。

第一天中午：

①干粮（馒头等）＋火腿肠＋榨菜

②面包＋果酱＋火腿肠

③压缩饼干＋足量的水

晚上：

米饭＋炒饭＋凉菜，汤或粥

第二天早晨：

①面条或粥＋干粮

②面包＋牛奶

中午：

如果时间充裕，可以搭灶做饭；如果时间紧张，以干粮为主。

凉菜：以蔬菜水果做凉菜，不仅色香味俱全，更可以开胃，从而增加食欲。如拌黄瓜、沙拉类、糖拌西红柿、酸辣豆腐皮、拌胡萝卜丝。凉菜的配料比主食随意，酸、甜、苦、辣（麻）、咸，可依个人喜好添加，或者来点儿创新，做些新鲜的搭配。

汤类：西红柿鸡蛋汤、什锦豆腐汤、酸辣汤。

2. 无具野炊

真正的户外运动，务必要尝尝无具野炊的苦与乐。经过艰苦的制作和漫长的等待，食物入口的一刹那，无论味道如何，剩下的只有兴奋了。

无具野炊的定义：是指在野外无制式炊具、火种和非标准饮用水可供使用情况下，利用就便器材所进行的热熟食制作。

(1) 脸盆、罐头盒、钢盔：用石头做架，或用铁丝吊挂脸盆、铁盒等物，用火加热，烹煮食物，烧开水等（图 18－4）。

(2) 铁丝、木棍：可将食物穿插缠裹在铁丝或木棍上，放在火边烧烤熟化。

图 18－4　无具野炊

(3) 石板或石块：用火将石板烧烫以后，将食物切成薄片放在上面烙熟。将若干拳头大小的石块放在火中烧热，用棍拨到一个 40 厘米深的土坑内铺一层，石块上铺一层大树叶，放上食物，上面再铺一层树叶，将剩下的热石头铺在树叶上，然后再铺上厚厚的树叶压住，三四个小时后即可取食。

(4) 黄泥：和些黄泥，在地上摊一个 3 厘米厚的泥饼，上面铺一层树叶，将野鸡、兔、鱼等物去内脏不脱毛及鳞片，放在泥饼上，用泥饼将食物包裹成团，放在火中烧两个小时即可食用。

(5) 竹节：选粗壮的竹砍倒，每 2～3 节竹筒砍成一段，将竹节的一端打通，灌入米和水，米约占 2/3，然后将竹节放在火中烘烤，约 40 分钟可做成熟饭。

(6) 取火：摩擦取火等原始取火方法，要准备好引火媒。干燥的棉絮、纱线、草屑或撕成薄片的干树皮、干木屑等都可使用。

弓钻取火：用强韧的树枝或竹片绑上绳子或鞋带做成一个弓，将弓弦在一根 20 厘米长的干燥木棍上缠绕 2 圈，将木棍抵在一小块硬木上，来回拉动弓使木棍迅速转动。会钻出一些黑色粉末，并冒烟而生火花，将引火媒点燃。

藤条取火、击石取火：找质地坚硬的石头。用刀背或小片钢铁也容易产生火花。

透镜取火：使用放大镜聚焦太阳光便能引燃报纸、茅草等物，如果在冰地，可以把冰块磨成凸透镜状来聚焦太阳光。

（四）遭遇有毒植物时

野外活动时，尤其是在山地丛林中行进及寻找食物都要分外小心。因为不仅野生动物会伤人，植物也能伤人。有些植物甚至一经触摸就能引起伤害。另外，有些菌类食用后也会引起中毒，严重者将导致死亡。这不是危言耸听，接下来就简单介绍一些有毒植物，野外活动中一定要高度警惕。

1. 触摸性有害植物

有些植物，人一旦与它接触，就会受到严重刺激，引发皮疹。应立即用水冲洗受刺激部位。

(1) 毒漆树：高 2～6 米，树干无毛。奇性复叶，小叶卵形对生，背部有黑色腺点，白色浆果簇生。

（2）毒栎：类似毒常春藤，但树形更小，直生。小叶卵形，三片，掌状复叶，白色浆果。

（3）毒常春藤：树形更小，茎扭曲缠绕或直生。复叶上着生三小叶，叶形多变，绿色花，白色浆果。

（4）宝石草：常与毒常春藤伴生。花瓣淡黄色，略带橙红色斑点，种荚爆裂时会有刺激性汁液射出。

2. 食用消化性有毒植物

有些植物，食用后会引起身体不适，严重者会使人丧命。所以在野外食用植物要注意辨识。除了一些有毒真菌外，还有很多食用消化性有毒植物，如一些树木的根、皮、叶，一些野果、野菜、花卉等。

图 18－5　夺命草

（1）夺命草：高 30～60 厘米，茎基部生长条形叶。花茎顶端生绿白色六瓣花。致命的错误：误认为是野百合或野洋葱（图 18－5）。

（2）毒芹和水毒芹：分布广泛，都属于伞形科植物。具有伞形花序的植物种类很多，而且都密集簇生着许多小花，很难区分。

毒芹高达 2 米，茎多分枝，中空茎，外布紫色斑点。复羽状复叶对生，复伞房花序，小花白色，根也为白色。荒川野草丛中多有分布。有难闻气味，毒性很大。

水毒芹平均高为 0.6～1.3 米，多分枝，茎上分布紫色条纹，密生根，奇数复叶，小叶双齿状裂，复伞房花序，白色小花簇生。总是分布在水边。散发令人难闻的气味，有毒。伞形科植物还包括大量可食用的种类，但是如果不能绝对肯定无毒，就不要冒险采集，有毒种类即便少量食用后果也会非常严重。

（3）毛茛属类：分布广泛，株高几厘米至 1 米，从南至北都有。甚至北极圈内也有毛茛属植物生存。花黄色，有光泽，花瓣五片或更多。

（4）荨麻树：热带地区广为分布，常依水而生，小型乔木，宽梭形叶片带刺毛，花枝下垂，很像栽培种荨麻。刺激皮肤的刺毛也类似荨麻，但毒害更大。种子毒性也很强。所以千万不能触碰荨麻的刺毛。

3. 我们身边常见的有毒植物

（1）槐树：路旁常种此树，生食用叶子和果实，会引起肠胃炎。

（2）刺槐：生食用叶子和果实会引起恶心和下痢。

（3）水仙：全株有毒。球根毒性特强，食用会引起头痛、恶心和下痢。

（4）夹竹桃：树皮和树叶有毒，食用会引起恶心和眼花。

（5）秋海棠：含有酸味，食用会引起恶心致死。秋海棠类都有毒。

（6）樱草类植物：根茎有毒，食用会引起恶心和下痢。

4. 有毒菌类

要辨别有毒菌类，唯有将它们一一记住，在专家指导之下，观察颜色、闻闻气味、触摸看看，实际去了解。食用蘑菇要特别注意辨别是否有毒（图 18－6）。民间有一些方法可用来识别有毒蘑菇和可食用蘑菇：

图 18－6　网孢牛肝菌（毒蘑）

（1）毒蘑多有各种色泽，而且美丽；无毒蘑则多呈白色或茶褐色。

（2）菌盖上有肉瘤，菌柄上有菌环和菌托的有毒；反之则无毒。

（3）毒蘑多生长在肮脏潮湿、有机质丰富的地方；无毒蘑则生长于较干净的地方。

（4）毒蘑采集后易变色，无毒蘑则不易变色。

（5）毒蘑大多柔软多汁，无毒蘑则较致密脆弱。

（6）毒蘑的汁液浑浊似牛奶，无毒蘑的汁液则清澄如水。

（7）毒蘑的味道多辛酸苦辣，无毒蘑则很鲜美。

（8）煮蘑菇时，毒蘑能使银器具变黑，如果加进牛奶，牛奶马上凝固。

但这些方法都不是绝对可靠的。蘑菇的外形、色泽、生态与毒素没有必然的联系。有些蘑菇有毒，但经过水洗、水煮、晒干或烹调后，毒性会减小或消除。

采食蘑菇始终要遵循以下原则：

（1）避开长有白色菌褶，茎基部有菌托（环状附着圈）及带菌环茎上的真菌。不要食用伞状真菌中任何切口处菌肉变黄的种类。

（2）避开任何正在发生腐败的真菌。除非能确认是可食种类。

（3）不同种类的毒菌，会引起不同的中毒症状。呕吐、腹泻、极度口渴、盗汗、痉挛、晕眩、失明、体温下降等是常见的症状。

（4）误食毒蘑后，应尽快设法排除毒物，除可用温盐水灌肠导泻外，对中毒后不呕吐的人，还要饮大量稀盐水或用手指按咽喉引起呕吐，用 1% 的盐水或浓茶水反复洗胃，以免机体继续吸收毒素。

可食性野生植物和菌类比栽培蔬菜营养价值高，但千万不要以身试毒，在不确定的情况下最好放弃。

（五）野外常见的伤病防治

昆虫叮咬的防治：在野外为了防止昆虫的叮咬，人员应穿长袖衣和裤，扎紧袖口、领口，皮肤暴露部位一定要涂搽防蚊药。不要在潮湿的树荫和草地上坐卧。宿营时，烧点艾叶、青蒿、柏树叶、野菊花等驱赶昆虫。被昆虫叮咬后，可用氨水、肥皂水、盐水、小苏打水、氧化锌软膏涂抹患处去痒消毒。

蚂蟥是危害很大的虫类。遇到蚂蟥叮咬时，不要硬拔，可用手拍或滴些肥皂液、盐水、烟油、酒精在其前吸盘处，还可用燃烧着的香烟烫，让其自行脱落，然后压迫伤口止血，并用碘酒涂搽伤口以防感染。行进中，应经常查看有无蚂蟥爬到脚上。可在鞋面上涂些肥皂、防蚊油，以防止蚂蟥上爬。涂一次的有效时间为 4～8 小时。此外，将大蒜汁涂抹于鞋袜和裤脚，也能起到驱避蚂蟥的作用。

昏厥：野外昏厥多是由于摔伤、疲劳过度、饥饿过度等原因造成的。主要表现为脸色突然苍白，脉搏微弱而缓慢，失去知觉。遇到这种情况，不必惊慌，一般过一会儿便会苏醒。醒来后，应喝些热水，并注意休息。

中毒：其症状是恶心、呕吐、腹泻、胃疼、心脏衰弱等。遇到这种情况，首先要洗胃，快速喝大量的水，用指触咽喉引起呕吐，然后吃蓖麻油等泻药清肠，再吃活性炭等解毒药及其他镇静药，多喝水，以加速排泄。应喝些糖水、浓茶，暖暖脚，保证心脏正常跳动，然后立即送医院救治。

中暑：其症状是突然头晕、恶心、昏迷、无汗或湿冷、瞳孔放大、发高烧。发病前，常感口渴头晕，浑身无力，眼前阵阵发黑。此时，应立即在阴凉通风处平躺，解开衣裤带，使全身放松，再服十滴水、仁丹等药。发烧时，可用凉水浇头，或冷敷散热。如昏迷不醒，可掐人中穴、合谷穴使其苏醒。

冻伤：如发现皮肤有发红、发白、发凉、发硬等现象，应用手或干燥的绒布摩擦伤处，促进血液循环，减轻冻伤，轻度冻伤用辣椒泡酒涂擦便可见效。如遇身体冻僵的情况，千万不要立即将伤者抬进温暖的室内，应先摩擦肢体，做人工呼吸，待伤者恢复知觉后，再到较温暖的地方抢救。

蜇伤：被蝎子、蜈蚣、黄蜂等毒虫叮咬，伤口红肿、疼痒，并伴有恶心、呕吐、头晕等症状。要先将毒液挤出，然后用肥皂水、氨水、烟油、醋等涂擦伤口，或将马齿苋捣碎，汁冲服，渣外敷。也可将蜗牛洗净捣碎后涂在伤口上。此外，蒜汁对蜈蚣咬伤也有很好的疗效。

知识拓展

户外运动主要种类

1. 水面运动及航海类

(1) 潜水：潜泳、水下定向、水下摄影。

(2) 游泳：游泳、跳水、水球、漂流。

(3) 航海：冲浪、滑水、风帆、舢板、帆船、游艇、摩托艇、水上摩托、漂流。

2. 陆地运动及单车运动

(1) 徒步：散步、行军、跑步、暴走、定向越野、猎狐。

(2) 单车：公路车长途、山地车越野、小轮车机动、山地速降。

3. 山地运动及地下活动

(1) 登山：徒步登山、攀爬登山、攀登雪山。

(2) 速降：滑雪、滑梯、滑草、岩降、溪降、车降、滑降。

(3) 攀爬：攀岩、攀石、器械攀登。

(4) 探洞：天然洞穴、人工洞穴、水下溶洞。

4. 野营活动及猎捕饮食

(1) 野营露宿，打猎野炊，采集花草，模拟野战，拓展训练，荒岛生存。

(2) 钓鱼（塘钓、海钓、钓虾），捕鱼捉蟹，捉蟮逮鼠，捉虫捕蝶，烧烤烹调。

(3) 摄影写生，地质考察，采集矿石，调查民俗，考察古迹，采访奇闻。

5. 机动车船及航空运动

(1) 摩托：山地越野、公路竞赛、长途旅游。

(2) 汽车：赛车、越野、探险、旅游、度假。

(3) 滑行：滑雪、滑冰、滑水、旱冰、滑板、蹦极、岩跳。

(4) 航空运动：跳伞、滑翔伞、动力伞、热气球、滑翔机、超轻型飞机。

名人故事

为雪而生，探索与挑战从未停止

作为中国单板滑雪的传奇人物，从7岁开始练习体操的王磊，在10岁就被解放军八一队的教练挖掘，开始了8年的跳台滑雪生涯……

1992年的一次训练意外，让他的臂丛神经损伤严重，并丧失了基本运动能力……

赤子之心，“单板”延续探索精神

1994年，王磊在黑龙江亚布力雪场偶然接触了单板滑雪，他开始通过DVD资料和国外教学片，摸索单板滑雪的技术，终于在2002年正式转为单板滑雪职业运动员。

随后王磊连续十年参加了国际顶级单板滑雪赛事“红牛南山公开赛”，并在第八届的比赛上，成为第一位进入决赛的中国选手，是唯一能同世界顶级选手较量的中国人！

20年始终如一日，致力中国单板运动

作为一名职业运动员，随着自身影响力的不断扩大，王磊更是肩负起了推动中国单板运动发展的责任——试图通过个人以及品牌的影响力，将单板滑雪逐渐推广开来，让更多人认识到、感受到并爱上这项户外运动！

2009年，王磊成为世界单板日在亚洲的大使，开始倡导单板在中国、韩国和日本的发展；2013年，担任中国单板联盟主席的他，一路带领着中国单板联盟（CSBA）成为世界单板协会（WSF）的成员；2016年，他联合GOSKI推出名为《50山峰》的滑雪纪录片，带领观众认识世界各地的滑雪文化，获得了大量的收视率和点击量；同时，他与丝绸之路国际滑雪场也进行了深度合作，在当地建立四季大跳台（Big Air Bag）综合训练场地，着手负责阿尔泰山野雪公园的建设与推广，并接受中央电视台的邀请出演了《我到新疆去》。

可以说，他在滑雪领域所作出的贡献，已经渗透到了方方面面，对于单板爱好者来说，所接触到的滑雪场以及品牌，无论是国内还是国外，几乎都有王磊的影子。而除了推动中国单板滑雪这项运动的进程，王磊同时也在身体力行地推进雪地的环保运动，成为唯一一位Protect Our Winters的中国滑手。

思考训练

1. 户外运动的基本要求是什么?
2. 户外运动前需要做哪些基本的准备?
3. 简述户外运动时的集合流程。

附　录

附录一　大学生（大一、大二）各单项评分表（男）

等级	单项得分	肺活量（ML）	50 米跑（秒）	坐位体前屈（厘米）	立定跳远（厘米）	引体向上（次）	1000 米（分·秒）
优秀	100	5040	6.7	24.9	273	19	3′17
	95	4920	6.8	23.1	268	18	3′22
	90	4800	6.9	21.3	263	17	3′27
良好	85	4550	7.0	19.5	256	16	3′34
	80	4300	7.1	17.7	248	15	3′42
及格	78	4180	7.3	16.3	244		3′47
	76	4060	7.5	14.9	240	14	3′52
	74	3940	7.7	13.5	236		3′57
	72	3820	7.9	12.1	232	13	4′02
	70	3700	8.1	10.7	228		4′07
	68	3580	8.3	9.3	224	12	4′12
	66	3460	8.5	7.9	220		4′17
	64	3340	8.7	6.5	216	11	4′22
	62	3220	8.9	5.1	212		4′27
	60	3100	9.1	3.7	208	10	4′32
不及格	50	2940	9.3	2.7	203	9	4′52
	40	2780	9.5	1.7	198	8	5′12
	30	2620	9.7	0.7	193	7	5′32
	20	2460	9.9	-0.3	188	6	5′52
	10	2300	10.1	-1.3	183	5	6′12

附录二　大学生（大一、大二）各单项评分表（女）

等级	单项得分	肺活量（ML）	50 米跑（秒）	坐位体前屈（厘米）	立定跳远（厘米）	1 分钟仰卧起坐（次）	800 米（分·秒）
优秀	100	3400	7.5	25.8	207	56	3′18
	95	3350	7.6	24.0	201	54	3′24
	90	3300	7.7	22.2	195	52	3′30
良好	85	3150	8.0	20.6	188	49	3′37
	80	3000	8.3	19.0	181	46	3′44
及格	78	2900	8.5	17.7	178	44	3′49
	76	2800	8.7	16.4	175	42	3′54
	74	2700	8.9	15.1	172	40	3′59
	72	2600	9.1	13.8	169	38	4′04
	70	2500	9.3	12.5	166	36	4′09
	68	2400	9.5	11.2	163	34	4′14
	66	2300	9.7	9.9	160	32	4′19
	64	2200	9.9	8.6	157	30	4′24
	62	2100	10.1	7.3	154	28	4′29
	60	2000	10.3	6.0	151	26	4′34
不及格	50	1960	10.5	5.2	146	24	4′44
	40	1920	10.7	4.4	141	22	4′54
	30	1880	10.9	3.6	136	20	5′04
	20	1840	11.1	2.8	131	18	5′14
	10	1800	11.3	2.0	126	16	5′24

附录三　大学生（大三、大四）各单项评分表（男）

等级	单项得分	肺活量（ML）	50 米跑（秒）	坐位体前屈（厘米）	立定跳远（厘米）	引体向上（次）	1000 米（分·秒）
优秀	100	5140	6.6	25.1	275	20	3′15
	95	5020	6.7	23.3	270	19	3′20
	90	4900	6.8	21.5	265	18	3′25

续表

等级	单项得分	肺活量（ML）	50 米跑（秒）	坐位体前屈（厘米）	立定跳远（厘米）	引体向上（次）	1000 米（分·秒）
良好	85	4650	6.9	19.9	258	17	3′32
	80	4400	7.0	18.2	250	16	3′40
及格	78	4280	7.2	16.8	246		3′45
	76	4160	7.4	15.4	242	15	3′50
	74	4040	7.6	14.0	238		3′55
	72	3920	7.8	12.6	234	14	4′00
	70	3800	8.0	11.2	230		4′05
	68	3680	8.2	9.8	226	13	4′10
	66	3560	8.4	8.4	222		4′15
	64	3440	8.6	7.0	218	12	4′20
	62	3320	8.8	5.6	214		4′25
	60	3200	9.0	4.2	210	11	4′30
不及格	50	3030	9.2	3.2	205	10	4′50
	40	2860	9.4	2.2	200	9	5′10
	30	2690	9.6	1.2	195	8	5′30
	20	2520	9.8	0.2	190	7	5′50
	10	2350	10.0	-0.8	185	6	6′10

附录四　大学生（大三、大四）各单项评分表（女）

等级	单项得分	肺活量（ML）	50 米跑（秒）	坐位体前屈（厘米）	立定跳远（厘米）	1 分钟仰卧起坐（次）	800 米（分·秒）
优秀	100	3450	7.4	26.3	208	57	3′16
	95	3400	7.5	24.4	202	55	3′22
	90	3350	7.6	22.4	196	53	3′28
良好	85	3200	7.9	21.0	189	50	3′35
	80	3050	8.2	19.5	182	47	3′42

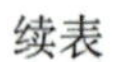

续表

等级	单项得分	肺活量(ML)	50 米跑(秒)	坐位体前屈(厘米)	立定跳远(厘米)	1 分钟仰卧起坐(次)	800 米(分·秒)
及格	78	2950	8.4	18.2	179	45	3′47
	76	2850	8.6	16.9	176	43	3′52
	74	2750	8.8	15.6	173	41	3′57
	72	2650	9.0	14.3	170	39	4′02
	70	2550	9.2	13.0	167	37	4′07
	68	2450	9.4	11.7	164	35	4′12
	66	2350	9.6	10.4	161	33	4′17
	64	2250	9.8	9.1	158	31	4′22
	62	2150	10.0	7.8	155	29	4′27
	60	2050	10.2	6.5	152	27	4′32
不及格	50	2010	10.4	5.7	147	25	4′42
	40	1970	10.6	4.9	142	23	4′52
	30	1930	10.8	4.1	137	21	5′02
	20	1890	11.0	3.3	132	19	5′12
	10	1850	11.2	2.5	127	17	5′22

附录五 大学生身高标准体重（男）

身高段（厘米）	营养不良(千克)	较低体重(千克)	正常体重(千克)	超重(千克)	肥胖(千克)
	50 分	60 分	100 分	60 分	50 分
160.0～160.9	<43.1	43.1～52.5	52.6～60.0	60.1～62.5	>=62.6
161.0～161.9	<43.8	43.8～53.3	53.4～60.8	60.9～63.3	>=63.4
162.0～162.9	<44.5	44.5～54.0	54.1～61.5	61.6～64.0	>=64.1
163.0～163.9	<45.3	45.3～54.8	54.9～62.5	62.6～65.0	>=65.1
164.0～164.9	<45.9	45.9～55.5	55.6～63.2	63.3～65.7	>=65.8
165.0～165.9	<46.5	46.5～56.3	56.4～64.0	64.1～66.5	>=66.6
166.0～166.9	<47.1	47.1～57.0	57.1～64.7	64.8～67.2	>=67.3
167.0～167.9	<48.0	48.0～57.8	57.9～65.6	65.7～68.2	>=68.3
168.0～168.9	<48.7	48.7～58.5	58.6～66.3	66.4～68.9	>=69.0

续表

身高段(厘米)	营养不良(千克)	较低体重(千克)	正常体重(千克)	超重(千克)	肥胖(千克)
169.0~169.9	<49.3	49.3~59.2	59.3~67.0	67.1~69.6	>=69.7
170.0~170.9	<50.1	50.1~60.0	60.1~67.8	67.9~70.4	>=70.5
171.0~171.9	<50.7	50.7~60.6	60.7~68.8	68.9~71.2	>=71.3
172.0~172.9	<51.4	51.4~61.5	61.6~69.5	69.6~72.1	>=72.2
173.0~173.9	<52.1	52.1~62.2	62.3~70.3	70.4~73.0	>=73.1
174.0~174.9	<52.9	52.9~63.0	63.1~71.3	71.4~74.0	>=74.1
175.0~175.9	<53.7	53.7~63.8	63.9~72.2	72.3~75.0	>=75.1
176.0~176.9	<54.4	54.4~64.5	64.6~73.1	73.2~75.9	>=76.0
177.0~177.9	<55.2	55.2~65.2	65.3~73.9	74.0~76.8	>=76.9
178.0~178.9	<55.7	55.7~66.0	66.1~74.9	75.0~77.8	>=77.9
179.0~179.9	<56.4	56.4~66.7	66.8~75.7	75.8~78.7	>=78.8
180.0~180.9	<57.1	57.1~67.4	67.5~76.4	76.5~79.4	>=79.5
181.0~181.9	<57.7	57.7~68.1	68.2~77.4	77.5~80.6	>=80.7
182.0~182.9	<58.5	58.5~68.9	69.0~78.5	78.6~81.7	>=81.8
183.0~183.9	<59.2	59.2~69.6	69.7~79.4	79.5~82.6	>=82.7
184.0~184.9	<60.0	60.0~70.4	70.5~80.3	80.4~83.6	>=83.7
185.0~185.9	<60.8	60.8~71.2	71.3~81.3	81.4~84.6	>=84.7
186.0~186.9	<61.5	61.5~72.0	72.1~82.2	82.3~85.6	>=85.7
187.0~187.9	<62.3	62.3~72.9	73.0~83.3	83.4~86.7	>=86.8
188.0~188.9	<63.0	63.0~73.7	73.8~84.2	84.3~87.7	>=87.8
189.0~189.9	<63.9	63.9~74.5	74.6~85.0	85.1~88.5	>=88.6
190.0~190.9	<64.6	64.6~75.4	75.5~86.2	86.3~89.8	>=89.9

附录六　大学生身高标准体重(女)

身高段(厘米)	营养不良(千克)	较低体重(千克)	正常体重(千克)	超重(千克)	肥胖(千克)
	50分	60分	100分	60分	50分
150.0~150.9	<39.9	39.9~46.6	46.7~56.2	56.3~59.3	>=59.4
151.0~151.9	<40.3	40.3~47.1	47.2~56.7	56.8~59.8	>=59.9
152.0~152.9	<40.8	40.8~47.6	47.7~57.4	57.5~60.5	>=60.6

续表

身高段(厘米)	营养不良(千克)	较低体重(千克)	正常体重(千克)	超重(千克)	肥胖(千克)
153.0～153.9	<41.4	41.4～48.2	48.3～57.9	58.0～61.1	> =61.2
154.0～154.9	<41.9	41.9～48.8	48.9～58.6	58.7～61.9	> =62.0
155.0～155.9	<42.3	42.3～49.1	49.2～59.1	59.2～62.4	> =62.5
156.0～156.9	<42.9	42.9～49.7	49.8～59.7	59.8～63.0	> =63.1
157.0～157.9	<43.5	43.5～50.3	50.4～60.4	60.5～63.6	> =63.7
158.0～158.9	<44.0	44.0～50.8	50.9～61.2	61.3～64.5	> =64.6
159.0～159.9	<44.5	44.5～51.4	51.5～61.7	61.8～65.1	> =65.2
160.0～160.9	<45.0	45.0～52.1	52.2～62.3	62.4～65.6	> =65.7
161.0～161.9	<45.4	45.4～52.5	52.6～62.8	62.9～66.2	> =66.3
162.0～162.9	<45.9	45.9～53.1	53.2～63.4	63.5～66.8	> =66.9
163.0～163.9	<46.4	46.4～53.6	53.7～63.9	64.0～67.3	> =67.4
164.0～164.9	<46.8	46.8～54.2	54.3～64.5	64.6～67.9	> =68.0
165.0～165.9	<47.4	47.4～54.8	54.9～65.0	65.1～68.3	> =68.4
166.0～166.9	<48.0	48.0～55.4	55.5～65.5	65.6～68.9	> =69.0
167.0～167.9	<48.5	48.5～56.0	56.1～66.2	66.3～69.5	> =69.6
168.0～168.9	49.0	49.0～56.4	56.5～66.7	66.8～70.1	> =70.2
169.0～169.9	<49.4	49.4～56.8	56.9～67.3	67.4～70.7	> =70.8
170.0～170.9	<49.9	49.9～57.3	57.4～67.9	68.0～71.4	> =71.5
171.0～171.9	<50.2	50.2～57.8	57.9～68.5	68.6～72.1	> =72.2
172.0～172.9	<50.7	50.7～58.4	58.5～69.1	69.2～72.7	> =72.8
173.0～173.9	<51.0	51.0～58.8	58.9～69.6	69.7～73.1	> =73.2
174.0～174.9	<51.3	51.3～59.3	59.4～70.2	70.3～73.6	> =73.7
175.0～175.9	<51.9	51.9～59.9	60.0～70.8	70.9～74.4	> =74.5
176.0～176.9	<52.4	52.4～60.4	60.5～71.5	71.6～75.1	> =75.2
177.0～177.9	<52.8	52.8～61.0	61.1～72.1	72.2～75.7	> =75.8
178.0～178.9	<53.2	53.2～61.5	61.6～72.6	72.7～76.2	> =76.3
179.0～179.9	<53.6	53.6～62.0	62.1～73.2	73.3～76.7	> =76.8
180.0～180.9	<54.1	54.1～62.5	62.6～73.7	73.8～77.0	> =77.1

注：身高低于表中所列出的最低身高段的下限值时，身高每低 1 厘米，实测体重需加上 0.5 千克，实测身高需加上 1 厘米，再查表确定分值。身高高于表中所列出的最高身高段时，身高每高 1 厘米，其实测体重需减去 0.9 千克，实测身高需减去 1 厘米，再查表确定分值。

参考文献

[1] 田宏泽. 体育与健康 [M]. 北京：航空工业出版社，2020.
[2] 王斌. 大学体育理论与实践 [M]. 北京：首都师范大学出版社，2019.
[3] 高锐，李春林. 体育与健康 [M]. 北京：电子科技大学出版社，2019.
[4] 梁干强，周华. 大学体育与健康实用教程 [M]. 哈尔滨：哈尔滨工业大学出版社，2018.
[5] 刘晓辉，孟繁威. 体育与健康 [M]. 北京：北京师范大学出版社，2018.
[6] 周小青，李印东. 体育与健康 [M]. 北京：电子工业出版社，2018.
[7] 魏玉龙. 太极拳、八段锦、五禽戏、易筋经大全集 [M]. 北京：科学技术文献出版社，2012.